Otto Gross

Von geschlechtlicher Not zur sozialen Katastrophe

Mit einem Essay von Franz Jung
zu Werk und Leben von Otto Gross
sowie einem Nachwort
von Raimund Dehmlow

Edition Nautilus

Editorische Notiz: *Otto Gross* wird 1877 in Österreich geboren. Wird Arzt, Psychiater und Analytiker. Er wird zunächst von Freud, neben C.G. Jung, als eigenständiger Kopf gelobt, in späteren Jahren eliminieren C.G. Jung und Freud jeden Hinweis auf Gross aus ihren Arbeiten. Gross bricht mit dem vorgezeichneten Lebensweg, verkehrt in der Boheme und in anarchistischen Kreisen. 1913 wird er auf Betreiben des Vaters entmündigt, zeitweilig interniert, schließlich durch eine internationale Kampagne befreit. Lebt in München, Ascona, Berlin, Wien, Prag und Budapest. Stirbt 1920 unter tragischen Umständen in Berlin.

Als Textgrundlage der hier abgedruckten Schriften wurden die jeweiligen Erstveröffentlichungen verwendet. Offensichtliche Schreibfehler wurden stillschweigend korrigiert, des weiteren sind Schreibweisen und Orthographie vereinheitlicht bzw. angeglichen und fehlende Satzglieder in Klammern [ ] ergänzt worden. Bei der bisher noch nicht veröffentlichten »Selbstanalyse« wurde Gross' Schreibweise auch dort beibehalten, wo sie nicht der Orthographie entspricht. Bei Zitierungen im Nachwort wurden die unterschiedlichen Schreibweisen von Gross/Groß nicht vereinheitlicht.

Franz Jung (1888–1963), Schriftsteller, politischer Aktivist und Wirtschaftsanalytiker, der seit dem Zusammentreffen in der Szenerie der Münchner Boheme mit Otto Gross bis zu dessen Tod eng befreundet war, plante 1921 eine Herausgabe von dessen Schriften. Für diese auf zwei Bände geplante Veröffentlichung schrieb Jung die hier abgedruckte Einführung. Von Franz Jung erschien in der Edition Nautilus, neben einer 12-bändigen Werkausgabe, seine bedeutende Autobiographie »Der Weg nach unten«.

Raimund Dehmlow, gelernter Buchhändler und Bibliothekar, Journalist und Verleger, ist Mitglied des Vorstands der Internationalen Otto Gross Gesellschaft und betreut deren Geschäftsstelle (Kontakt: Kirchröder Str. 44f, D-30625 Hannover). Er dankt Jennifer Michaels, Grinnell, Iowa/USA für freundlichen Rat und Unterstützung.

Edition Nautilus Verlag Lutz Schulenburg
Alte Holstenstraße 22 · D-21031 Hamburg
Alle Rechte vorbehalten · © Lutz Schulenburg 2000
1. Auflage 2000 · ISBN: 3-89401-357-5
Printed in Germany

www.edition-nautilus.de

Franz Jung
EINLEITUNG ZU WERK UND LEBEN VON OTTO GROSS

Über die Form der Darstellung

Die vorliegende Buchausgabe[1] der Schriften des ehemaligen Privatdozenten an der Grazer Universität und Psychiaters Dr. med. Otto Gross stellt in der Reihe der gesammelten Werke-Ausgaben, Biographien und Lehrdarstellungen einen völlig neuen Versuch dar, nämlich die Aufgabe, eine Einführung in die von Gross aufgestellte psychoanalytische Ethik mit einer Darstellung der Entwicklung der äußeren Lebensumstände des Forschers zu verknüpfen, die wechselseitigen Bedingungen von Leben und Meinungen sozusagen als gesetzmäßig aufzuzeigen und zwar derart, daß beide bisher als getrennt erscheinenden Aufgaben zu einer einzigen unlösbar organisch zusammengefaßt erscheinen. Nun ist es zwar an und für sich zur Regel geworden, das Werk bedeutender Persönlichkeiten in Kunst, Wissenschaft und Technik in Beziehung zu ihrem Leben und der Atmosphäre ihrer Umwelt zu setzen, und ein besonderer Zweig gerade der psychoanalytischen Forschung hat darin überraschende Ergebnisse über bestimmte Auswirkungsmöglichkeiten und Wirkungsbindungen der sogenannten schöpferischen und genialen Persönlichkeit erzielt. Aber man hielt trotzdem sehr scharf auseinander die Wirkung und das Werk auf der einen Seite, betrachtet von den Bedingungen her, die der Allgemeinheit als Regel und Gesetzmäßigkeit für die jeweils besondere Klasse von Wirk[ung]en gültig erscheinen – und auf der anderen Seite die Freilegung der Quellen und sozusagen Vorbedingungen, deren Entwicklung und Wechselwirkung gleichfalls für sich einer besonderen Darstellung und Betrachtung unterzogen werden. Man hat daraus von neuem den Kompromißbegriff einer Wissenschaftlichkeit bestätigt, ohne zu bedenken, daß dies im Grunde ein sehr wissenschaftliches Verfahren ist, insofern die Zergliederungstechnik eines als orga-

---

[1] Franz Jung plante 1921, eine zweibändige Werkausgabe der Schriften Otto Gross' herauszugeben, für die er diese Einleitung schrieb.

nisch erkannten Ganzen die Spannungen der Auflösung und Freilegung noch so weit spannen kann, ohne den lebendigen Zusammenhalt des Ganzen zu verlieren. Er bleibt ja zwangsläufig und schon in der Darstellungstechnik begründet dem Leser ständig vor Augen oder besser in Erinnerung, alle Werturteile knüpfen sich daran und führen immer darauf zurück. Es heißt daher, die Darstellungen trennen und vereinzeln, vergessen, daß man von einem organisch Unteilbaren ausgeht, also ein Widerspruch in sich selbst, den man nur mit der Gewöhnung an Erlerntes, das man für sich selbst als aufzulösen überflüssig erachtet hat, erklären kann. Es versteht sich von selbst, daß eine derartige in sich selbst widerspruchsvolle und daher gehemmte Beurteilung eines Menschen und seines Wirkens, als Ganzes gesehen also seiner Menschlichkeit, den lebendigen Kern, das für die Allgemeinheit bestimmte Assoziationswichtige und -wertvolle nicht herausschälen kann. Man kann wohl sagen, daß es im besten Falle ein etwas überhebliches Stottern bleibt. Es ist notwendig, dies ganz scharf und eindeutig an den Eingang zu setzen, weil gerade das Besondere in der Persönlichkeit des Doktor Gross für eine oberflächliche sogenannt wissenschaftliche snobistische und überhebliche Beurteilungsweise die verschiedenartigsten Deutungen zuläßt. Andererseits aber gibt dies Besondere vielleicht zum ersten Male in der Geschichte der menschlichen Ideen und Persönlichkeiten Veranlassung, die bisherige Darstellungstechnik von Grund aus umzugestalten, weil hier über einen Menschen gesprochen werden muß, der bewußt diese Zusammenhänge durchlebt hat, dessen Lebensaufgabe zugleich das Erleben seiner Idee gewesen ist, anders als das bisher bei irgend einem Menschen zu bemerken war. Geschult an der psychoanalytischen Technik, deren Jünger und Lehrer er zugleich war, hat Gross es abgelehnt, diejenigen Formen von Kompromissen und Verdrängungen zu wählen, die einem unbeteiligten Beobachter den Lebenslauf normal erscheinen lassen, in der Konvention zur Umwelt befangen – nicht weil er etwa dieser Konvention und diesem Kompromiß abgeneigt war, das wäre an sich keineswegs etwas Besonderes, sondern weil die von ihm aus der analytischen Technik freigelegte Ethik dazu im Widerspruch stand, weil eine nach zukünftigem Leben hin konstruierte Lebensform die Möglichkeit, mit der bestehenden Umwelt Konventionen einzugehen, nicht vorfand, und so ein ständiger Widerspruch klaffte, den Gross im wahren Sinne heroisch durch die Wucht und die Intensität seines Erlebens aufzuheben und aufzulösen begann. Dem Psychoanalytiker aus Schulung war es gegeben, die Kontra der Persönlichkeit und des Charakters seinem Wirkungswillen, der allen offenbar gelegt war als System, unterzuordnen. Die Widersprüche zu der gegebenen Umwelt wirken auf den Beschauer verwirrend und abstoßend, gerade weil ihre so tiefe Häßlichkeit in einzelnen Erlebensformen die gerade Linie jener Zielsetzung für Gross selbst sicherte. Das Ausschalten jeder Kompromißmöglichkeit schafft gerade die Vorbedingungen, das Lebendig-Menschliche klar und unverfälscht zu erhalten, sich entwickeln zu lassen, und daran die Idee fortgesetzt zu kontrollieren und zu vertiefen. Das war in allgemeinen Worten Leben und Aufgabe des Dr. Gross. Man versteht, warum im Sprachgebrauch von den Gross Nahestehenden ihm wie etwas Zugehörigem jener mittelalterlich wirkende Titel Doktor nie vergessen wurde beizufügen. Nicht um einen Grenzfall handelt es sich, worin der Unterschied zu verwischen beginnt, treibt die Idee der Persönlichkeit und umgekehrt, sondern um den fortgesetzten und als Lebensform Bewußtwerdungsprozeß aller derjenigen Faktoren, die auf jene Schnittfläche einwirken, sie auseinander spannen, zu einem Ganzen umschaffen und vertiefen und zu der Quelle werden lassen, aus der für das Einzelbewußtsein die Erkenntnis von Wohlgefühl und Leid fließt. Dieser Prozeß ist Leben, Erleben, und Lebensziel geworden. Diese Form ist eine einzige einheitliche Linie und nur als Ganzes kann sie wiedergegeben, auch einem breiteren Kreis von Lesern bewußt gemacht werden. Es ist also keine Biographie mehr im alten Sinn unserer Gewöhnung, keine Darstellung einer Lehre, von Ideen und Meinungen, kein Zeitbild, noch weniger eine Sammlung und Untersuchung von Werturteilen, oder etwa Kritik – sondern erstrebt wird nichts anderes als die unbefangene, vorurteilsfreie nüchterne Wiedergabe eines menschlichen Erlebens in der Form eines Menschlichkeitserlebens. Die Phasen dieser Menschlichkeit sollen entwickelt, freigelegt werden, und aus ihren Quellen sodann auf zukünftige Gesetzmäßigkeiten in ihrer Intensitätssteigerung zu schließen, soweit sie bereits als System erkannt und für eine sich entwickelnde neue Konvention geordnet oder verordnet erscheint. Sie verallgemeinert sich damit, sie wird allgemeingültig, und in gleichem Maße hierzu tritt das Besondere der Persönlichkeit zurück. Es löst sich sozusagen in gleicher Weise wie eine Komplexbindung auf. Diesen Weg wird die Darstellung zu gehen versuchen.

Die Problemstellung der Psychoanalyse

Es ist nicht beabsichtigt, einen geschichtlichen Abriß über die Entwicklung der Psychoanalyse zu geben. Sie ist nicht irgend eine Wissenschaft, die von jemandem über Nacht erfunden worden ist, sondern eine Technik, die sich von Stufe zu Stufe weiter ausgebaut hat. Hierbei sind gewisse Etappen von grundsätzlicher Bedeutung zu erkennen, die eine Zusammenfassung technischer Erfahrungen zu einem bestimmten System von allgemeiner gewordener Anwendung und Bedeutung bilden, etwa diejenige Charcots, später Freuds und wenn man will neuerdings Adlers. In jedem Fall handelt es sich aber um Techniken in der Freilegung von Hemmungen und Widerständen, die der Psychiater in der Patientenbehandlung als der Heilung des Kranken im Wege stehend erkennt, wobei man den Begriff Heilung etwa so weit spannen mag, daß man darunter allgemeines menschliches Wohlgefühl, das dem Einzelnen die Entschlußkraft zurückgibt, sich sein Leben nach den Bedingungen allgemeinen Übereinkommens sittlicher und sozialer Anschauungen und Gesetzmäßigkeiten, und in diesem Sinne also nach seinen Wünschen zu richten, verstehen mag. Der Umfang dieser Einschränkung entspricht der Atmosphäre der analytischen Persönlichkeit einerseits, andererseits aber auch einem Grundbegriff von Normalität, der als Funktion der medizinischen Wissenschaft erlernbar zwar von allen bewußt anerkannt und nachgebetet wird, dem Einzelnen aber gegenüber, sofern die äußerste Hülle des Erlebens freigelegt ist, dunkel und voller Zweifel wird und von dort an gewissermaßen ins Unbekannte führt. Die Denktechnik, die jener Heiltechnik zu Grunde gelegt ist, weist gleichfalls sehr verschiedene Einflüsse auf, die beständig schwanken und im übrigen beliebig veränderlich sind. Nach den überraschenden Einsichten Freuds hat das assoziative Wahrheitssuchen und Wahrheitsfinden im Sinne Nietzsches größere Bedeutung für den Ausbau der Technik gewonnen. Man kann sich darauf beschränken, als Plattform der Betrachtung anzusehen einmal die Kenntnis vom Unbewußten im Menschen, sodann die Technik, dieses Unbewußte in den Zustand des Bewußtseins zu bringen. Die Psychiatrie als Seelenkunde, wenngleich wie alle medizinischen Disziplinen verankert in dem Begriff des Krankseins, des Mangels und der Schwäche, war sozusagen berufsmäßig der Kenntnis des Unbewußten am nächsten gekommen. Ihr war es möglich, ohne Beiwerk die Tatsache jener Existenz auszusprechen und damit zugleich zu beweisen. Denn gerade im Beweis sieht die medizinische Disziplin erst den Beginn ihrer Aufgabe. Sie prüft im Grunde nicht denktechnisch, ob etwas existent ist oder nicht; das übernimmt sie ohne weiteres von anderen Disziplinen, und wenn nicht anders vom sogenannten gesunden Menschenverstand. Die Anwendung dieser Kenntnis, die also nicht eine Vorbedingung psychoanalytischer Wirkungsmöglichkeit ist, bildet nun jene besondere Technikkonstruktion für das Bewußtwerdenlassen und zwar als Heilmittel, als Psychotherapie. Je nach dem Umfang der Anwendungsgrade und der Intensität haben sich um einzelne hervorragende Techniker Schulen gebildet. Aber der Unterschied zwischen diesen ist im Grunde genommen unerheblich, da das Besondere jener Zusammensetzung dieser Technik aus Wissen, Erfahrung, Ziel und Normalkonvention unverändert bleibt. Es ist vollkommen gleichgültig, ob die Zurückführung aller Bewegung auf den Generalnenner Geschlechtlichkeit richtig ist oder nicht. Jedenfalls wird es nicht dadurch falsch, daß die meisten Menschen dieser Zeit mit Widerständen dagegen reagieren und gegen eine so geartete Bewußtwerdung sich sträuben. Es beweist dies nur die ungeheure Überschätzung, die wir dem Geschlechtlichen dadurch zumessen, indem wir unsere Lebensängste in einen Sonderbegriff, den jeder sich privat sozusagen als unantastbar zurechtmacht, konzentrieren, der auf jeder unserer Lebensäußerungen nunmehr drohend lastet. Es ist dies also eher ein Beweis für die Richtigkeit beispielsweise der Freudschen Theorie. Der Selbstbehauptungsinstinkt, dem Adler eine die Geschlechtlichkeit übersteigende Bedeutung zuweist, ist mehr eine Rückrevidierung an die breiteren Massen bequemere Anschauungsweise, eine Konvention im Noch-weiter-aufzulösenden, wenn auch die Folgerungen daraus verschiedene, weil dadurch verwickelter geworden sind. Der Unterschied setzt ein bei einer scheinbar mehr abseits liegenden Frage, die einer der bekannten Freudschüler Marcinowski sehr schüchtern und vorsichtig etwa so formuliert hat, daß die Psychoanalytiker berufen seien, denen, die ihre Hilfe suchen, befreiende Weltanschauung finden zu helfen. Hier liegt die Wegscheide. Von diesem Gedanken aus ist die Stellung von Gross in der psychoanalytischen Forschung zu betrachten. Von Freud ausgehend, nimmt Gross bald eine völlig selbständige Stellung ein, die ihm Freud entfremdet. Ein internationaler Psychoanalytiker-Kongress in Amsterdam endet mit der Feststellung Freuds, der gegen ein dort gehaltenes Referat von Gross Einspruch erhebt mit den Worten: »Wir wollen Ärzte sein und bleiben.« Die Begrenzung auf das Therapeutische mag gewiß jetzt längst hier und da durchbrochen sein, besonders in der Adlerschen Schule, aber es fehlt der Boden, auf dem die heilsmäßig gebrachte »Weltanschauung« wurzeln könnte. Sie lebt nicht, sie vermag sich nicht in das Erleben einzufügen, als organische mitlebendige Substanz und Folgerung etwa, sondern als Angepaßtes, Zweckmäßiges im Erfahrungssinne der Umwelt, als Konvention von etwas, das so sein könnte, aber nicht so ist, als eine Ethik, die Gott und Kompromisse von Staat und Familie, Religion und Moral zwar aufgelöst, aber gleichzeitig wieder uns gebunden hat, nervöser im Charakter, empfindsamer und ein wenig bewußter ihrer Konventionsexistenz – aber auch um nichts mehr. Eine Technik, die im Durcheinanderwirbeln auf ein ordnendes Prinzip hofft, das irgend woher kommen und irgend woher begründet sein soll und das am besten jeder Mensch sich irgendwie noch besorgen muß – und im übrigen nirgends ruhen, immer in Bewegung sein, daß sich nichts festsetzt, denn das wird sofort zum Konflikt und zum seelischen Bruch. Im Grunde nichts weiter als die In-Bewegung-Setzung der Lebensangst. Es bringt die Menschen weiter, aber es hilft nicht, und es hilft auf der anderen Seite, ohne die Menschen weiter zu bringen. Das sind die beiden Punkte, zwischen denen die Psychoanalyse sich bewegt. Wer dem Ursprung jener Technik gefolgt ist, wird das ohne weiteres begreifen müssen. Sie beruht nicht auf einer Erlebnisgrundlage, sondern sie hängt als technisches Mittel in einem Zielbewußtwerdungsprozeß in später Phase angewandt wie tastend zu einem Versuch, vollkommen in der Luft; und sie kann daher keine Weltanschauung bieten, weil sie das menschliche Erlebnis als Grundlage nicht umfaßt. Sie bleibt daher, und in dem Sinne hat Freud recht, ausschließliche therapeutische Medizin, oder sie wird Skepsis, Selbstbefriedigung, Sport, Scharlatanerie. Demgegenüber hat Gross den therapeutischen Charakter bekämpft und auszumerzen gesucht. Er hat dies nicht immer eingestanden und bei dem Haß, mit dem ihm Moralisten auf der einen, die Therapeutiker auf der anderen Seite bekämpften, sogar es schließlich abgestritten. Er hat sich im letzten Jahrzehnt seines Lebens krampfhafte Mühe gegeben, zu beweisen, daß er Mediziner geblieben ist in erster Reihe und in zweiter Reihe Wissenschaftler. Er wollte wenigstens gehört werden. Es ist ihm nur bis zu einem gewissen Grade gelungen. Man hat ihn unter den zunftgemäßen Psychoanalytikern weiter totgeschwiegen, nachdem Freud das Signal gegeben hatte, und Adler, der ihm sehr viel verdankt, ihn nur so nebenbei mit erwähnt. Freud ist sogar soweit gegangen, aus der psychoanalytischen Bibliographie Gross' erste Veröffentlichungen, die ja durchaus schulgemäß waren und ihm die Privatdozentur in Graz einbrachten, zu streichen und der Kuriosität halber sei erwähnt, der sehr bekannte Psychoanalytiker Jung (Burghölzli) ließ sogar in der seine Bedeutung begründenden Schrift über den Vaterkomplex im Schicksal des Einzelnen Widmung und Dank an Gross in späteren Auflagen weg, obwohl in der wissenschaftlichen Welt bekannt genug war, daß Jung in dieser Schrift, beinahe Niederschrift kann man sagen, lediglich Grosssche Gedanken und Folgerungen ausspricht, wozu er auch in der ersten Auflage sich noch bekennt. Erst in den letzten Jahren, nachdem der Wiener Psychoanalytiker Stekel eine Rehabilitierung von Gross eingeleitet hatte, indem er dessen Arbeiten in dem von ihm geleiteten *Zentralblatt für Psychoanalyse* veröffentlichte und auch anderswo offen für Gross eintrat, änderte sich dieser Boykott. Hinzu kam, daß die letzten Arbeiten von Gross eine so zielklare und präzise gerade medizinisch-therapeutische Forschungsarbeit auswiesen, daß man nicht mehr daran vorbeigehen konnte. Weil sie, wie beispielsweise die *Aufsätze über den inneren Konflikt*, schlechtweg klassische Literatur für die psychoanalytische Forschung sind, die eine sichere Grundlage bieten, um darauf weiter zu arbeiten. Das, was Gross im Grunde wirklich war und gewollt hat, enthalten diese Schriften nur in Übertragung. Sie sind eine ungeheure Anspannung auf den Anspruch gehört zu werden und sich durchzusetzen. Der Grund dieses Hasses gerade seiner engeren Kollegen wird in einem späteren Abschnitt bei Darstellung der Grossschen Lehre deutlich werden.

Analyse der Gesellschaft, Beunruhigung und Krise

Die Charakteranlage des Otto Gross, der als einziges Kind in eine Atmosphäre von Wissenschaftlern gestellt, sehr bald einer breiteren Wurzelung des Kindlichen entfremdet zu einem Wunderkind an Klugheit gestempelt und erzogen wird, in dem besonderen steifen Milieu seines Vaters, des Grazer Universitätsprofessors für Kriminalistik, der dieses Verwaltungsgebiet zu einem besonderen Forschungszweig einer neuen Wissenschaft umgestaltete, die Kunst in der Unterredung den Verbrecher zu fangen, wie er es nannte – ein Mensch so eindeutig auf wissenschaftliche Forschung zugeschnitten, mußte die Psychoanalyse in ihren vielfach noch dunklen Spekulationen, das Spiel mit Vermutungen und Trugschlüssen, eingespannt dem Untersuchungsverfahren des Vaters, auf breiterer entwicklungsreicherer Basis, als willkommenes Arbeitsgebiet aufnehmen. Aber nicht so sehr eingestellt auf das praktische Ziel zunächst, vielmehr der Schluß um des Schließens und Kombinierens willen, aus Lust und Beruf am Denken. Das rein Medizinische, Therapeutische wurde bald überhaupt als lästig möglichst zurückgedrängt, zeitweilig der Beruf als entwürdigend empfunden. Die Heiltechnik wurde zum Konflikt in dem Augenblick, wo sie selbst sich auf etwas zu stützen begann, das als gegeben übernommen wurde, eine denktechnische Disziplin, die ein Teil der Analyse ist, das Wissen vom Unbewußten. Dem Forscher, der mit weit schärferer Intensität diesem Problem nachgeht, als dem Heilzweck, dem psychiatrischen Mittel, tun sich andere Folgerungsreihen auf als dem Nur-Mediziner. Auch der kleinste Schritt über die Analyse hinaus trifft immer bereits mitten in die Grundfragen der Gesellschaft hinein, deren Bindungen und Vorbedingungen. Zwar verlieren sich die weiteren Gedankenreihen schnell ins Uferlose, weil nirgends dem Fuß des sich vorwärts Tastenden ein Halt, der Erfahrungshalt des Wissenschaftlers, sich bietet. Aber der Hebel ist gegeben, weitere

Denkarbeit anzusetzen. Jenes Hinübergleiten ins Ungewisse bietet Anlaß, den Zweifel des Was-weiter zu stellen, zu zergliedern, seinem Ursprung nachzugehen. Es gehört in der Tat ein gut Teil Anpassungsgewöhnung hinzu, an einer solchen Fragestellung überhaupt Augen schließend vorüberzugehen, worauf die Psychoanalytiker sogar heute noch stolz sind – eine merkwürdige Anschauung, die man bald nicht mehr verstehen wird oder nur sehr eindeutig. Die Normalität des Gegebenen splittert sich aus der scheinbaren konventionellen Ordnung in Willkürlichkeit, das Chaos der Verdrängungsinstinkte, das ursprünglich Lebendige im eigenen Leben, im Einzelleben zu verbergen und nicht zum Durchbruch kommen zu lassen. Wieder schließt sich die Frage auf nach den Gründen und der Wechselwirkung des eigenen Bewußtseins zu den neuen Erkenntnissen und Zweifeln. Eine neue Konvention wird gesucht, jener Halt, der den Menschen sozusagen schon in die Wiege hinein mitgegeben scheint, sich zusammenzuhalten und miteinander auszukommen. Eine nur scheinbare Konvention soll allen Zweifels entledigt zu einer organischen wirklichen Ordnung umgestaltet werden. Nur ein sicheres Merkmal ist gegeben, ob der Weg noch geradewegs auf das Ziel führt, das eigene Bewußtsein, und denktechnisch das Bewußtsein allgemein, im Sinne von menschlichem Wohlgefühl, Menschlichkeit, schließlich Glück und Leid. Der Weg der Heiltechnik ist verlassen und dafür etwas anderes an seine Stelle getreten. Mag man es begrenzend Ethik nennen. Gross strebte darüber hinaus. Den Bedingungen der Ethik mußte eine Gesetzmäßigkeit zu Grunde liegen. Solche Gesetzmäßigkeit muß eine Brücke bilden von der Menschheit als Summe aller Menschen zu dem Einzelmenschen und umgekehrt des einen zu den allen hin. Dann erweiterte sich das Leben des einen zu dem der Gesellschaft, zum Erleben der Gesellschaft, in der Bedeutung des einen und des All und wechselwirkend. Eine Vertiefung der Plattform jener ursprünglichen analytischen Technik war erreicht, die eine intensivere und weitergreifende Anwendungsmöglichkeit bot, auch im Sinne noch der Therapie. Nun hatte sich unmerklich und unbewußt der Blick verschoben. Das Wissen wurzelte nicht mehr in der Bindung von Schwäche, Mangel und Kranksein, nicht mehr und dann wenigstens nicht mehr allein im Helfenwollen, in dem Beruf und der Gewohnheit zu helfen, Wissen anzuwenden. Sondern im Herausschälen, im Analysieren der bereits empordämmernden Gesetzmäßigkeit schob sich statt des Konventionell-Kranken das Erlebenskranke unter, die Spannung von Glück und Leid, Lebendigkeit und Erstarrung, Gemeinschaft und Vereinzelung. Das Ziel wird, die Menschen glücklich zu machen und das Leid aus der Welt zu schaffen. Dahin, in allen seinen Assoziationen zu Einzelheiten einer allgemeinen gesetzmäßigen Bindung, treibt die Analyse die Bewußtwerdung vor. Sie schafft neue Ordnungen, neue Gesetze, neue Religionen. Sie ordnet die Gesellschaft um, in dem sie die noch in Geltung befindlichen Konventionen als Verkrampfungen eines unlebendig gewordenen Poles im Erleben erweist, auflöst und das Erleben freilegt. Und ihr Ziel wird, die Menschen enger und gefühlsfähiger miteinander zu verbinden.

Daraus erwächst automatisch der Gesellschaft eine Existenzkrise. Gross hat sie zu spüren bekommen, es ist eben wie die Operation bei einem Kranken, der um sich schlägt, wenn die Sonde die Wundstelle berührt. Obwohl die Gesellschaft als organisch Ganzes nicht existiert, sondern nur scheinbar im Glauben eines In-einander-Verankertseins eine Konvention geboren und entwickelt hat, in die sich der einzelne hüllt. Man bekommt das Gedankenbild des Menschen, der dann langsam erfriert, und schnürt sich dabei immer enger zu, denn darauf wirkt eben diese Konvention hin. Diesen Mantel den Menschen wegzureißen, sah Gross als seine Aufgabe an. Man kann verstehen, wie heftig und mit welchen Mitteln die einzelnen sich dagegen gewehrt haben. Nicht in Überzeugungen, in einem die Handreichen zu dem andern, uns gemeinsam die Erlebnisgrundlage zu finden, sich lebendiger zu machen, um von Leid und Verzweiflung, von Einsamkeit und Vergewaltigung freizukommen – dies sind die von Gross freigelegten Gefühlsbindungen, in denen unser Lebendigkeitsinstinkt, das ist das Leben selbst, verankert ist und gefesselt sich windet in den Explosionen unseres Gemüts im Prozeß des Bewußtwerdens –, sondern in der Ohnmacht ertappt zu sein, mit Schuldverknüpfung allerlei Art, direkt gegen den anderen Menschen, gegen die Persönlichkeit, Haß und Vernichtungswille gegen Gross selbst. Unter den Schwankungen dieses Hasses hat Otto Gross sein Leben gelebt. Und immer wenn er den Menschen näher kommen wollte, gerade diejenigen Menschen, die ihm am nächsten waren und denen er bereit gewesen wäre und auch war, sich selbst zu opfern, sich lieber aufzugeben als sie leiden zu lassen, wo er ihnen doch helfen konnte – gerade diese Menschen haben ihn dann am meisten gehaßt und ihn auch am schwersten getroffen. Das ist ein natürlicher Vorgang, und Gross hat dies auch wohl gewußt. Er versuchte die Beunruhigung, die von ihm ausging, keineswegs einzudämmen, jene Krisenstimmung, die ihm zeitweilig den Ruf eines Dämonikers einbrachte oder eines Verführers, je nachdem, denn alle diese Menschen haben ihn auch für eine gewisse Zeitspanne ihres Lebens in einer unsagbaren Glut geliebt. Dann kam es dem Forscher doppelt zu, schien es ihm, sich nicht gehen zu lassen und im Strudel des Glücks zu versinken. Er versuchte jene Liebe zu halten und zu festigen, indem er sie erweiterte, über sich hinaus zur Gemeinschaft hin. Bis die Intensitätsspannung brach, es scheint, daß jeder Mensch nur einen gewissen Fonds von Spannungsmöglichkeit aus der von der Umwelt her eingedrückten Leidverankerung besitzt. Vielleicht auch, daß die Lebendigkeit im Sinne des freien oder freigelegten Erlebens der Persönlichkeit von Gross selbst gleichen Schwächen unterworfen war, wenn die Anforderung des Gemeinsamkeitsbewußtseins sich auf ihn zurückwarf, ihn vor die Aufgabe stellte, sich zu leben – es mag unentschieden bleiben. Zweifellos kreiste um jene Beunruhigung dann der Verdacht, dort steht einer um die andern Menschen glücklich zu machen, weil er sich selbst nicht von Leid befreien kann. Ein Verdacht, der jedem Widerstand Raum gibt. Es ist mit wohl jene Tragik, die zuletzt erst aufgelöst werden wird, weil sie ein Glied scheint des lebendigen organischen All, das nach Steigerung der Eigenlebendigkeit drängt. Sicher ist aber, daß die daraus erwachsene Einsamkeit das Leben von Otto Gross in jene unglückliche äußere Bahn geworfen hat, die ihn den Demütigungen eines dummen Pöbels Wohlbefriedigter, dem Eigendünkel der Wissenschaftler, dem Haß von Staat und Familie und dem Verrat der ihm zunächst Stehenden ständig ausgesetzt hat, die ihm jede Möglichkeit schließlich unterband, auch in die Konvention der Umwelt sich zurückzufinden, ohne fortgesetzt anzustoßen oder sich um das Beste zu bringen, dessen er sich bewußt war, für die andern zu denken. So schien er mehr als einmal dem Arm der bürgerlichen Justiz verfallen, so glitt schließlich sein Leben zwischen Irrenhäusern, wo er zu Entziehungskuren von Narkotika, die ihm zum zweiten Lebensinhalt geworden waren, entweder freiwillig oder gezwungen Monate und Monate immer wieder verbrachte, und den Schlupfwinkeln bei Freunden, zwischen Hotels garnis, in denen in ganz anderer Weise, als er darüber gedacht und geschwärmt hatte, die unglücklichen verängstigten und blindgewordenen Menschen einer einsamkeitsgeborenen Zeit ihre Orgien feierten, um jene Angst in sich vor dem Leben niederzuschlagen, und der Straße. Gehetzt und ins materielle Elend hinausgestoßen, mußte er bald zu Grunde gehen, wenn der Wille, weiter denken zu wollen, endgültig gebrochen war. So ist er auch dann schnell gestorben, nicht im Kompromiß, wie es fast zu erwarten war, nein, losgelöst von allen Menschen, die ihn bisher umgeben hatten, in einem riesenhaften Aufschwung von Schöpfer- und Denkkraft, die Leute begannen gerade zu ahnen, wer dieser Gross eigentlich war, aber seine körperlichen Bedingungen hatte er dabei vergessen. Er verhungerte, nachdem er schon vorher so gut wie erfroren war, gewissermaßen auf der Straße.

Einiges über die Stellung des Herausgebers

Es ist an sich ein etwas kühnes Unterfangen, die Schriften von Gross in einer Sammelausgabe herausgeben zu wollen. Es sind Schwierigkeiten zu bewältigen, von denen der mit den Besonderheiten des Themas nicht oder noch nicht vertraute Leser sich keine rechten Vorstellungen machen kann. Es mag an dieser Stelle einiges darüber gesagt sein, um jeder Unklarheit über den Zweck dieser Ausgabe vorzubeugen und vor allem auch um das Vertrauen der Leser zu gewinnen. Es wird nichts beschönigt werden, nichts zu einer besonderen Inhaltsbetonung umgebogen. Offen und ohne Rücksicht auf Personen und Geschehnisse und insbesondere auf Gross selbst soll ausgesprochen werden das, was ist.

Es ist schon oben angedeutet worden, daß Gross den überwiegenden Teil seiner Schriften mit Rücksicht auf seine medizinischen Kollegen geschrieben hat. Man kann sogar sagen, das was Gross darüber hinaus geschrieben hat, sind nichts weiter als tastende Versuche in eine andere Sphäre, die der philosophischen und literarischen Welt, Einlaß zu finden. Nie war die Absicht indessen stark genug, daß es ihn zu einer größeren Arbeit veranlaßt hätte. So abgeneigt er dem ärztlichen Beruf an sich war, so wenig Entgegenkommen er von seinen eigenen Kollegen zu erwarten hatte, so typisch unmedizinisch, ja geradezu gegensätzlich der wahre Inhalt dieser Arbeiten war, so blieb er mit einem zähen Eigensinn darauf bedacht, gerade von diesen Kollegen gehört zu werden. Er begann sogar nach dieser Seite zu übertreiben. So ist sein großes Werk über psychopathische Minderwertigkeiten, das in der Fachwissenschaft und insbesondere in der Gerichtsmedizin, für die es in erster Linie geschrieben war, Aufsehen erregte und noch heute als Leitfaden für den Sachverständigen-Psychiater vor Gericht gilt, in einem selbst für Mediziner schwer verständlichen wissenschaftlichen Stil geschrieben. Je weiter er seine Untersuchungen ausdehnte, umso mehr baute er auch seine eigene Terminologie aus, wovon viele Bezeichnungen inzwischen in den allgemeinen wissenschaftlichen Gebrauch übergegangen sind. Dem Laien werden sie allerdings damit nicht verständlicher.

Es ist also notwendig, den gedanklichen Kern dieser Arbeiten aus seiner medizinisch-wissenschaftlichen Hülle herauszuschälen. Man wird verstehen, daß dies kein leichtes Unterfangen ist, ohne sich dem Vorwurf der Fälschung auszusetzen und ohne die Ursprünglichkeit jener Arbeiten zu gefährden. Aber, und das ist gerade der Zweck dieser Zeilen dies hervorzuheben, niemand hat an seiner Ausdrucksweise mehr gelitten als Gross selbst. Er bezeichnete es selbst immer wieder als seine schwerste Hemmung, und er hat viele Manuskripte verloren oder sonstwie verkommen lassen, weil ihm sein eigenes Gesicht daraus in diesen verhaßten Schnörkeln und völlig entstellt entgegen zu grinsen schien. Darum hat er auch, wo immer er nur konnte, das was er gefunden und mitzuteilen hatte, persönlich ausgesprochen. Man kann sagen, er war eigentlich von früh bis abends auf der Suche nach einem Menschen, dem er sich mitteilen konnte und der mit ihm die analytischen Einsichten überprüfte, in direktem Kontakt von Mensch zu Mensch. Er pflegte dann nur zu schreiben, wenn seine äußeren Verhältnisse, vor allem seine finanzielle Abhängigkeit vom Vater sozusagen eine Probe seiner unverminderten Arbeitsfähigkeit erheischten. Seine Arbeiten im letzten Jahrzehnt sind jedenfalls ausschließlich so entstanden. Immer wieder zeigen zu müssen, daß er durchaus Wissenschaftler geblieben war, um dadurch seinen neuen Einsichten umsomehr allgemeine Geltung zu verschaffen. Für die vorliegende Ausgabe kommt allerdings dieser Gesichtspunkt nicht mehr in Betracht. Um die Anerkennung der Berufspsychoanalytiker braucht nicht mehr gerungen zu werden, sie ist herzlich gleichgültig geworden. Auch der Streit um die Priorität dieser oder jener Formalie und Definition, der die wissenschaftliche Welt oft mehr als die Einsicht selbst in Atem hält, und an dem sich auch Gross und mit Recht stark beteiligt hat, interessiert nicht. Alle die Anmerkungen und die fast überängstlichen Bezugnahmen, gerade weil sein Name gewöhnlich verschwiegen wurde, können jetzt wegbleiben. Im persönlichen Verkehr sprach auch Gross von diesen Meistern der Psychoanalyse in ganz anderem Ton, als dies seine Schriften verraten lassen. Er hat wenigen davon ein gutes Andenken gegeben und nur dort anerkannt, wo wirklich eine ursprüngliche Leistung vorhanden war. Aus dem was Gross da und dort verstreut verarbeitet hat in Analysen, in medizinischen Lehrbüchern und in Polemiken und Referaten, und noch mehr aus dem was Gross stündlich allen Menschen, die zu ihm kamen, immer wieder von neuem unermüdlich vorgetragen und bewiesen, analysiert und mit Assoziationen belegt hat, ist gewissermaßen der sich verengenden Kreisbildung der analytischen Technik eine Darstellung der Grossschen Einsicht gegeben, als Ganzes – verknüpft und durchlebt mit seinem eigenen Ich und seiner Wirkungsatmosphäre, als System und als wesentlichste Vorstufe zur Erkenntnis seiner neuen Ethik.

Es sind noch einige Worte über die Berechtigung des Herausgebers hinzuzufügen. Ich habe Gross erst verhältnismäßig ziemlich spät kennengelernt. Damals war der Höhepunkt seines Wirkungswillens zweifellos schon überschritten. Es war schon nach der Zeit, der Gross gewissermaßen durch seinen persönlichen Einfluß sowohl in Literatur wie Kunst, als auch in einer sich gerade damals als Denktechnik kristallisierenden Wissenschaft im Anschluß an die bestehenden starren Disziplinen seinen Stempel aufdrückte. Ein großer Kreis von Künstlern und sonstwie kulturell interessierten Personen, insbesondere alles, was nach neuer Ethik suchte, mochte es politisch oder sektierermäßig oder selbst spiritistisch orientiert sein, lebte von der

Diskussion über Gross. In und noch besser vor diesem Kreis spielte sich das Leben von Gross ab und zwar im buchstäblichen Sinne. Er bewies diesen Menschen fortwährend, indem er jeden, der nur wollte, zur Kontrollinstanz seines äußeren wie inneren Erlebens erhob, die intensivierende Wucht und die Auswirkungsmöglichkeit seiner Erkenntnisse und insbesondere seiner Denktechnik. Eine große Anzahl genialer Persönlichkeiten gerade noch in dieser Zeit ist in engstem Kontakt mit Gross gestanden, gewissermaßen in seine Schule gegangen. Es widerstrebt mir, Namen zu nennen, einmal weil diese Menschen, die zum Teil Gross die Freilegung ihrer Genialität verdanken, sich früher oder später mit allem Haß von selbstäugig-Werdenden gegen denjenigen gewandt haben, der nichts weiter wollte, als gerade diese Selbständigkeit ihnen zu ermöglichen. Es war dies eine Reaktion vorangegangener Abhängigkeit und Unterwerfung, und Gross verstand sich nicht darauf, sich zu wehren. Er nahm diesen Haß auf, der sehr bösartige Formen anzunehmen pflegte und geradewegs oft darauf aus war, Gross direkt zu vernichten, zum mindesten ihn aber in ihrem Kreis unmöglich zu machen – wie etwas Verdientes und Selbstverständliches. Er ordnete sich unter, gerade weil er das Pathologische daran erkannte, sozusagen ganz Heilgehilfe geworden. Viele dieser Menschen haben sich später dieses Hasses geschämt, viele haben sich zu einer neutraleren Haltung durchgerungen, alle aber spüren irgendwie, daß in ihrer Beziehung, sie mag noch so kurz und scheinbar belanglos gewesen sein, einmal ein Augenblick einer Entscheidung gewesen ist für sie, sich aufzuschließen und mit Gross gemeinsam weiterzuarbeiten, ihn ganz als Kamerad aufzunehmen, ihn zu stützen – und vielleicht ihm zu helfen. Diese Krise schloß gleicherweise Leid und Glück auf, zugleich Aufgabe und Geschenk, zugleich tiefster Zweifel an sich selbst und Erlebensbestätigung, Produktivität. Niemand vermag zu beurteilen, ohne nicht alle Bedingungen jenes einzelnen analytischen Zueinanderlebens zu kennen, wer der motorische Teil des Bruches gewesen ist, sozusagen der Enttäuschende. Ich stehe nicht an zuzugeben, daß dies auch Gross selbst gewesen sein mag. Ein Urteil über Form und Ziel jener Reaktionen noch weniger über deren Berechtigung, steht mir heute nicht mehr zu. Damals, als Gross noch im Leben neben mir stand, war das etwas anderes; denn dazu hatte Gross mich gerufen, ihn zu verteidigen, ihn zu halten, wenn er an dem Leid daran, an den Wunden, die man ihm zufügte, an den Verfolgungen niederzubrechen drohte, und das war es auch, was uns verband. Ich könnte hinzufügen, beinahe nur das.

Ich verdanke Gross sehr viel. Sehr große Anregungen und eine Beweglichkeit der Denktechnik, die gerade ihm selbst oft versagt war. Ich lernte von ihm Skepsis, je verzweifelter er sich im Glauben einbiß. In vielem habe ich ihm widersprochen und in manchem auch Recht behalten. Menschlich zueinander, weil wir beide das Menschliche nicht nur in uns, sondern allgemein suchten, um es in Begriffe zu fassen, blieb unsere Beziehung doch kühl, um nicht zu sagen eisig. Ich fand bei Gross Gedankenfolgen, die, zu einer Technik geformt, diejenige Angriffswaffe boten, die Zertrümmerung dieser Gesellschaft, gegen die wir ja beide, jeder in seiner Weise, Sturm liefen, ihren Zerfall und ihre Umbildung vorzubereiten und zu beschleunigen, Sentiments, Rückhalte zu zerstören und Verkrampfungen, so weit sie gesellschaftssichernd waren, aufzulösen. Ich verstehe unter Gesellschaft die allgemeinere Zusammenfassung von Familie und Staat. Das band mich an Gross und diese Grundlinie hielt ich vom ersten Tage an fest. Dies ließ mich über die vielfachen Spannungen unserer Beziehung, an denen so viele andere gescheitert waren, unberührt hinwegkommen. Der Wert oder Unwert persönlichen Entgegenkommens schien mir nicht allzu wichtig. Mein Ziel war, jene Denktechnik, die Gross aus bereits freigelegten Einsichten über Glück und Leid des Menschen als System ausgebaut hatte, aus einem therapeutischen Mittel umzubiegen zu einer Angriffswaffe, nicht um zu heilen oder zu helfen, sondern um zu zerstören – und zwar die Widerstände, die dem Glück der Menschen im Wege waren. Wir fanden in dem ständigen Ringen darum viele neue Zusammenhänge, die der Grossschen Analyse an sich zu gute kamen. Was Gross mir gab, war die Einsicht der Freilegung der Quellen meiner Zielgebung. Er war unaufhörlich bemüht, aus meiner Aufgabe das Persönlichbedingte zu verallgemeinern und auf die breitest mögliche Plattform zu bringen. Dadurch näherten wir uns einem gemeinsamen Mittelweg, der mir eine Erweiterung meiner Arbeitsmöglichkeit gewährte, während allerdings für ihn seiner ganzen Verankerung entsprechend eine ungeheure Anspannung gefordert wurde, der er sich zeitweilig zu entziehen suchte, um sie doch wieder als seine eigene Auflösungsvorbedingung, als die Möglichkeit zum Erleben zu kommen, zu erkennen und zu bestätigen. Ihm fehlte die Einsicht von dem Bewegenden als dem ursprünglich Organischen. Er sperrte sich mit aller Kraft dagegen, obwohl darin seine Rettung gelegen wäre. So stand er auch meinen Arbeiten über das Arbeitsproblem völlig fern. Er konnte dazu keinen Kontakt mehr gewinnen. Und in den letzten Wochen seines Lebens schien es uns beiden ersprießlicher, uns auch äußerlich zu trennen. Wir schieden in guter Kameradschaft, die sicherlich nicht getrübt worden wäre. Es handelt sich nicht um Werturteile, gewissermaßen nur um technische Hebelpunkte, und doch muß ich behaupten, daß wohl freier von Sentiments, unbeteiligter und nüchterner niemand das, was Gross gewollt hat, darstellen kann, als ich. Ich habe es die letzten zwölf Jahre seines Lebens reifen und durchlebt werden sehen, ich habe ihm widersprochen und bin gegen einzelne Mängel schließlich offen zu Felde gezogen – gerade darum werde ich es als Ganzes unverfälscht darstellen können. Denn die Wege, die uns getrennt haben, die liefen bereits vom Unbewußten her. Sie standen uns schon vorgeschrieben zu der Zeit, da wir noch den einen gemeinsamen Weg nach der Gemeinschaft zu schreiten glaubten. Wir haben es beide noch rechtzeitig erkannt und einander zu beobachten Gelegenheit gehabt. Darum blieb der Blick scharf, doppelt scharf, denn das Recht des einen hätte den andern ins Unrecht gesetzt.

Biographisches und Bibliographisches

Otto Gross wurde im Jahre 1877 in Czernowitz geboren, wo sein Vater Erster Staatsanwalt war. Später übernahm der Vater eine Dozentur für Kriminalistik in Graz, wo auch Otto Gross dann das Gymnasium besuchte. Der Vater war zeitlebens in Österreich und wohl auch darüber hinaus eine anerkannte Autorität in kriminalistischen Fragen. Eine Verbesserung des Bertillonschen Systems, Organisationsschemen für die politische Polizei und ähnliches wie Registrierungsschlüssel Verdächtiger etc. sind von ihm eingeführt und entworfen [worden]. Otto blieb das einzige Kind. In der Schule war er mit Note I alle

Klassen hindurch Vorzugsschüler, sein Vater hätte sich sonst, wie er zu erzählen pflegte, das Leben genommen. Er studierte dann in Wien Medizin und bestand, ohne besondere Begabung oder Lust für einen Spezialzweig zu verraten auch das Examen. Seine Studiengenossen schildern ihn als einen scheuen, zurückgezogen lebenden Menschen, ungesellig – der zweierlei besonders aus dem Wege ging: weiblichem Verkehr und Alkohol. Er galt daher als Duckmäuser. Er selbst erzählte aus der Zeit, daß er Botanik und Zoologie zu studieren begann und besonders in dem ersteren Fach sich weiter bilden wollte. Seine ersten praktischen Jahre als Mediziner erledigte er als Schiffsarzt beim Triester Lloyd. Er machte mehrere Reisen nach Süd-Amerika, wobei er jedesmal einige Wochen studienhalber als Botaniker in Patagonien zubrachte. Die Erinnerung an seine Ausflüge von Puntas Arenas aus ins Innere des Landes blieb ihm sein ganzes Leben lang leuchtend. Menschen aus jener Zeit erinnerte er sich nicht mehr. Auf jenen Seereisen begann er diese ihm später eigentümliche Form des Denkens zu üben, die fast bildlich wirkend den Gegenstand der Untersuchung als Ganzes packt, zerstäubt und auflöst. Auch die Narkotika, unter denen er später so zu leiden hatte, Morphium, Kokain und Opium stammen aus jener Zeit. Plötzlich läßt er die Botanik fallen und geht als Assistent zu Freud, der damals gerade seine ersten Traumanalysen veröffentlicht hatte. Beide scheinen anfänglich sehr gut miteinander ausgekommen zu sein. Freud drängt ihn, sich auf eine Dozentur vorzubereiten. Er geht zu diesem Zweck erst nach Heidelberg, wo er mit einigen deutschen Wissenschaftlern in engere Beziehung tritt, wie mit den Brüdern Alfred und Max Weber und dem späteren Münchner Finanzwissenschaftler Jaffé, der von allen seinen akademischen Freunden wohl der einzige geblieben ist, der ihm auch in späteren Jahren immer seine hilfreiche Hand geboten hat. Auf Anraten Freuds geht er dann nach München, um unter Professor Kräpelin in dessen Klinik seine Habilitationsarbeit zu machen und damit zugleich überhaupt auch unter den Münchner Psychiatern praktisch die Psychoanalyse zur Diskussion zu stellen. In jener Zeit erreichte sein persönlicher Einfluß in der sogenannten geistigen Welt Münchens seinen Höhepunkt. Inzwischen hatte er sich mit der Tochter eines höheren Beamten aus seiner Heimat verheiratet, die aber zum Leidwesen seiner Eltern mittellos war. Er habilitierte sich in Graz und hielt auch zwei Semester über Vorlesungen über Hirnanatomie. Trotzdem war er häufiger in München als in Graz. Er hatte Analysen übernommen, die er mit einem Ernst durchzuführen begann, der an Selbstaufgabe grenzte. Er pflegte mit seinen Patienten zu reisen, ordnete sich deren Wünschen in jeder Weise unter und ließ alle seine Arbeiten im Stich. Obwohl man ihm in Graz soweit als möglich war entgegenkam, war die Dozentur doch auf die Dauer nicht zu halten. Nach einem ersten längeren Urlaub gab er sie schließlich ganz auf, und entfremdete sich damit entscheidend seinem Vater, der ihm diesen Schlag, den er ganz persönlich als gegen sein Ansehen gerichtet empfand, nicht mehr vergessen konnte. Die Vorwürfe kehrten in jedem Brief über eine Spanne von fast 15 Jahren in zäher pathologisch wirkender Folge immer wieder. Dann begann Otto Gross zu reisen. Er reiste in Italien, der Schweiz, Deutschland und Holland. Im Sommer am Meer, im Winter im Süden oder am Lago Maggiore, oder in München, wohin er immer wieder zurückkehrte, nur den einen Gedanken vor sich: das Leid aus der Welt zu schaffen, alle Eindrücke darauf gestellt und unaufhörlich jedes Geschehnis verarbeitend. Nachdem er sich nach einigen Jahren von seiner Frau getrennt hatte, lebte er in Begleitung einer jungen Malerin, mit der ihn besonders innige Beziehungen verbanden. Die Künstlerin brauchte seine Hilfe, ein Gemütsleiden gewann tieferen Boden – und er selbst konnte nicht helfen. Er mußte es miterleben, wie sie sich vor seinen Augen vergiftete. Gross hat in einer seiner letzten Arbeiten das Krankheitsbild seiner Freundin zur Grundlage einer Studie gemacht. Wer den Zusammenbruch nach deren Tode miterlebt hat, staunt über die kühle materialverwertende Objektivität dieser Studie.

Sieht man von den ersten Arbeiten nach bestandenem Examen ab, die noch die Note des Vorzugsschülers tragen, so kann man diesen Zeitabschnitt als die erste Periode seines Schaffens bezeichnen. Alle seine Einsichten, auch seine späteren, beziehen sich auf jene Lebenszeit. In dieser Periode erschien neben einigen Analysen, die zu Spezialthemen als seine Fachliteratur verarbeitet wurden, das Werk *Über Psychopathische Minderwertigkeiten* (1907). Daneben eine Reihe Aufsätze. Diese Zeit war der Höhepunkt seines analytischen Wirkens überhaupt, in der Gesellschaft und seiner Umgebung. Daneben seine Tätigkeit in anarchistischen Kreisen, die Gross mit offenen Armen als Kameraden aufnahmen.

Nach dem Tode seiner Freundin verbringt Gross längere Zeit in tiefster Einsamkeit in Florenz, flüchtet dann vor Verfolgungen seines Vaters, der Polizei und Psychiater hinter ihm herhetzt, hält sich noch etwa zwei Jahre lang teils in München und teils in Berlin, bis er schließlich doch ergriffen und in eine Anstalt gebracht wird. Der Versuch ihn ganz unschädlich zu machen mißlingt, weil die öffentliche Meinung unzweideutig für ihn Stellung nimmt. Der Gefangene wird aus der Privatanstalt einer öffentlichen Landesanstalt (Troppau) überwiesen und dort schon nach ganz kurzer Zeit als geistig völlig gesund erklärt. Der Chefarzt zieht ihn zur Krankenbehandlung heran. Eine bessere Antwort konnte dem Grazer Kriminalprofessor nicht erteilt werden. In dieser Zeit seiner zweiten Periode hält Gross fortgesetzt Generalabrechnung mit sich selbst. Er erweitert seine Einsicht, baut die Denktechnik aus zu jenem System, das Hilfe und Waffe wird und den neuen Menschentyp vorbereiten soll. Viele Arbeiten aus Florenz sind verloren gegangen, vieles hat Gross selbst wieder vernichtet. Er ringt mit dem Versuch, sich von der wissenschaftlich-medizinischen Stilführung zu befreien, einige Aufsätze zeugen davon. Diese Periode sichert erst seine wahre Bedeutung. Sie zeigt ihm auch Weg und Aufgaben.

Es folgt der Krieg. Gross beginnt zu praktizieren, um sich von Haus unabhängig zu machen. Er ist erst tätig in einem Kinderspital, später bildet er sich als Seuchenarzt aus und geht als solcher nach einem verrufenen Flecktyphus-Lazarett hinter der Front. Dort bleibt er einige Zeit. Seine Lebensumstände werden der Normalität angepaßter. Er gedenkt wieder zu heiraten, steht in größerem Verkehr, nimmt auch mit Hilfe Stekels die Beziehungen zur Wiener Schule wieder auf. Er sucht wissenschaftlich in der Analyse nach einer Brücke zwischen Freud und Adler. Die Arbeiten dieser dritten Periode sind spärlich. Sie enthalten alle den Versuch, sich als Wissenschaftler zu rehabilitieren. Gross scheint einen Kompromiß mit der Umwelt eingegangen zu sein, der Frieden bereitet sich vor. Daneben aber schreibt er Tagebücher, in denen er über sich Buch führt. Wundervolle neue Einblicke in die menschliche Seele öffnen sich. Ein ganz eigenartiger Rhythmus beherrscht solche Selbstanalyse – etwas ironisch, etwas bedauernd, so wenn er davon schreibt, warum er eigentlich sich nicht sauber halten kann. Er versucht sich in Belletristik, schreibt Novellen und beginnt mit den ersten Kapiteln eines groß angelegten analytischen Entwicklungsromans. Arbeitet an einem Buch, das den Astarte-Kult der Gegenwart näher bringen soll.

Da stirbt der Vater. Eine neue Kokainentziehungskur macht sich notwendig. Aber zum ersten Mal in seinem Leben muß Gross materiell rechnen. Die Mutter wird ihm das Geld nicht schicken, fühlt er. Jetzt ist niemand mehr, der ihn einsperrt, mit Gewalt droht. Er merkt, das war ihm Halt – er läßt alle Arbeiten fallen, verliert jeden materiellen Rückhalt, vermag sich von der Zeit an auch äußerlich kaum noch selbständig zu bewegen. Alle Hemmungen der Konvention scheinen geschwunden, sein äußeres Verhalten erhält stark infantilen Charakter. Er scheint dem Untergang geweiht. Wochen- und monatelang irrt er in Wien herum, ohne Geld, ohne Nachtquartier, dem Zufall eines Pumps bei Caféhausbekannten preisgegeben. Er schreibt in dieser Zeit seine großen zusammenfassenden Arbeiten, die Aufsätze über Beziehung, die *Drei Aufsätze über den inneren Konflikt* (Markus u. Weber, Bonn 1919), sein Meisterwerk, technisch als gedanklicher Ausdruck von solcher Präzision, daß man erschüttert die Gemütswucht empfindet, die das Leben anders haben will, eine Kraft des neuen Gesetzgebers geht davon aus – dann geht er Oktober 1919 nach Berlin, so als hätte er jetzt eine Berechtigung, hier aufgenommen zu werden. Er kommt mit einer Leistung. Aber sein äußeres Dasein ist bereits zu verfallen. Er war nicht mehr zu retten. Wie im Fieber schreibt er Aufsatz über Aufsatz, alle plötzlich wieder mit starker politischer Note, völlig frei vom Therapeutischen. Am 13. Februar 1920 stirbt er. Das Ende soll noch besonders behandelt werden.

Es ist noch einiges über die hier veröffentlichten Aufsätze zu sagen. Der größere Teil ist jener letzten Periode entnommen. Man mag sich noch einmal erinnern, daß das wesentliche die Denktechnik der Grossschen Gesamtanschauung ist, daß diese Aufsätze für sich allein stehend keine allzu große Bedeutung haben würden, stände nicht hinter ihnen der von Gross geschaffene Apparat, der sie zu weltumspannenden Schlußfolgerungen in Bewegung zu setzen vermag. Es sind besonders solche ausgewählt worden, die das Fachwissenschaftlich-Medizinische zurücktreten lassen. Die Aufsätze sind 1919 in einigen politisch kulturellen Zeitschriften wie *Forum, Sowjet* und *Räte-Zeitung* erschienen. Der Aufsatz *Der Konflikt des Eigenen und Fremden* stammt aus der zweiten Periode. Es ist ein von Gross selbst unternommener interessanter Versuch, einen fachwissenschaftlichen Aufsatz seines Beiwerkes zu entkleiden. Im *Zentralblatt für Psychoanalyse und Psychotherapie* IV. Jahrg. Heft 11/12 steht derselbe Aufsatz unter dem Titel: *Über Destruktionssymbolik*. Die drei der *Aktion* Jahrgang 1913 entnommenen Aufsätze sind Versuche, Anschluß an die geistige Strömung des jungen Deutschlands der Vorkriegszeit zu gewinnen. Die Arbeit über Konflikt und Beziehung, ein Teil der *Drei Aufsätze über den inneren Konflikt* glaube ich den Lesern als Beispiel bringen zu sollen, als klassischen Ausdruck analytischer Gedankenschärfe. Ich glaube, man kann das Rankwerk von Fachausdrücken dabei ganz gut noch mit verdauen. Es lohnt sich. Es eignet sich gerade, das vorliegende Buch damit zu schließen, weil alles vorhergehende, nicht allein die eigentlich nur schlußfolgernden, politischen, soziologischen, kulturethischen Aufsätze, sondern gerade die Darstellung des Grossschen Gedankenaufbaus, so wie er aus seinen Worten und Analysen und aus dem Ablauf seines Lebens hervorgeht, im Grunde nichts weiter bedeutet, als den Versuch, an ihn selbst heranzuführen, sowie er seine letzte Einsicht zusammengefaßt hat. Es ist zu hoffen, daß daraus jeder der Leser für sich dann und sein Leben die von Gross in seinem Aufbau vorausgedeuteten Schlußfolgerungen zu ziehen den Mut hat.

Eine Anekdote

Zum lebendigeren Verständnis für die Atmosphäre eine Anekdote, die sich unter verschiedenen Inhalten und Umständen immer wiederholt.

Gross hatte mit zwei Freunden über die Frage des Geldes und des Besitzes diskutiert. Ohne daß es genau zutreffend wäre, kann man sagen, der eine war ein Kunstmaler, der sich mit zäher Energie durchzusetzen begann, der andere ein junger Mensch von ungewöhnlich technischer Begabung, der indessen nicht dazu zu bewegen war, sich einem entsprechenden Beruf zu verankern und seine Stellung als Ingenieur soeben aufgegeben hatte. Alle drei in Bohème-Verhältnisse hineingeraten, waren ohne Geldmittel. Die seelischen Hemmungen wurden besprochen, die der Angst vor dem Gesetz, gewissermaßen der Unterordnung zu Grunde liegen und die Spannung zwischen Verbrechen und Strafe bedingen. Die Freilegung aller Assoziationen, die sich an Geld knüpfen, und deren Herausschälung ins Besondere einer lebendigen Beziehung zur Umwelt, muß alle Widerstände, die sich an Geld knüpfen, beseitigen, also auch ohne Zweifel den Geldmangel, wenn Geld in der Organisation von Staat und Gesellschaft noch ein notwendiges Verbindungsmittel ist. Das leuchtet ein, die drei sitzen und analysieren und versuchen sich in den höchstmöglichen Zustand innerer Sicherheit zu setzen. Die Frauen spielen dabei eine entscheidende Rolle, versteht sich.

Sie gehen dann aus dem Café und hinaus auf die Straße. Dort wird Gross plötzlich ängstlich und versucht allerlei Ausflüchte, um die zum Stehenbleiben oder zur Zurückkehr ins Café zu veranlassen, das und jenes wäre noch zu sagen oder vergessen und derartiges. Die beiden gehen aber weiter und kümmern sich nicht darum, was Gross redet. Er hält schon nicht mehr gleichen Schritt, beginnt zurückzubleiben und stolpert mehr hinterher, als daß er neben ihnen bleibt. Die beiden gehen dann in einen Laden hinein. In einen Milchladen, wo man auch Brot und Gemüse und alles das bekommen kann, so einen Laden sozusagen für kleine Leute. Gross bleibt draußen, steht nebenan in der Haustür in fürchterlicher Aufregung und mit allen Zeichen von Schrecken und Angst. Im Laden drin, nachdem er eine Bestellung gemacht hat, zieht der Ingenieur einen Revolver und zielt auf die Ladnerin. Der Maler will um den Ladentisch herumgehen zur Kassenschublade. Er ist auf dem Wege und bleibt stehen. Die Frau bleibt krampfhaft über die Kasse gebeugt und schreit jetzt laut. Der Maler hätte sie mit Gewalt wegreißen müssen. Die beiden, Maler und Ingenieur, sehen sich an, etwas ratlos. Der Maler lächelt, vielleicht zynisch triumphierend, dachte der andere dabei, vielleicht auch nur verlegen und begütigend. Das ist nicht klar geworden. Der andere läßt den Revolver sinken. Inzwischen sind Leute hereingestürzt von der Straße. Aus dem Hintergrund des Ladens taucht ein Mann auf.

Die beiden werden umringt. Sie liefern die Waffe aus. Der Maler hatte einen Schlagring. Bleiben dann gleichmütig stehen, eigentlich hochmütig. Denn der Ingenieur, dem einer ein paar Ohrfeigen haut, rührt sich nicht. Dann kommen auch Wachtleute. Draußen hat man den Gross aufgegriffen, wie er noch zappelte, ob er weglaufen sollte oder nicht. Leute hatten ihn mit den andern zusammen gesehen, dann seine Unruhe, die die Aufmerksamkeit auf ihn lenkte. Er wurde auch nicht eben sanft behandelt. Alle drei wurden in großem Aufzuge nach der Wache gebracht.

Dort spielte sich folgendes ab: Bevor der wachthabende Kommissar noch die Vernehmung begann, der Bericht der Wachtleute und der Augenzeugen entgegengenommen werden konnte, wußte Gross die Aufmerksamkeit des Kommissars zu fesseln. Er hatte völlig seine Ruhe wiedergewonnen und entwaffnete mit einer Art zuvorkommender höflicher Bescheidenheit, die sich zur Geste des den irdischen Dingen fremd gewordenen Wissenschaftlers zu vervollkommnen pflegte, etwa aufsteigendes Mißtrauen. Er ging, als sei er der Anführer dieses Aufzuges, auf den Kommissar zu, stellte sich vor gleich mit dem entsprechend betonten Titel und als Assistent eines jedem bekannten Irrenarztes, der mit einer Beobachtung beauftragt sei, als Sachverständiger und Gerichtspsychiater – und bat vorher den Kommissar unter vier Augen sprechen zu dürfen. Dieser war auch, noch bevor die Wachtleute Gelegenheit fanden, sich einzumischen, so verblüfft waren sie im Augenblick, dazu sofort bereit. Im anderen Zimmer begann nun Gross dem Mann mit vielen höflichen Entschuldigungen vorzutragen, wie er, um seine Materialsammlung für ein Lehrbuch der Gerichtspsychiatrie zu vervollständigen und im Auftrage des bekannten Professors Experimentalstudien unternommen habe. Daß es sich um psychiatrisch minderwertige Personen handele, die auch unter anderen Umständen strafrechtlich gar nicht verantwortlich gemacht werden könnten – und dann begann er den Vorfall zu erzählen. Er maß sich selbst dabei die Schuld zu, den Einfluß verloren zu haben im Augenblick einer persönlichen Schwächeanwandlung als Übermüdungserscheinung, und brachte es schließlich soweit, daß der Kommissar die Augenzeugen ohne [sie] gehört zu haben nach Hause schickte, nur ein Protokoll der Wachtleute aufnahm und dazu eine längere Erklärung des Dr. Gross über die psychopathische Veranlagung der Täter und ihren Zweck als sein Studienmaterial. Gross, der übrigens keine genügenden Ausweispapiere bei sich hatte, versprach ein Gutachten seitens der Klinik im Laufe des Tages noch zu dem Protokoll einzureichen. Dann, hieß es, könne man erst die beiden laufen lassen. Gross selbst wurde mit aller Zuvorkommenheit von dem Kommissar bis zur Tür geleitet.

Draußen wieder auf der Straße, fällt ihm auf dem Wege zur Klinik ein, daß er eigentlich die Frau des Ingenieurs benachrichtigen müsse. Sie wird sich ängstigen, denkt er. Also geht er zur Frau. Er wird wieder sehr aufgeregt, weil er sich gar nicht zu denken vermag, wie die Frau darauf reagieren wird. Er hat so das dunkle Gefühl von etwas Entscheidendem, Befreiendem. Er schwitzt vor Aufregung, und assoziiert wie damals, als er zu den Professoren gerufen wird, um seine Examensnote zu hören. Dabei fällt ihm ein, daß seine Freundin ihn erwartet. Er hatte fest verabredet an diesem Tage mit ihr nach Italien abzureisen. Sie wird jetzt auf ihn warten und furchtbar bös sein. Er fühlt dabei, wie eng ihre Beziehung zueinander ist, wie noch zu keiner Frau denkt er – und ein leises Bedauern steigt hoch, daß eine so enge Beziehung nicht zu der angetrauten Frau besteht. Der Weg kommt ihm endlos vor. Endlich ist er da und stürzt mit der Nachricht ins Zimmer. Die Frau nimmt das sehr ruhig auf. Sie lacht über die Einzelheiten der Erzählung. Gross denkt fortwährend dabei, ist das nun herrlich oder bodenlos gemein. Er findet, noch nie hat er sich so elend gefühlt, hilflos. Er möchte wo eingreifen, helfen, Leid wegbringen. Aber die Frau ist ganz ruhig. Wird dann ärgerlich, weil Gross sie fortgesetzt fragend anstarrt, wie vorwurfsvoll, hört er. Er fühlt, sie müßte ihm eigentlich danken. Wird allmählich gekränkt. Die Frau ist inzwischen wütend geworden, als wird ihr etwas Schönes zerstört, es entgleitet. Dann beginnt sie zu weinen. Weinkrampf, sie kommt ganz außer Fassung. Jetzt fängt Gross an zu beruhigen. Sie weint heftiger, bis Gross sich über sie beugt und sie küßt. Sie bleiben den ganzen Tag zusammen und haben sich sehr lieb. Wie ein Wunder so lieb, sagt Gross.

In der Nacht kommt der Ingenieur. Die beiden sind spät abends noch in Freiheit gesetzt worden. Der Kommissar hat den Tag über vergeblich auf das klinische Gutachten gewartet. Hat aber wenigstens dort auf Anruf Bestätigendes über Gross' Persönlichkeit gehört. Daraufhin hat er die beiden dann auch so laufen lassen. Der Ingenieur kann ein peinliches Gefühl, über die Situation, die er vorfindet, nicht unterdrücken. Es bleibt ihm auf dem Gesicht geschrieben, auch wenn er schweigt. Gross denkt, die beiden werden sich zu sprechen haben jetzt – und drückt sich. Die Frau sieht ihm sehr erstaunt nach, der Mann beachtet sein Fortgehen nicht. Inzwischen ist die Freundin mit dem andern, dem Maler, nach Italien schon unterwegs. Sie haben Zettel zurückgelassen, wohin ihnen Gross Geld nachschicken soll. Sie haben sich gerade ein paar Mark für die Bahnfahrt zusammenborgen können. Gross erschrickt sehr, denn der Maler ist geschlechtskrank, weiß er. Er läuft dann zu der Wohnung des Ingenieurs zurück. Dort läßt man ihn nicht mehr hinein. Zu seiner Frau mag er nicht gehen, die hat jetzt doch Besuch, denkt er und wird langsam verzweifelt. Er bleibt auf der Treppe sitzen. Morgens wirft ihn die Frau des Ingenieurs noch einmal hinaus, weist ihm kalt und höhnisch die Tür, vermag sich trotz seines drängenden Bittens jener Situation, auf die Gross anspielt, nicht zu erinnern. Ist vollständig fremd und abweisend. Der Mann verlangt von Gross Geld, um nach Monte Carlo zu fahren. Die Geschehnisse des letzten Tages haben ihm ein Spielsystem eingegeben. Gross leuchtet das ein. Außerdem ist er dann weg, denkt er, ich kann mit der Frau wieder zusammenkommen. Schämt sich dessen, läuft aber den ganzen Tag nach dem Geld. Dann fahren die beiden ab. Ich habe von dem allen nichts verstanden, pflegte Gross zu sagen, wenn er später darauf zu sprechen kam.

Leben und Meinungen des Dr. Gross

Leid

»Die Klinik des Psychoanalytikers umfaßt das ganze Leiden der Menschheit an sich selbst.« Diesen Satz schrieb Otto Gross in einer seiner ersten Veröffentlichungen. Er ahnte noch nicht, daß er damit schon den entscheidenden Trennungsstrich zwischen sich und der Wiener Schule gezogen, ja daß er überhaupt eine grundsätzliche Verschiedenheit in der Behandlung des Kernproblems, des Leids, aufgeworfen hatte. Dem berufsmäßigen

Analytiker ist der Begriff des Leids fremd, er weicht im Gegenteil solcher Begriffsbildung aus. Als Psychotherapie, die ursprünglichste Form der Analyse, beschäftigt sie sich mit der Neurose, dem Wahn und konstruiert Krankheitsbild, Verlauf und Geschichte. Sie geht auf die Quellen des Wahns, der Neurose, die ihrerseits im Leben organische Konstruktion geworden ist, zurück und wird dann zur Psychoanalyse. Sie bewegt sich aber ausschließlich innerhalb der Vorstellung des zu heilenden Wahns und sie verdrängt geradezu darüber hinausgehende Assoziationen als unwissenschaftlich, müßige Kombinationen und nennt das den eigenen Geist in die Analyse hineintragen.

Eine solche Technik muß zwischen eitler Scharlatanerie und hilflosen Feststellungen schwanken, die im Grunde genommen mit der Tatsache des zu analysierenden Wahns eindeutiger und zweifelsfreier schon festgestellt sind. Die Hilfe ist in jedem Falle zweifelhaft, einmal sowohl nach der tatsächlichen Seite, als es sich nur um die Organisation einer verdrängungsgemäßen anders gearteten Konvention handelt, an die der Erkrankte nunmehr glauben soll, als an seine Krankheit, ein immerhin schwieriges Stück Arbeit, das der Patient bequemer haben könnte, wenn er sich seine Krankheit nicht erst beweisen lassen wollte, die er selbst schon tiefer und besser einsieht – sodann aber nach der Frage der direkten Zweckmäßigkeit.

Es ist heute auch schon allgemein den Analytikern klar geworden, eine Einsicht, die nicht zuletzt auf Gross zurückzuführen ist, daß jede Neurose, jede Wahnvorstellung neben ihren negativen, in der äußeren Wirkung erkennbaren negativen Seiten auch eine erlebensnotwendige positive Seite hat, die sogenannte Verankerung des Komplexes im positiv Lebendigen. Eine rein schematische denktechnisch erzwungene Ausmerzung des neurotischen wahnbildenden Konfliktes im sagen wir allgemein Seelenleben, trifft organische lebendigkeitsbedingende Instinkte in gleicher Weise. Man ist sogar heute noch weiter gegangen zu behaupten, daß die Neurose eine bestimmte Sicherungstendenz enthält, gewissermaßen eine Hilfe ist, die sich der noch im Unbewußten Krankheitseinsichtige geschaffen hat, als die ihm angepaßte Form über den einen oder anderen Bruch seines Seelenlebens hinwegzukommen. In diesem Fall wird die Analyse die Form zwar verändern können, den

Krankheitskern aber in den wenigsten Fällen treffen. Man kann das ruhig verallgemeinern, wenn man den Begriff Leid in den Mittelpunkt der Betrachtung rückt. Nimmt man an, und das muß [man] wohl, daß die Neurose und die Wahnvorstellung eine besondere Ballung und Erlebenskonstruktion eines Allgemeineren, einer Lebensatmosphäre, die sozusagen krankheitsbildend ist, darstellt – nehmen wir unter den Assoziationen dazu die des Leids als für sich stehend heraus –, so liegt eigentlich der Schluß nahe, nicht wie das die schulgemäße therapeutische Analyse tut, dieser Atmosphäre als den menschlichen Bedingungen, gewissermaßen dem Pech Mensch zu sein, oder in dieser Zeit zu leben oder was immer, achselzuckend gegenüberzustehen, mit verzuckernder Skepsis, sondern dieses Leid, diese Atmosphäre anzufassen gerade aus der Analyse der daraus so oder so bedingten Neurose heraus. Es wäre dies nicht nur selbstverständlich, sondern es ist die Pflicht geradezu dem Analysanden gegenüber, der im Vertrauen darauf sein Seelenleben öffnet. Die Form jener noch üblichen Behandlung gleicht der Fliegenperspektive, und sie stellt eine Verhöhnung des Hilfesuchenden dar, mag dieser auch im Grunde genommen damit einverstanden sein; denn er verhöhnt schließlich in gleicher Weise den Arzt, weil sich zwei in ein Geschäft einlassen, das statt Geldwechseln mal den Namen ärztliche Hilfe trägt, und beide voneinander wissen, daß sie beide gerade dieses Geschäft nicht abschließen werden, denn Hilfe, Hilfe im Leid setzt von beiden Seiten andere Perspektiven voraus. Man kann sich diese Hilfe weder bestellen noch kaufen. Ich glaube, die Grenzen der therapeutischen Analyse sind nun im Rahmen dieser Darstellung klar genug gezogen. Sie vermag bis zum Problem des Leids vorzustoßen – weiter reicht ihre Technik und ihr technischer Wille nicht.

Darum ist Gross bereits im Anfang darüber hinausgegangen. Er stellt das Problem das Leid der Menschheit an sich selbst auf. Jedes erkennbare und analysierte Einzelleid führt zu der Gefühlsbindung eines Ganzen zurück, eines Menschlichkeitsleids, aus dem es gleichzeitig auch rückwirkend erst seine besondere Kristallisations- und Erstarrungsform erhält. Die Spannung zwischen dem Einzelleid und Menschheitsleid schafft diejenige Erlebensatmosphäre, die aufzulösen Gegenstand der Analyse ist, um in der Bewußtwerdung der seelischen Bruchstelle eine neue Kontaktmöglichkeit jener Spannung von Einzeln zum Ganzen bewußt und lebendig zu machen. Die Bedingungen für den Einzelnen mögen günstigsten Falles immer gegeben sein, die Mittel aber und vor allem die Intensität, mit dem er dem Ziel einer befreiteren weniger belasteten Atmosphäre zulebt, sind von der lebendigen Wirkung des Ganzen abhängig. Versagt diese Rückwirkung, die zugleich eine Aufnahmemöglichkeit ist, so nützt das beste Ziel nichts, um den Einzelnen von neuem in Leid und zwar in intensiveres hinabzustoßen. Dieser Bewußtwerdungsprozeß vom Einzelnen selbst, dem Leidenden, als Erlebenstechnik umgesetzt, macht die atmosphärische Befreiung des Einzelbelasteten von derjenigen der Umweltbelastung abhängig, er gibt dem Einzelnen die Mittel in die Hand, an jenem Gesamtprozeß mitzuwirken, sein Leben, das heißt sein fortgesetztes Bewußtwerden darin einzusetzen, auswirken zu lassen, das heißt sich zu erleben. Er schafft diejenige Erlebenssicherung, die in dem Bewußtsein eines Leids es in seinen Wirkungen für sich stabilisiert und neutralisiert und damit auch erst die wahre Befreiung von der Einzelbelastung sicherstellt. Es versteht sich, daß alle Formen des Einzelleids, auch die einer fixierten Wahnbildung als besondere Erstarrungsform, die den Inhalt der therapeutischen Analyse bildet, darin eingeschlossen sind. Sie können aber erst jetzt, in diesem Zusammenhang, einer Auflösung zugeführt werden.

Um dem Begriff des Leids näherzukommen, mag man sich an das Beispiel vom Tausendfüßler halten. Der Tausendfüßler lebt nun schon von allen Tieren beneidet seit unzähligen Jahrhunderten, sozusagen ohne Konflikt dahin. Bis einmal es einem Krebs, dem es gewiß schwerfällt sich fortzubewegen, einfällt, seinen so schnellfüßigen Konkurrenten im Leben zu fragen, wie er es denn eigentlich anfängt, seine tausend Füße in Bewegung zu setzen. Er will die technische Erklärung. Der Tausendfüßler stolz, fängt an zu grübeln, um die beste Erklärung zu geben. Und er probiert da und dort, setzt einzelne Beinpaare in Gang, um sich selbst die Technik erst klarzumachen. Und auf einmal geht es nicht mehr. Es klappt nicht. Der Tausendfüßler kommt nicht mehr von der Stelle. Er verwickelt sich fortgesetzt mit dem Beinpaar, er weiß nicht mehr, wie das früher gewesen sein mag, denn er hat es ja nie gewußt und ist doch immer so schön gegangen. So ist das mit dem menschlichen Leid. Sicherlich hat der Urzeitmensch unserer leidgetragenen Auffassung nach, als er von nichts gewußt und um nichts sich Gedanken gemacht hat, sehr glücklich gelebt – wer wird das vergleichen wollen? Und doch hängt alles davon ab. Wir erleben uns fortgesetzt als gehemmt, auf Schritt und Tritt. Je mehr sich der Einzelne bewußt wird, seiner Bedingungen zum Leben und Erleben, desto größeres Leid schließt sich auf, desto wirkungsreicher die Hemmungen. Gewiß kann der Mensch selbst den Eindruck bekommen, er bleibt stehen, während alles um ihn herum sich bewegt, ihn ausstößt und zu Boden wirft, daß er verzweifelt in allerlei Netze verstrickt zappelt. So erleben wir das Leid. Die eine Assoziationsform in ihren Wirkungen glücklich beseitigt, erweist sich nur als Symbol für die nunmehr auftretenden. Die Krankheit und selbst Schicksal und Zufall werden zum Symbol, dessen obenauf liegenden Bedingungen wir analytisch nachgehen können. Alles wird zu Leid, scheint es. So fragen wir. Daraufhin arbeitet die Bewußtwerdung, dieser Frage Antwort zu geben und je tiefer, je mehr Fragen, desto drängender das Suchen nach den Ursachen. Im Sinne dieses Fragens liegt das Ethos der Analyse. Und was auch aufgeschlossen sein mag, einmal muß der Lebendigkeitskontakt des Einen zum Ganzen und umgekehrt erlebensfrei von Leid sein, denn es wird zum Lebendigen selbst, eine Gesetzmäßigkeit jenes Allebendigen. Das ist der Inhalt der Frage. Nicht mehr um Krankheit, um den Konfliktfall, sondern um Leid, um das sich Verstrickende an sich, um das Organische darin. Ein großer Teil der Menschen möchte von vornherein auf solche Fragestellung verzichten. Sie denken wie der Tausendfüßler, sie haben doch vorher so schön gelebt. Sie rufen erst um Hilfe, wenn ein sie bedrängender Konfliktfall im seelischen Bruch eingetreten ist, vor dessen Bedingungen sie erschrecken. Man kann diesen Menschen nicht helfen, und noch mehr, man soll ihnen nicht helfen. Aber das gehört nicht hierher. Die Konfliktspannung zum Leid an sich, die lebendige Stellung zur Menschheit, ist die Grundlage für den Bewußtwerdungsprozeß. Wer dies nicht als Lebensaufgabe zu erleben vermag, wer nicht zu den Fragenden gehört, in jedem Fall, ob er sich krank oder gesund normal fühlt, ob unglücklich oder glücklich – der mag dieses Buch noch jetzt aus der Hand legen. Er wird es sonst später zerreißen.

Einsamkeit

Der Bewußtwerdungsprozeß, der vom Leid ausgeht, verwandelt sich als erstes in das Bewußtsein der Einsamkeit. Der Mensch sieht sich hineingestellt in die Umwelt und erkennt, daß er allein ist. Das heißt, seine eigenen Erlebensbedingungen wachsen vor ihm auf. Dieses Alleinsein wirkt schon als die Belastung schlechthin, und erst unter ihrem Druck als Ganzes differenzieren sich die Sonderbelastungen. Sie führen und wirken alle auf die Einsamkeit als Ganzes zurück. Der Bewußtwerdungspunkt dieser Einsamkeit ist in einen Nebel vor- und rückwirkender Angst gehüllt. Dies ist die Lebensangst. Es ist die Angst vor dem Einsamkeitsbewußtsein, sowie die Angst vor der Folgewirkung der jetzt ins Bewußtsein gehobenen Einsamkeit. Sowohl der Schluß auf den Tod wie auf das Leben, das in Bewegungsetzende, das die Einsamkeit erst erleben läßt, das ist dieser Zwang in uns, um leben zu können, leben zu bleiben – sich zu bewegen, obwohl wir doch erstarrt sind und in allem gehemmt. Die Hemmungen erhalten von hier erst ihr eigenes Gesicht. Der Mensch wird sich des Motorischen seiner Hemmungen bewußt und sieht sich bewegungsfremd. Der Begriff der Mühe entsteht, der Anstrengung, mit seinen Bindungen zu einer Konvention eines allgemeinen Muß. Solcher Zwang steht jedem Glück entgegen, jeder freien lebendigen Aus-sich-selbst-heraus-Bewegung, die wir als das Natürliche und Organische der Lebendigkeit werten, als das zu erstrebende Lebensglück in noch allgemeiner organischer Bindung. Der Zwang zur Überwindung der Hemmungen wird wiederum zur Konvention einer allgemeinen Normalität, einer Gleichgewichtshaltung. Diese Konvention ist getragen von der Lebensangst in ihren verschiedensten Verknüpfungen. Sie ist das bereits im inneren Konflikt bedingte »ängstliche« Streben, sich um jeden Preis normal zu halten und im Gleichgewicht, auch auf Kosten nicht nur des Glücks, das in seinen ursprünglichen organischen Assoziationsformen aufgegeben ist, sondern aller andern den untergeordneten Konventionen, etwa des Glaubens, Moral und Ethik. Denn der Verzicht auf die Normalität läßt nur zwei Wege offen: entweder tiefer die Einsamkeit anzufassen, weiter aufzulösen, den Kampf mit der Hydra der Hemmungen aufzunehmen, in dem Bewußtsein der Erweiterung der damit automatisch konform gehenden und vom Bewußtwerdungsgrad abhängigen Konventionen, auf deren Plattform der Beginn jenes Ringens um Auflösung fällt – wobei die Assoziation zu der Konvention trotzdem unbeschadet dieselbe bleiben kann und meistens auch bleibt. Die Skepsis kommt ja davon her, die bisher dem Glauben noch nicht geschadet hat; ebenso jener Typ Individualismus, der sozusagen nur ein Verhältnis auf Zeit mit der Moral einzugehen beliebt – also entweder neue Anspannung, schwerere intensivere Arbeit, tiefere assoziative Leidmöglichkeit oder Zusammenbruch. Dieser Zusammenbruch steht uns ständig vor Augen, er ist der allgemeinere Inhalt der Lebensangst. Er spannt sich von der Bewußtwerdung des Todes als einem technischen Prinzip bis zur Instinktabsperrung und Verwirrung, aus der eine in eine zweite spezifischere Ebene gehobene Atmosphäre von Einsamkeit und Alleinsein droht. Nun steht es uns aber gar nicht frei, auf diese Normalität zu verzichten. Wir bemerken den Verzicht erst nachher in Form der Bewußtwerdung, als erweiterte Konvention, als stärkere Gleichgewichtssicherung oder als Bruch, der dann ständig sei es seelisch, sei es körperlich zugekleistert werden muß. Das ist die Geschichte unseres Krankseins. Dieses sich-im-Gleichgewicht-Halten, was zusehends ungeheure Kräfte fesselt, drängt wie ein ungeheurer Zwang auf die Bewußtwerdung der Einsamkeit hin. In der Einsamkeit erleben wir die Erstarrung inmitten des Bewegungsalls. Wir wissen unsere Kräfte als gebunden und unzureichend, sich in Bewegung zu setzen. Schon der Versuch erzeugt Reibung und Ohnmacht, das heißt: Intensivierung der Bewußtwerdung – größere Angst, Todnähe und Zusammenbruchsmöglichkeit. Wir halten das Gleichgewicht immer – gerade noch so mit Zufallskräften. Weil wir zum größten Teil es ablehnen, uns der Bedingungen seiner Technik bewußt zu werden. Ständig ist diese Normalität also bedroht, unbeschadet daß wir »individualistisch« über Teilkonventionen uns hinwegsetzen. (Selbst der Gesetzgeber billigt den Mord in Notwehr.) Notwehr ist es, was das Leben sodann individualisiert, sich zu Wertkonventionen zusammenschließt, gut und böse entsteht, schön und häßlich – und alles das, was schließlich die Kultur ausmacht. Eine Riesengesetzmäßigkeit richtet der Mensch auf in der hastenden Angst, der menschlich so verständlichen Eitelkeit, damit diese Normalität konventionsgemäß zu sichern, wenn er den Verdrängungsradius größer zieht, so daß er fast dem Blick des eigenen Bewußtseins unerreichbar ist. Vielleicht läßt er sich immer höher spannen, so daß er fremdem Zugriff überhaupt sich entzieht. Fremden Zugriff – denn die Auseinandersetzung ist jetzt soweit vorgeschritten, daß die Hemmungen als Einwirkung von außen erscheinen. Die Hoffnung schmuggelt sich ein, als ließen sie sich von außen regeln und abwehren und beliebig beseitigen. Im Nu sind dafür Konventionen geschaffen. Wir stellen automatisch fest, was den einen Menschen am andern stört. Wir vermögen sofort bestimmte Bedingungen zu stellen. Und in dem Kreis dieser Verdrängungen erwächst jene Plattform, auf der sich unser Leben aufbaut, sozusagen für den Schreckautomatismus einer ersten Bewußtseinsregung. Wir brauchen nur die Fächer aufzuziehen und die wohl geordneten Konventionen anbieten. Das ist es, was die Einsamkeit so furchtbar macht.

Alles geht gerade so lange, wie der im lebendigen Schwingungskontakt mit der Umweltsbewegung befindliche Verdrängungspunkt aufeinander im Rahmen einer Konventionsbeziehung auch konventionsgemäß, sozusagen gesetzmäßig, wie das der einzelne erwartet, reagiert. Wir haben aber für diese Gesetzmäßigkeit keinen Schlüssel, weil es zudem gar keine ist. Es kann sein, heißt es immer im Unterbewußtsein, vielleicht – aber weit häufiger: Nein, das stimmt nicht, wir gehen aneinander vorbei. Es wird bald zur Gewißheit, es muß einmal früher oder später doch dazu werden. Das beschleunigt. Der Stein, solange drohend über unserem Haupte, ist im Fallen, beginnt niederzusausen. So erleben wir den Zusammenbruch als Verzweiflung. Wenige, die sich organisch noch ducken können. Die Menschen kennen eben die Bedingungen ihrer eigenen Konvention nicht. Und hierin liegt das Entscheidende. Niemand will das kennenlernen. Er darf sie sogar nicht kennenlernen. Weil es nur Verdrängung aus Lebensangst ist. Es ist die Verdrängung, die das Leben glaubte über die Hemmungen hinwegbringen zu können. Inmitten der Atmosphäre von Einsamkeit, die langsam in der Bewußtwerdung steigt und fällt, gewissermaßen als Lebensrhythmus. Dieser Einsamkeit zu entfliehen, vermag zwar die Jahre auszufüllen, es schafft aber das Leid nicht aus der Welt. Darauf allein kommt es an. Das Leid, gebunden an Krankheit, Hemmungen, Zufälle und Schicksal ist allgegenwärtig, weil, schiebt es der Einzelne in Verdrängungen aus seinem Bewußtsein, automatisch der andere, der Mitmensch, der Leidende sich an diesen wieder klammert, um an dessen Verdrängungstechnik teilzunehmen. Dieser unterliegt stärkerem Druck, er trägt zwei und mehr, bis der Nebel zerflattert. Die Einsamkeit steigt auf. Die Arbeit, daher haben wir noch diese Begriffsbildung – war umsonst.

Kind und Familie

Es war notwendig, bisher so eingehend die Entwicklung der Bewußtwerdung unseres Leides zu geben, weil darauf erst das Wesentliche der Grossschen Ethik sich aufbaut. Gerade Analytiker pflegen sonst über die Quellen und die vorbedingenden Stufen achtlos hinwegzugehen. Wir können nunmehr die einzelnen analytischen Einsichten an dieser Stelle kürzer behandeln, einmal weil sie ziemlich unbestritten und Allgemeingut [sind], dann aber auch, weil sie gerade im Mittelpunkt der Grossschen Aufsätze selbst stehen. Es ist ja immer nur darum zu tun, die weiteren Schlußfolgerungen daraus, die Gross für sich und zum Bau seiner Ethik zog, allgemein verständlicher zu machen.

Aber weiter die Krise, die der Bewußtwerdung der Einsamkeit folgt, läßt viele Menschen, die an Elastizität im Taumel der Verdrängungen und Symbolübertragungen eingebüßt haben, in diesen Erlebnisspannungen zerbrechen. Der Selbstmord liegt hier begründet als Versuch, die Einsamkeit zu durchbrechen, und im Grunde Krankheit und Unglücksfälle, die schließlich in Hinsicht dieser Gedankenbindung auch nichts anderes als verschleierte Selbstmorde sind. Von dem Bewußtwerdungpunkt über Leid und Einsamkeit nach den daraus bewußt gewordenen Hemmungen und Konflikten führt die Psychoanalyse zur Frage des Lebens überhaupt, zur Freilegung einer Lebendigkeitsatmosphäre und genauer eines Lebendigkeitsinstinktes, eines erweisbaren menschlichen Grundinstinktes, der die Lebendigkeit bedingt und andererseits ihr entströmt. Diesen Lebendigkeitsrhythmus, auf den die Analyse führt, kann man beliebig bezeichnen, je nach der Bedeutung, die man Summen von Assoziationsmöglichkeiten zuweist. Tatsache aber ist, daß die lebenserhaltenden Funktionen, die wir kennen, wie Atmen, Essen etc. noch wieder auf einen Generalnenner zurückzuführen sind. So etwa unsere Vorstellung vom geschlechtlichen Instinkt auf einen allgemein wirkenden Sexualinstinkt, dem unsere Assoziationen nur differenzierende Einzelfixierungen sind. Man muß sich dessen bewußt sein, um dem Sprachgebrauch von Sexualität nicht übertriebene Bedeutung beizulegen. Die Zurückführung auf diese ursprünglichste Instinktveranlagung, deren Freilegung, die Kenntnis, deren Bedingungen und Lebendigkeitsformen vermögen eine weitere Antwort auf die oben gekennzeichnete Fragestellung zu geben. Die Untersuchung nach dem Grund der Einsamkeit hat sodann an diesem Lebendigkeitsinstinkt einzusetzen. Damit ist der Anschluß an die Analyse erreicht.

In dem Aufsatz über *Konflikt und Beziehung* setzt sich Gross mit Freud und Adler in den Einleitungssätzen auseinander. Alle drei Forscher stehen auf der Erkenntnis, daß die ursprüngliche sexuelle (sexuell als bereits bestimmte Fixierung des Bewegenden im All und in uns) Anlage des Menschen und die erste Sexualität des Kindes »allsexuell« sei. Es ist dies weiter nichts als die Rückrevidierung des Begriffs sexuell zu Lebendigkeitsbewegung. Gross hebt sodann den Unterschied seiner Einsicht bezüglich des Konfliktes hervor. Der Konflikt rückt bereits als gegeben in die Beurteilungsfolge der beiden Forscher; Gross packt seine Ursachen an, analysiert das Entstehen nicht des Teilkonfliktes, sondern des Konfliktes an sich, als bestimmende organische Wesenheit. Damit bekommen die Gedankenfolgen, die sich um die Allsexualität des Kindes gruppieren, einen andern Sinn als diejenigen der beiden andern, obwohl sie terminusmäßig noch eine Zeitlang auf einer Linie zu laufen scheinen. Gross zieht daraus den Schluß auf die Einsamkeit und umgekehrt löst die Einsamkeit auf als die Summe aller der konfliktbildenden Konventionen, die sich aus der Konfliktstellung jener Allsexualität zur Umgebung, der Ichbewegung zur Allbewegung und der Gemeinschaftsbewegung ergeben und zwar zwangsläufig und scheint's organisch – so hat das der Mensch ansehen gelernt. Er enthält als die Quelle der Einsamkeit die Beziehung Kind und Familie. Gross stellt diese Beziehung als allgemein gleichbedeutend hin, nicht etwa, daß es allein darum zu tun wäre, dieses Kind und diese oder jene Familie unterliege den besonders konflikterregenden Bedingungen einer besonders unglücklichen Atmosphäre, nein, an dem Automatismus dieser Beziehung weist Gross den Einsamkeitserreger, die Leidquelle, den Grund aller menschlichen Hemmungen und Unabhängigkeiten nach. Auch die andern sehen das im Grunde, wie jeder Mensch schließlich, der an sich selbst zu fragen beginnt – aber achselzuckend nehmen sie es hin, selbst zu sehr in der Lebensangst vor der Konvention befangen, daher der Ausdruck außerhalb des Berufs liegend. Gross kennt nur einen Beruf, den Beruf Mensch zu sein. Er scheut sich daher nicht, die Konventionen selbst zu brechen. Er spricht das aus, was ist – und entwickelt daran seine Schlußfolgerungen. Der Konflikt im ethischen Grundinstinkt, das heißt: der Mensch verliert schon in allerfrühestem Kindesalter seine ursprüngliche Ethik und die Möglichkeit eines Erlebensganzen von Menschlichkeit als Instinktautomatismus. Er muß sie sich bruchstückweise und künstlich und dabei willkürlichen Veränderungen unterworfen, zusammensuchen und zurechtbauen, um einer Konvention, die er als bestehend antrifft, Genüge zu leisten und sich anpassen zu können. Dies wird in eine feste Form gebracht und dem Begriffsbild der Familie einverleibt. Man nennt das Erziehung. Damit umschließt die Familie jetzt das Erleben des einzelnen restlos. Sie gebärt die Konflikte und den Konflikt, sorgt für dessen Konventionierung und stellt zu einer Zeit, da dem Kindwesen die sichtbaren Waffen, sich zu wehren, nicht gegeben sind, die Alternative, so zu werden wie die Familie ist, wie die Alten, die Eltern und die Erwachsenen sind und leben und in ihrer Erlebensverdrängung oder unterzugehen. Da dem Kind die Auseinandersetzungsmöglichkeiten, gewissermaßen das Intensitätsgleichgewicht oder Übergewicht in dieser Spannung verwehrt ist, so bezieht sich dieses Untergehen auf die Familie und heißt: oder die Familie, die Erwachsenen müssen untergehen. Die Antwort ist noch nie zweifelhaft gewesen. Also paßt sich das Kind an, das Menschenwesen, das bereits entscheidend in seinem Lebendigkeitsinstinkt gebrochen ist durch Abschnürung seiner Allsexualität, durch das Hineingeborenwerden in Erstarrung, Einsamkeit und Leid. Es paßt [sich an], nachdem es im Bruch dieser Lebendigkeit bereits Übertragungsmöglichkeiten dieses Konfliktes fixiert hat und zwar in der Summe der Assoziationen und Suggestionen, die es aus der Umwelt erhält. Das Kind verwendet also bereits schon im frühesten Alter diejenigen Geisteskräfte, mit denen es das Leben erst ausgestalten soll, die wahren ursprünglichen Lebendigkeitskräfte dazu, die Umgebung zu ertragen, die Sexualität um sich herum, von der es ausgeschlossen ist, und die Einsamkeit die sich von den Erwachsenen auf das Kind überträgt, ja der es geradezu von diesen geopfert wird, um ihrerseits eine Übertragungsverdrängung von Verbindendem einzutauschen. Dieses Kind, so also in allen seinen Lebendigkeitsbindungen gefesselt und gebrochen, entscheidet sich nun im Sinne der Erziehung zur Konvention, verspricht so zu werden wie die erwachsenen andern – oder es zerbricht. Die Kraft zerbricht, jenen ersten und entscheidenden Konflikt in seinen Bedingungen aufzulösen, bewußt werden zu lassen, weil der Bewußtseinsrückhalt eines Allbewegenden dem frühesten Kindesalter nicht gegeben ist. Es muß also zerbrechen oder sich anpassen. Die Einsamkeitsauflösung bis zur Freilegung des Anpassungszwanges führt den Erwachsenen bis zu jener Situation zurück. Er besitzt jetzt die Möglichkeit, diesen Bewußtseinsrückhalt vom Organisch-Lebendigen und sieht sich auf der Suche nach der Gesetzmäßigkeit des Lebendigen. Und findet den Bruch im Erleben des Kindes zur Familie. Die Bewegungsspannung vom Einzelnen [z]um Allebendige[n], die Allsexualität als lebendiges Kinderleben ohne assoziative Differenzierungen, liegt wieder offen vor ihm und er vermag sich zu entscheiden aus der Analyse seiner Hemmungen das Glück aufzurichten und zwar als Gesetzmäßigkeit aus den jener Allsexualität nunmehr folgenden freien und unbelasteten Bindungen oder das Haupt zu verhüllen, nichts sehen und fordern zu wollen, weil der Mensch ja doch über diese Zeit hinaus sei und sich eben einrichten muß. Der Eiertanz der Analytiker. Aus Angst vor der Konvention eine neue Konvention. Jedes Eingehen auf assoziative Einzelheiten soll vermieden werden bei dieser Frage, weil sie nur in der funktionellen Gesamteinstellung entschieden werden kann. Die Einzelheiten von Belastungen, mit denen die Analytiker operieren, verwirren nur. Ist diese Gesetzmäßigkeit aufgerichtet, das heißt ins Bewußtsein gedrungen, Lebensziel und Inhalt geworden, so erwachsen die besonderen Aufgaben, die Familie in ihrer begriffsbildenden Zusammensetzung aufzulösen, die Atmosphäre des Zusammenhangs, das täuschend Organische zu zerstören. Daraus erwächst, wenn man über Leid, Einsamkeit und Erlebensbruch der Lebendigkeit jetzt den Begriff der Konvention scharf als drittes für sich im Bewußtsein behält, als Mittel – erwächst die Fronteinstellung gegen die Menschen und gegen den Menschen, statt der bisher üblichen Kritik der Organisation und deren Begriffsbildung. Und dieser Kampf wird gegen Menschen geführt um Menschlichkeit. Um Freilegung einer Gesetzmäßigkeit von Glück und Menschlichkeit. Dieses ist das Kernproblem. Darauf stand das Leben von Otto Gross. Dahin zielte seine Denktechnik. Er selbst ging daran zu Grunde, weil die Konvention Menschlichkeit einem in Einsamkeit geborenen stärker wirkt als das Lebendigkeitsgesetz, dem die organische glücksgetragene Begriffsbildung »Menschlichkeit« erst innewohnen soll. Für den Denktechniker zwar schon innewohnt. Er ist Moses, der das gelobte Land von ferne sieht und weiß, daß er nicht hinkommen wird. In dem Kampf um das Gleichgewicht gegen die Einsamkeits-Assoziationen, die hierbei alle aufgerufen und bewußtseinslebendig sind, in dieser fortgesetzten Marter vermag der Einzelne dieses Land bereits zu studieren, weitere Kampfmittel zu finden, neue Einsichten zu formen und für die Nachfolgenden den Weg mit ebnen zu helfen. Sich selbst vermag er nicht zu schätzen. Der Intensivierung des Bewußtseins seiner Aufgabe folgt im gleichen Verhältnis das Schwinden der Widerstände innerhalb der erzogenen und angepaßten Konventionen gegen Selbstaufhebung und Selbstzerstörung, die an Stelle der Hemmungen tritt. Otto Gross hat diesen Kampf mit beispiellosen Kräften ertragen, in Wahrheit ein Märtyrer. Das Bewußtsein, daß er mit dem Blick nach vorn zu bleiben habe, und müßte er unter den Schrecken der Einsamkeit zusammenbrechen, hat ihn nie verlassen. Er hat stärker als gegen den erkannten Widerstand eines sich außen Bewegenden gegen sich selbst gekämpft, den Kompromiß nicht aufkommen zu lassen und sich mit dem Geahnten zu bescheiden. Es wäre ihm ein Leichtes gewesen, spekulativ zu wirken. Daher seine Schreibhemmungen. Daher das streng medizinische Gewand seiner Schriften. Seine Aufgabe war, diese Einsichten zu Ende zu denken und Plattform werden zu lassen für diejenigen, die daran anknüpfen und denen alles das erspart wird, an dem Gross so entsetzlich gelitten hat. Demgegenüber gewinnt das, was man menschliche Schwächen nennt, ein ganz anderes Gesicht. Es wird zur Schutzmarke, der einzigen, die noch Wärme zu spenden vermag. Gross hat ruhig zugesehen, wie die Leute und diejenigen, die ihm nahestanden, gerade daran herumgebohrt und daran gelitten haben. Diese Dinge waren ihm so gleichgültig, daß er sozusagen nicht auf den Gedanken kam, sie abzustellen.

Gegen den Staat

Wenden wir uns nun zu den Einzelbedingungen jener analytischen. Es sollen hier nur einige typische Grundeinstellungen hervorgehoben werden. Es sind einfache Schlußfolgerungen aus der Gesamteinstellung, und wer den unscheinbarsten Aufsatz, geschweige denn die großen Werke, aufmerksam liest, der findet sie immer wieder unter allen möglichen Bindungen variiert. Die Summe aller Konventionen formt sich für Gross zu[m] Staat. Die Organisation der Menschen zur menschlichen Gesellschaft unter Form und Begriffsbildung des Staates entspringt dem Drang nach in-Bewegung-setzen der Einzelkonventionen, es ist die wenngleich verzerrte und kranke Bewegung des einen zum All hin, der sich der auch von der Allbewegung losgelöste nicht entziehen kann. Entsprechend liegt dieser Bewegung dann auch der Sicherungsgedanke zugrunde, die Normalität und das Gleichgewicht dadurch zu erhalten. Der Bruch im frühesten Erleben, der den Menschen zur Konfliktspannung eines neuen Begriffes, dem der Vergewaltigung, führt, projiziert als Übertragung den Begriff der Autorität. Die Autorität wird geboren im Bewußtsein des Unterdrückten. Es wird sodann in Konvention umgesetzt als autoritäre Organisation mit der Atmosphäre des zum Menschen organisch gehörigen, wie Familie, Religion etc. und schließlich Staat. Der Staat sichert sich von sich aus dann wieder die zu ihm aufstrebenden Organisationen, die also sowohl Vorstufen zu ihm, als auch zugleich seine Auswirkungen sind. Das liegt im Gesetzmäßigen der Konfliktübertragung und Projektion zum Allgemeinen hin als Konvention. Das Herrschaftsproblem ist immer nur Angelegenheit der Beherrschten. Es ist deren Konfliktübertragung. (Sie wollen und wollen zugleich nicht.) Es ist demnach eine reine Bewußtseins- oder besser Bewußtwerdungsfrage. Daher gilt der erste Stoß der Autorität und sodann derjenigen des

Staates. Damit fällt das Spezifische dieser Begriffsbildung Staat. Die Front gegen den Staat an sich umfaßt dann alle darin verknüpften Gedankenbindungen und Vorstellungen. Das Entscheidende ist nicht die Organisation, die wirklich im Grunde Luft und nebensächlich ist, Kritik erübrigt sich, noch mehr Verbesserungen und ähnliches – entscheidend ist die Konvention dahin gerichtet, der Glaube daran, die Aufrichtung der Autorität im Einsamkeitsleben des Einzelnen, der Wille sich beherrschen zu lassen, woraus der Herrscher und die Herrschaft emporwächst. Der Kampf gegen die Autorität ist unwichtig gegen den Autoritätsträger, sondern gegen den Autoritätsgebundenen – überall ist die Technik Freilegung von eigenen Fesseln.

Gegen den Besitz

Zu dem assoziationsbildenden Mittelpunkt Staat steht der Begriff Besitz nicht in unmittelbarer Verbindung. Selbstverständlich ziehen Staat und Autorität daraus ihre besonderen auf uns so unmittelbar wirkenden Sicherungen, im Grunde ist aber Besitz ein unabhängig für sich gebildeter Assoziationsmittelpunkt. Ist der Staat die Bewegungsverbindung zur Erstarrung, so ist Besitz die Glücksverbindung zu Vergewaltigung. Es ist die ursprünglichste Übertragungsform der Angst, vom Leben, das ist Erleben, wie vom Tod. Überall wo Angst gebunden ist, in jeder Verdrängung, überwuchert schließlich der Besitzbegriff das Verdrängungsbild. Die »normale« Sexualität ist wiederum basiert auf einer Erlebenskonvention als Lebendigkeitsersatz, die eine Verdrängung der Lebensangst zum Gesetzmäßigen binden möchte. Sie ruht ausschließlich auf Besitzvorstellungen, die soweit Zwangscharakter anzunehmen pflegen, daß der darin Bewußtwerdende – dadurch, daß der Partner stirbt oder ihm weggenommen wird – gewöhnlich das Gleichgewicht verliert und als »Erleben« der Einsamkeit gegenübersteht. Darin gibt es dann keinen Kompromiß, auch keine Rückrevidierungsmöglichkeit zum ersten Erlebniskonflikt. Weil die Besitzvorstellung jeden weiteren Bewußtwerdungsprozeß atmosphärisch bereits beherrscht. Besitz ist etwa so wie die »Sünde gegen den heiligen Geist«, die nicht verziehen wird. Es ist das Unlebendige, das Gegenlebendige – auch in Bewegung, im Rhythmus zur Lebendigkeit, nur vergiftend. Der Besitz an Autorität, an Sachen, an Menschen ist weniger wichtig. Es ist nur veränderliche äußere Form. Die Grundeinstellung hört nicht auf, wenn das Vorstellungsgebäude, das, was man besitzt, verlorengeht. Deswegen wird man nicht weniger »besitzgläubig«. Der Arme unterscheidet sich wenig vom Reichen. Wichtig ist die Lebendigkeitsfeststellung, ob die Bewußtwerdung gleitet zur Steigerung, Intensität und Beschleunigung der Lebendigkeit oder zu Erstarrungen, Verankerung in Konventionsgebundenem und Ersatz für Lebendigkeitserleben in Hinblick auf Angst und Tod. Dies ist bei jeder Konfliktspannung, die sich unserem Lebendigkeitskonflikt nähert, automatisch der Fall. Gegen den Besitz zu kämpfen, in jeder Form und mit jedem Mittel gibt uns die Sicherheit, jenem Konflikt ins Auge zu sehen, dem Erleben einen Schritt näher zu kommen, immuner zu werden gegen Leid und Einsamkeit. Während es in der Bewußtwerdung selbst ein harter Kampf ist, der aber Intensitätsspannungen freilegt. Der Besitzgläubige dagegen selbst interessiert nicht. Er erstickt allmählich.

Gegen den Wert

Dieser Kampf mehr in und mit sich selbst erhält seine Verschärfung in der Auseinandersetzung des damit zusammenhängenden Wertproblems. Soweit es mit dem Besitz zusammenhängt, ist es entschieden. Aber es greift darüber hinaus, es schlägt zurück in jenes gesetzmäßig-Lebendige. Wert ist etwas von Besitz selbständiges. Wert formt sich zur Wertung. Während Besitz nur sehr unvollkommene Konvention bildet, ja sogar den Widerspruch selbst erst lebendig macht, drängt Wert diesen zurück, versucht mit Normalitätsbindung ihn niederzuschlagen und zieht als lebendiges Unlebendige in jede Konventionsbildung ein. Es baut den Staat mit auf. Wichtig ist zu erkennen, daß Wert mit Erleben nichts zu tun hat, daß Wert ein Gegensatz und Konfliktübertragung zur Lebendigkeit ist. Obwohl in unserer Begriffsbildung der Wert sozusagen erst das Leben ausmacht. Die differenzierenden Assoziationen fixieren und erweitern den Lebendigkeitsbruch. Gut und böse, schön und häßlich, wertvoll und wertlos treffen sich auf einer Linie und in einem Punkt – dem, der Lebendigkeit auszuweichen und eine Schutzübertragung über jenen Konflikt zu stülpen mit der Möglichkeit, darauf eine Konvention zu bilden, um die Verdrängung zu sichern und die Angstbewußtwerdung aufzuhalten. Die Bedeutung jenes Katastrophenbegriffes Wert für uns kann nicht überschätzt werden. Vieles von unserer Lebenskraft, die wir noch, wenngleich gebrochen und blind, frei behalten haben, ist ständig in Gefahr, darin gebunden zu werden. Der Wert vollendet sich, wenn der Tod da ist. Mehr wie bei Staat und Besitz ist die Frontstellung gegen Wert die Niederreißung von Konventionen. Nicht mehr schiebt sich Organisationsbildung vor. Es kommt zur Auseinandersetzung mehr wie irgendwo in einer Konfliktsammlung mit den Menschen selbst. Über Staat und Besitz trifft der Stoß das eigentlich sich Bewegende, den Wert, als Herd einer Gegenbewegung gegen die Lebendigkeit. Der Konflikt geht gewissermaßen diagonal von einem Menschen zum andern als durch das Bewußtsein als beobachtendes Drittes hindurch und läßt den sich-Bewußtwerdenden aufschreien. Alle Stützen um ihn herum versinken, die Konventionen, die Verdrängungen, das Leben in seiner Spannung von Kälte und Wärme, aber doch wenigstens lebend mit den andern lebenden. Das versinkt und allein bleibt die Lebendigkeit, schauerlich allein in der Bewußtwerdung seiner Gesetzmäßigkeit. Der Bewußtwerdende, von jenem ersten Bruch her, empfindet es wie den Tod in der Brust. Obwohl es doch das Glück ist, das den Menschen gegeben ist. Es ist die schwerste Krise, die es zu überwinden gilt. Darum ist dieser Kampf auch der erbittertste.

Für Kameradschaft

Den toten Organisationen und Bünden ist die lebendige Gemeinschaft entgegenzusetzen, die Kameradschaft. Den im Erleben vorhandenen Konfliktinstinkten, auf Sicherung und Abgrenzung wie Verengung gerichtet, wirkt Kameradschaft entgegen. Sie setzt sie in Spannungen um, die erlebensgemäß durchgekämpft und überwunden werden müssen. Kameradschaft ist Stütze und Hebel im analytischen Bewußtwerdungsprozeß. Ihre Begriffsbildung allein wirft alle verdrängten Inhalte jener ursprünglichen Allsexualität auf. Entsprechend dem Ablauf und der Verschüttung der daraus hervorgegangenen Konfliktspannungen wirkt Kameradschaft als Bewegung und als Ziel. Es ist weniger eine Atmosphäre, in die der Mensch hineingleitet, um sich auszuruhen, neue Verdrängungen zu sammeln und auf Hilfe in der Überwindung der Einsamkeit zu warten, sondern eine Aufgabe, eine Intensitätsleistung inmitten der Auflösungsprozesse, eine Willensanspannung. Man verwechselt das oft. Kameradschaft, die, als vom andern gewährt, bewußt wird, kommt nicht in Betracht. Es ist dies nur das Wunschgebilde aus der Schwäche heraus, selbst endlich auszuruhen. Ein anderer ist da, der über das Leben wacht, das heißt diese Kameradschaft, die man im Bewußtsein bestätigt, weil man nichts dazu tut. Solche Empfindung steht der echten Kameradschaft entgegen. Kameradschaft ist eine Waffe, mit der man gegen das Gestrüpp im eigenen Innern vorgeht. Es gilt das Blickfeld freizulegen. Kameradschaft wirkt daher um jeden Preis und in jedem Fall. Es ist die Geste, die Willenskundgebung, mit der der einzelne in den Kreis der anderen treten soll. Die Atmosphäre dieser Kameradschaft ist die Gemeinschaft. Sie kommt sozusagen über die Erlebenserfahrung als Technik von dort her. Da das Leben aber diese Erfahrung nicht besitzt und fortgesetzt verdrängt, so wirkt es umgekehrt, das heißt die Kameradschaft zielt auf Gemeinschaft, sie bildet erst diesen neuen Begriff und aus ihrer eigenen Atmosphäre heraus. Dadurch entfernt sich dieser Begriff von der direkten Verbindung zur Allsexualität. Er wird zu einer Lebensform, statt was er ist, einer Erlebensform. Nicht Mittel – sondern Glück. Eine doppelte Verknüpfung also ist eingetreten, zurückzuführen auf den Einsamkeitskonflikt. Kameradschaft wird daher in der Technik des Bewußtwerdens zum Gesetz. Ein Gesetz, das wie etwas übergeordnet Drittes die Gefühls- und Willensbindungen ordnet und niederhält bis zu ihrer Auflösung in Lebendigkeit. Dann erlebt sich erst die Gemeinschaft.

Für Glück

Der Konfliktgespaltene erlebt »Glück« als Befriedigung. Das begleitende Bewußtsein löst diese Befriedigung wieder auf. Je näher nach einer konfliktreichen Lebendigkeit, umso drohender die Frage: warum gerade mir – dem Träger und Empfänger einer Glücksassoziation, verdiene ich denn dieses Glück? Die Lebensangst schlägt noch immer jeden Frieden aus dem Wege. Es ist Angst und nicht, wie viele meinen, Bescheidenheit. Die Angst um die Verbindung, denn der Glückliche steht – im Bewußtsein – allein. Die Konvention verzichtet daher von vornherein auf das Glück, weil der sich entwickelnde Verbrennungsprozeß, kann man sagen, ihre Existenz aufhebt. Sie setzt dafür den Glück-Wunsch, die Sehnsucht. Diese Sehnsucht wird verbunden mit der Gleichgewichtsspannung Befriedigung, dasjenige, was das Glück ausmacht. Man versteht, daß sich die Menschen Zeit lassen dahinzukommen, denn außerdem lauert hinter dieser Gefühlsverknüpfung die Verzweiflung, ständig bereit hervorzubrechen. In gleichem Sinne wie die Kameradschaft ist Glück eine Waffe. Es wirkt als revolutionäres Element. Es ist Aufgabe und Pflicht und zugleich Zwang. Glück tut weh. Die Verkrampfungen um Besitz und Wertung geraten in Schwingung. Ein Motor im Lebendigkeitsrhythmus treibt und das Leben verdichtet sich zum Erleben. Erleben ist Glück. Die Bewußtseinsdurchdringung zum Glück macht alle Hemmungen intensiver, weil dem Lebendigkeitspunkt näher. Im Grad zu den atmosphärischen Widerständen dringt die Bewußtwerdung vor und der Mensch leidet am »Glück«, für das er eine bestimmte Bindung sich gebildet hat bis zur klaren Erkenntnis des Daseins, des konfliktassoziativen Seins. Dieses Sein ohne Wertung und Organisation, gezwungen in Kameradschaft, macht erstmalig das Atmen frei erscheinen. Wir erleben es als lebendig und als neues Bindungs- und Verständigungsmittel von der Einzellebendigkeit zur Allbewegung, als Glück. Es ist nicht zu gewinnen, und es fällt niemandem zu – es ist in jedem Menschen, es lebt mit dem Lebenden. Es ist überall, aber es ist noch gebunden. Man kann sagen, Glück ist wichtiger als Leid und Einsamkeit, für die wir es verdrängen. Man hat das ohne Sentiments zu erkennen. Der Glückliche besitzt eine Stütze mehr zum Erleben durchzukommen. Darum ist es eine

Pflicht der Menschen zu sagen, daß sie glücklich sind – weil sie da sind. Von diesem Bewußtseinspunkt aus bindet sie das Erleben.

Für Genialität

Kameradschaft und Glück legen die dritte Stufe frei, mit der unser Erleben sich aufbaut: Genialität. Genialität ist für beides im Grunde genommen nichts als eine Bindung, eine lebendigkeitsgesteigerte Konvention. Da es sich um eine Verbindung zum Kampf von Befreiung von Konflikten handelt, nicht um Ausgleich zur Balance in der Verdrängung, so darf man es statt Konvention einen Kampfbund nennen, eine Verständigung. Ohne Wertung gewinnt das Mittel auch Lebendigkeitsintensität, während sonst [das] Mittel an sich wieder konfliktbildend wirkt. Genialität ist für unsern Begriff noch eine lebendigkeitswirkende, das ist schaffende Zusammenfassung von Techniken und Instinkten, zu einem lebenssteigernden Bündel von Assoziationsformen zusammengenommen, ein Ganzes gegenüber dem Teil, Sein gegenüber Sehnsucht. Wir erleben sie nicht, sondern leben sie, oder wir sagen dafür: sie ist an Einzelpersonen gebunden. Es ist der Zufall und – das Sonntagskind. Diese nämliche Genialität aber ist allgemein. Sie wirkt in jedem Menschen, und es ist notwendig, keinen mehr sich drücken zu lassen. Was für Kameradschaft und Glück gilt, als Vorstufen sozusagen, gilt erst recht für Genialität. Sie schmerzt. Sie steht um vieles näher der Krise, wo der Mensch sich seines Konfliktes bewußt wird, der ihn allein sein läßt. Aber sie geht auch schon darüber hinaus, sie bewegt schon selbst. Die Erstarrung der Umwelt beginnt, wenngleich unter Mühen und Schmerzen sich zu lösen. Es ist noch nicht das Erleben an sich, ohne assoziative Konfliktbindungen und nur in Allsexualität, sondern Lebendigkeit zum Erleben hin, das erste Licht im Dunkeln. Zum ersten Mal wird bereits etwas von der Wesenheit des Menschen frei. Und daher stammt auch ihre Begriffsbildung. Genialität ist Mensch sein. Sie wirkt als Technik zur Vermenschlichung. Sie ist in weiterer Assoziation Menschlichkeit. Diese Assoziationen werden von Kameradschaft und Glück gebildet und getragen. Sie verdichten sich zum assoziativen

Ganzen, zur Menschheit und Gemeinschaft. Die Gemeinschaft wird in Genialität erst erlebensfähig. Darum ist es notwendig, die Genialität in jedem Menschen freizulegen. Es ist die erste und wichtigste Aufgabe. Jeder Mensch hat zu wissen, daß er Mensch ist, daß er menschlich, daß er genial ist. Erziehung wird zum Unsinn, zum Hemmungsmittelpunkt. Legt die Menschlichkeit frei!

Die Orgie

Nun sind den drei wichtigsten Techniken des Widerstandes drei entsprechende Techniken der Auflösung entgegengesetzt. Verdrängung steht gegen Analyse, Hemmung gegen Lebendigkeitswiderspruch. (Das Lebendige an sich läßt sich nicht hemmen, nur in unserer Konfliktbindung übertragen, daher Kameradschaft, Glück und Genialität als Widerspruch, daher revolutionäre Elemente – Lebendigkeitswiderspruch und zugleich: Lebenssteigerung.) Leben also gegen Lebenssteigerung. Das Gleichgewicht wird bedingt durch den Grad an Intensität, mit der diese Lebenssteigerung sich auflöst in Erleben. Lebenssteigerung ist nur Stufe zum Erleben, nur Vorbedingung und Ermöglichung, Erlebensatmosphäre. Der Anschluß an die analytische Grundlage des zentralen Lebendigkeitskonfliktes, der vor dem Erleben hemmend steht, ist erreicht. Die Bedingungen schließen sich auf, wenn das Kind diese ihm eigentümliche Allsexualität als menschlich Bewegendes, als den Grad seines Menschseins und seiner Menschlichkeit nicht erlebt. Und dieser Kreis wird geschlossen wieder in der Analyse der Lebensform des andern, des erwachsenen andern Menschen. Die Analyse allein würde also nicht genügen. Das Einzelwissen würde nicht lebendig sein. Alle Techniken nichts als blutleere Schemen. Die Zusammenfassung der Wirkungsaufgaben von Kameradschaft, Glück und Genialität als Ganzes der Lebendigkeitssteigerung, als menschliches und menschlich bedingtes Lebendigkeitstempo schafft die Erlebenssituation, zwingend, voraus, ein Erleben über die Plattform der Analyse hinaus, organisiert eine Zukunft, gerade weil nur die Gegenwart erlebensgetragen und erlebensfähig ist. Trotz diesem Bewußtsein aber und gerade in dieser Bewußtwerdung, weil der konflikttragenden Begriffsbildung in uns von Schwäche, Angst und Verdrängung her ein funktionell intensitätsgleicher Widerspruch entgegengesetzt werden muß, um den Erlebenspunkt für die Lebendigkeit der Auflösung, als Kranker gesehen, um die Heilung zu organisieren, zu gewinnen. Der Kranke selbst kann sich nicht heilen anders als durch Bindung seiner Assoziationen auf ein Zukünftiges, das seinen gegenwärtigen entgegengesetzte Begriffsbildungen trägt. Der Kranke muß also überhaupt wissen, was gesund ist – auch wenn er wie wir Menschen schon von Lebensbeginn an krank ist. Ursprung der Utopie und der Revolution. Beide sind nur von dem Ganzen der technischen, lebendigkeitssteigernden Mittel zu betrachten. Beide wirken nur auflösend für den dieser Zukunft Zustrebenden, dagegen zerstörend auf die andern, auf die Konvention. Es gibt keine Vergleichs- und Kompromißpunkte, nichts worauf sich eine Linie von unten oder von oben miteinander schneidet. Die Vorstellung der Revolution bildet sich zu einer gemeinsamen um. Utopie – hat jeder Einzelne im Grunde schon leuchtender und besser ausgedacht, als die gemeinsame Vorstellung, aber dafür eine Vereinbarung, eine gemeinsame Linie zu finden, das ist der Sinn der Revolution. Sie wirkt als Zukünftiges, nie als Zustand. Wenngleich sie den Lebensumständen ihren Assoziationsrahmen gewährt und fertigt.

So entsteht die Vorstellung vom Paradies, bildet sich die Vorstellung jener Allsexualität, geschaffen im Zwang zur Lebendigkeitssteigerung, um zum Erleben zu kommen. Das Erleben dieser Vorstellung wird zugleich zum analytischen Mittel, zum auflösenden Bewußtseinsmittelpunkt. Leben und Erleben nähern sich der Verschmelzungslinie. Die Allsexualität bildet die Vorstellungsreihe der Orgie. Gross hat im eigentlichen Sinne seine Ethik ausschließlich darauf gebaut. Alle Wege führen schließlich zur Orgie hin, als Sexualutopie. Alle religiösen Kulte des Altertums, sofern sie der Lebendigkeit nach näher waren, als die daraus hervorgegangenen erstarrten Konventionen wie unser Christentum, sind Teilbildverknüpfungen der Orgie. Konfliktspannungen in heutigen Religionssystemen, die in Krisen sich auflösen, münden wieder in der Orgie. Unsere Assoziationen zur Sexualität, die eine gemeinsame Verdrängung der Einsamkeit ist, sammeln sich zur Orgie wie zu dem Gefühlsganzen, wenn wir in der Analyse nicht nachlassen. Alle Gefühlskomponenten, die sich als Allsexualität des Kindes zu einem einzigen Instinkt zusammengeben und verdrängt und gebrochen werden im Leben, werden in der Orgie und in der Allsexualität befreit und zur Wirksamkeit gebracht. Kameradschaft, Glück, Genialität (Menschlichkeit) machen die Orgie erlebensfähig, sie führen damit also direkt in das Erleben ein. Sexuelle Revolution und Utopie als Orgie ist Erleben, erstmaliges konfliktfreies Erleben. Ohne Besitzvorstellung und ohne Wertung, ohne Konvention und nur Lebendigkeit, nur menschliches bewußtes Sein. Die Assoziationen zur Orgie sind noch konfliktgebunden. Man muß sie durch Leid daran erleben, durchleben, freimachen. Von der Orgie her erlebt sich die neue Gesetzmäßigkeit des Lebendigen und zwar schon jetzt in jeder einzelnen Gefühlsbindung und in jeder wie immer gearteten Gewöhnung. Die Menschheit als Geschlechtsgemeinschaft gemeinsam und in Lebendigkeit.

Die Arbeit

Damit wäre das System der analytischen Ethik geschlossen. Es richtet nur die Eckpfeiler auf, die um unser Erleben sich auftürmen und die erkannt und bewußtgemacht werden müssen. Nicht um sich oder andern zu helfen, ein Stück weiter zu schreiten, sondern als Ding an sich, als Ganzes und als System, endlich das Leid aus der Welt zu schaffen und die Welt und das Weltgeschehen dem Menschen näher zu bringen und menschlicher zu machen. Die tausendfältigen Differenzierungen zur Menschlichkeit und menschlicher Gesellschaft, ihre Lebens- und Erlebensformen werden dadurch bedingt. Gross hat darüber zum Teil geschwiegen. Es schien ihm wichtiger das, was er als Grundlage erkannte, immer wieder und immer schärfer auszusprechen und erlebend zu analysieren und zu beweisen und bewußt zu machen für sich und andere, als denktechnisch Nebenwege zu gehen, spekulativ an der Peripherie des Problems zu bleiben, selbst vom Bewußtsein des sich auflösenden Ganzen aus, und damit wie er glaubte bequeme Zustimmung zu erschleichen. Er verachtete das, und es scheint, daß ihn die Intensität seines Leids an diesen seinen Erlebensbedingungen ihm nicht immer den Blick für die Bedeutung dieser Fragen zur

Vollendung seines Forschens um die Gesetzmäßigkeit der Lebendigkeit frei genug gehalten hat. Er war schon am Zusammenbrechen, als er erkannte, daß über die Orgie hinaus in der Gemeinschaft sich ein weiteres Bindungsganzes zum Erleben erst bildet, das die Verbindung mit dem Einzelbewußtsein des noch in Konflikten Ringenden herstellt. Das ist die Arbeit. Gross war lange diesem Problem völlig aus dem Wege gegangen, vielleicht weil er fürchtete, die folgemäßig sich erschließenden Einsichten auf eine Nebenlinie zu lenken. Erst gegen Ende seines Lebens hat er erkannt, daß alle Analyse zielgemäß und ausschließlich auf das Arbeitsproblem als den Bewußtseinskern des Menschlichen zustößt. Wir besitzen darüber weniger schriftliche Arbeiten, als Andeutungen und vor allem den reichen Schatz persönlicher Anregungen und Fragestellungen, die im Gespräch mit Gross aufgeworfen zu werden pflegten.

Das Erleben der Gemeinschaft in der Lebendigkeitsbindung der Orgie gibt den Begriff Gemeinschaft und gemeinsam erst frei. Ein neuer Inhalt für unsere Vorstellungsreihen wird geschaffen, der Kollektivismus. Ein therapeutischer Analytiker glaubte feststellen zu sollen, daß der Kollektivismus nur dann in den Assoziationen auftrete, wenn es sich darum handle, etwas – Großes auszuführen. Er bemerkt das mit einer deutlichen Wertbetonung von Ironie und Hohn; man kann ihm die ruhig lassen, er wird früh genug an seiner eigenen Dummheit krepieren. Das Große ist das dem Lebendigen Nahe, das Erlebensreife. Die Gemeinschaft umgesetzt in allsexuelles menschliches Erleben ist die Gemeinschaftsarbeit. Sie ist im besonderen die Freilegung und Auswirkungsermöglichende in Lebendigkeitssetzung für unseren Konflikt gesehen, der homosexuellen Komponente in der frühen Allsexualität des Kindes und der Lebendigkeitskontakt, der jenen Konflikt erst restlos auszulösen geeignet ist. Über das Wissen zum lebendigen Erleben. Die Gemeinschaftsarbeit und davon her, aber auch erst dann, die Arbeit allgemein schafft die Erlebenssicherung und die Erlebenstiefe oder Bedeutung für das Einzelich. Sie ist bereits sozusagen immun gegen die Bakterien neuer Konflikte, es sei denn, diese enthielten nichts anderes als die fortlaufenden Parallelbildungen immer wieder unserer zentralen Bruchstelle. Man mag wohl von uns aus schließen, daß wir selbst diese Immunität nicht erreichen. Den Nachkommen ist sie jedoch sicher, wenn wir wach sind und bleiben, und zwar das Wir im Sinne der Revolution der Kämpfenden, bis das Wir allgemein ist. Ein anderes Wir ist buchstäblich sinnlos. Wir vermögen trotzdem schon zu erkennen, daß in Kollektivismus und Gemeinschaftsarbeit der Schlüssel ruht, der uns die wahren lebendigen Kräfte der Menschlichkeit aufschließt. Kameradschaft, Glück und Genialität lösen sich dort als Waffen dann auf. Sie ordnen sich in das menschliche Sein und es beginnt jenes Erleben des Menschen, das ohne Hemmung und ohne Tempospannung nur Rhythmus und Steigerung ist. Möge der Leser, bis hierher gekommen, sich ernstlich geloben, dahin mitzuwirken.

Das Ende des Doktor Gross

In buchstäblichem Sinne waren Meinungen und Leben identisch. Gross lebte in seinen Lebensformen genau der Intensität seiner Einsichten entsprechend. Er jammerte unter dem Leid, schrie auf in den Schmerzen der Einsamkeit, erlebte die Krise jenes Lebendigkeitsbruches der Allsexualität, nur daß er ein Kind, dem die Äußerungsmöglichkeiten hinzugewachsen waren, sich wehrte, in Erbitterung erstarrte, vor Verzweiflung sich überschlug, in glühender Hoffnung auf jeden Nerv der Bewegung in andern harrte, die Beziehung zum andern, nicht die verdrängende, vergewaltigende, sondern die konfliktfreie über alles stellte und selbst sein eigenes Leben darüber vergaß. Immer war er bemüht, diese konfliktfreie Situation zu rekonstruieren, ins Gedächtnis zurückzurufen und seine Technik an den Widerständen dagegen zu messen. Das ist der Inhalt und die Intensität seiner Denktechnik. Nie wieder erlebt die Umwelt in solcher reinen Form die Tragik des Erfolges, deren Doppelsinnigkeit. Gross erlebte zwar, aber inmitten einer erlebniskranken Umwelt nützte ihm das nichts; denn er erlebte doch nicht auf sich und für sich, sondern ausschließlich gerade Umwelt und sich zur Umwelt hin. Drücken wir es anders aus: Der Erfolg blieb ihm versagt, und er mußte, das erkannte er oft genug, ihm versagt werden. Sein Erleben beruhte aber auf der Lebendigmachung dieses Erfolges. Ohne Erfolg konnte er nicht lebendig sein, wenigstens das Bewußtsein davon nicht tragen, und darauf allein kam es an. So ging er daran zu Grunde, sah sich zu Grunde gehen, erlebte den Tod. Wir sterben alle, wir leben auch alle zum Tod, doch wir sind nicht zerrissen in jener Konstruktion, die im Bewußtsein das eine mit dem andern erkauft. Es wäre nur eine Möglichkeit gewesen, das Wunder – daß Gross an sich selbst die konfliktfreie Allsexualität erlebt hätte, und die Arbeit. Die Bewußtseinszukunft hätte Lebendigkeitsgegenwart sein müssen und zwar derart, daß Gross damit hätte frei schalten und walten dürfen für alle. Er mußte den Hebel in die Hand bekommen. Wer mag sagen, ob Gross eine Konvention hätte finden sollen, und mehr noch, wer kann es Gross verdenken, daß er sein ganzes Leben darauf aus war, diese Zukunft doch zu zwingen, nur um weiter atmen zu können? Ist dies nicht eine Gesetzmäßigkeit? Wer den Mut hat, die Augen aufzumachen, der vermag in Wahrheit das Bild einer Menschlichkeit zu sehen. Gross hat, wenigstens sagen das die davon Betroffenen, viele Menschen unglücklich gemacht, hat sie gehemmt, vielleicht auch zerstört. Er hat viele Menschen glücklich gemacht, frei und steigerungsfähig. Einmal waren immer die einen auch die andern und in einer gemeinsamen Linie treffen sie sich, wenn sie das Menschliche in sich bewußt und in den Mittelpunkt stellen, dann gewinnen sie die richtige Stellung zu Gross. Er war weder ein Phantast, noch ein Dämon, weder vergewaltigend noch infantil, weder masochistischsadistisch, weder gut noch schlecht, er war ein leidzerquälter, einsamer, nach Liebe schreiender Mensch, der über alles und sich selbst die Wahrheit suchte. Und vor allem ein Mensch, der in der gleichen Atmosphäre unserer Bedingungen lebte und sie, genau wir wir selbst, nur gehemmter, unglücklicher, verschmähter und konventionsfremder widerspiegelte. Der ebenso log und sich rächte und haßte und schwach war wie wir selbst, nur wahrheitsgemäßer. Das Gefühl hiervon gab Gross eine Unsicherheit, eine Selbsthemmung, die ihm gerade in seinem Denken viel zu schaffen machte. Zu diesem Zweck nahm er schon von sehr früh an die Narkotika. Sie blieben ihm sein ganzes späteres Leben treu und machten ihn vollkommen abhängig. Er übertrug darauf schließlich alles, was er als Leid an der Umwelt auffaßte. Gross hat damit Menschen, die ihm nahestanden, oder die zu ihm wollten, entsetzlich gequält. Er lachte darüber. Auch daß er selbst daran zu Grunde ging.

Denn, und das ist das Seltsame, gerade zu Grunde gegangen ist Gross wirklich daran nicht. Sondern buchstäblich an sich selbst. Er wußte nichts mehr. Er hatte zu Ende gedacht. Er sah zu sich selbst keinerlei neue Spannung. Er hatte sich zu sehr von der menschlichen Konvention entfernt, als daß er eine neue Brücke geschlagen hätte, um das, was er gesehen und gedacht hatte, zu vollenden, als Ganzes aufzubauen, die Schlußfolgerungen zu erweitern. Es wäre ihm vorgekommen, als hätte er ein neues Leben beginnen müssen. Und das wollte er in dieser körperlichen Hülle, die er haßte, und gegen die er selbst die stärksten Hemmungen hatte, nicht. Daran klebte zu sehr der Leidensweg seines Erlebens. In dieser Verfassung kam er Spätherbst 1919 nach Berlin. Damals trennten wir uns. Für mich lag keinerlei Bindung vor, mit zu Grunde zu gehen, für ihn ebensowenig, mit zu leben. Das Erlebensfähige schien verschüttet, einem Kompromiß nahe. Ultimative Forderungen gegen einander blieben wirkungslos. Niemals zeigte ein Mensch deutlicher den Willen, nicht mehr leben zu wollen, als Gross in jener Zeit. So trennten wir uns. Und schließlich auch die letzten Menschen dann, die ihm in früheren Zeiten nahegestanden waren und die er als Rückhalt fühlte. Und es war dennoch falsch, so notwendig es schien. Denn, und es ist oben schon angedeutet, Gross hatte [nicht] etwa nicht den Willen, sondern nicht die Möglichkeit, weiter zu leben. Er war einem Kompromiß nahe, er wollte mit der Umwelt Frieden schließen. In fieberhafter Hast hatte er an seinen letzten Schriften gearbeitet. Das Gebäude stand vor seinen Augen aufgerichtet. Er sah sich vollendet. Er übersah das Eigentliche, die Wirklichkeitsfolgen und darin hätte man stützen müssen, das Gleichgewicht herstellen. So aber schien ihm das Weitere gleichgültig. Er begann zu schreiben wie der Schüler seiner eigenen Arbeiten, automatisch. Nach außen war er Kind geworden, in der Hoffnung, in die Konvention eingeführt zu werden, die er damals aufgegeben hatte. Was dem Kind gelang, mußte ihm auch noch gelingen. Er fror und hungerte. Materiellen Rückhalt besaß er nicht, noch weniger Maß. Nächtelang blieb er auf der Straße ohne Wohnung, ohne Narkotika, nach denen er von Apotheke zu Apotheke hetzte. Alle, die ihm helfen wollten, und er gewann seltsamerweise noch in seinen letzten Wochen viele Menschen, die näher zu ihm wollten, fühlten die Unmöglichkeit. So durfte man ihm nicht helfen, und Gross hat das auch abgelehnt. Er weinte zwar nach einem warmen Platz, nach dem und jenen, aber er kümmerte sich dann nicht darum. Er verlor das Geld, das die Leute ihm gaben. Fand die Apotheke nicht mehr, die ihm noch Narkotika gab. Vergaß die Adresse der Wohnung, in der er erwartet wurde. So konnte man im Dezember auf den Straßen Berlins einen verhungerten und zerlumpten Menschen im Schneegestöber laufen sehen, der laut vor sich hin heulte und dann ganz in sich zusammenkroch, um Brust und Finger warm zu halten. Die Leute blieben stehen und lachten hinter ihm her. Ein Irrsinniger, dachten die meisten. Der aber stolperte weiter. Bis er soweit war. Am 13. Februar 1920 starb er.

(1921)

oben: Otto Gross und C.G. Jung (zweiter und dritter von links), um 1907/08; rechts: Franz und Cläre Jung auf dem Roten Platz in Moskau, 1921

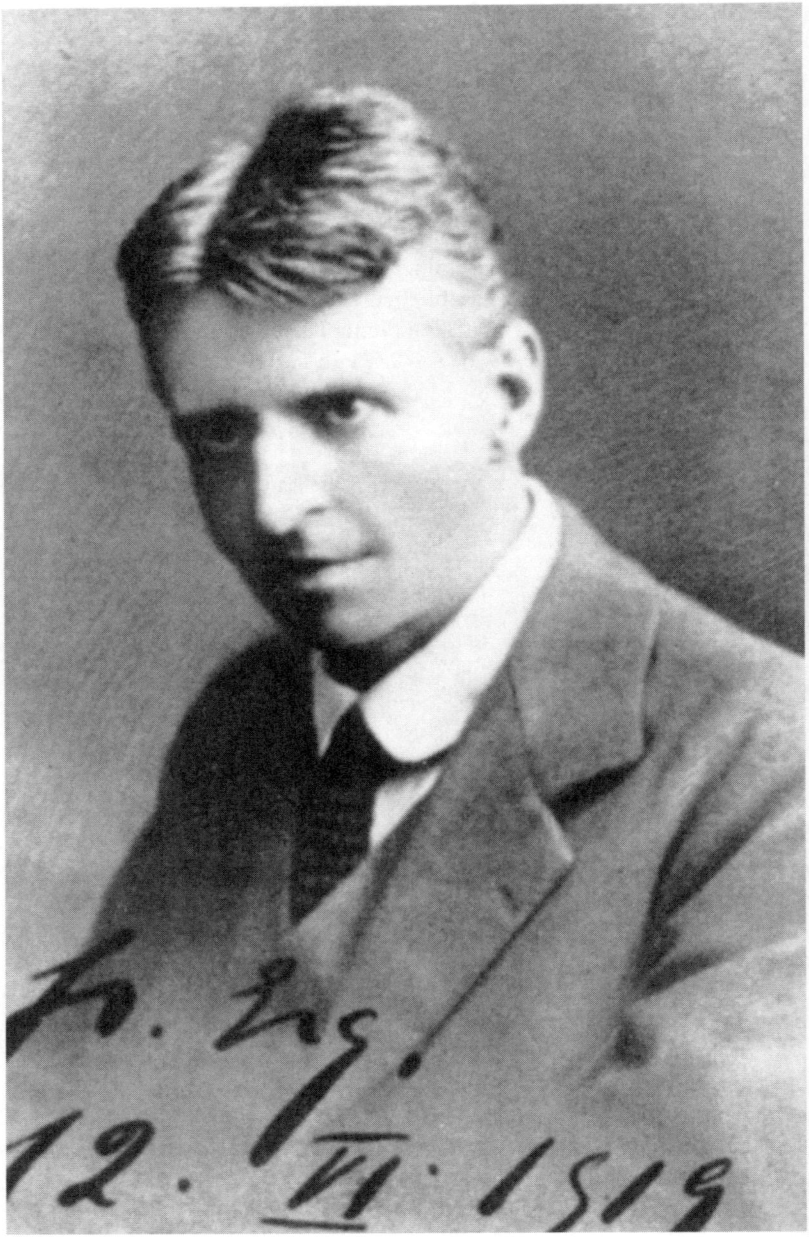

ZUR ÜBERWINDUNG
DER KULTURELLEN KRISE

Diese Zeilen sind eine (verspätete) Antwort auf einen Angriff, den Landauer in seinem Sozialist *gegen die Psychoanalyse und gegen mich gerichtet hat und den ich damals unbeantwortet lassen mußte, da Herr Gustav Landauer meinem Aufsatz die Publikation in seinem Blatte verweigerte. Ich gehe heute nur auf das Sachliche des Angriffs ein. Was das Persönliche anbelangt, so könnte ich nur sagen: Herr Landauer hat infam die Wahrheit verdreht.*

Im übrigen soll die Psychoanalyse energisch propagiert und vertreten werden in einer Zeitschrift, die ich ab Juni zusammen mit Franz Jung herausgeben will.

Die Psychologie des Unbewußten ist die Philosophie der Revolution, d.h. sie ist berufen, das zu werden als das Ferment der Revoltierung innerhalb der Psyche, als die Befreiung der vom eigenen Unbewußten gebundenen Individualität. Sie ist berufen, zur Freiheit innerlich fähig zu machen, berufen als die Vorarbeit der Revolution.

Die unvergleichliche Umwertung aller Werte, von der die kommende Zeit erfüllt sein wird, beginnt in dieser Gegenwart mit dem Gedanken Nietzsches über die Hintergründe der Seele und mit der Entdeckung der sogenannten psychoanalytischen Technik durch S. Freud. Es ist dies die praktische Methode, die es zum ersten Male möglich macht, das Unbewußte für die empirische Erkenntnis freizumachen, d.h. für uns, es ist jetzt möglich geworden, sich selbst zu erkennen. Damit ist eine neue Ethik geboren, die auf dem sittlichen Imperativ zum wirklichen Wissen um sich und um den Nächsten beruhen wird.

Dies ist das Überwältigende in diesem neuen Wahrheit-Begreifen müssen, daß wir von dem Eigentlichen, Wesentlichen, vor allen Fragen unvergleichlich Fragenswerten – von unserem Sein, unserem inneren Leben, von Uns, vom Menschen bis zu diesen Tagen nichts gewußt haben, ja nicht einmal danach zu fragen imstande gewesen sind. Was wir zu wissen lernen, das ist, daß jeder Mensch von uns, so wie wir heute sind, nur einen

Bruchteil dessen innehat und als sein Eigen kennt, was seine psychische Persönlichkeit in ihrer Gesamtheit umfaßt.

Ausnahmslos in jeder Psyche ist die Einheit der Gesamtfunktion, die Einheit des Bewußtseins durchgerissen, hat sich ein Unbewußtes abgespalten, das sich der Führung und Kontrolle durch das Bewußtsein und jeder Selbstwahrnehmung überhaupt an sich entrückt erhält.

Ich muß die Kenntnis der Freudschen Methode und deren wesentlicher Ergebnisse als bereits allgemein voraussetzen. Seit Freud verstehen wir die Unzweckmäßigkeiten und Unzulänglichkeiten des psychischen Lebens als Folgerungen innerer Erlebnisse von intensiv konflikterregendem Affektgehalt die seinerzeit – vor allem in der frühen Kindheit – als unauflösbar scheinend aus der Kontinuität des ichbewußten Innenlebens ausgeschaltet wurden und seither aus dem Unbewußten als Kontrastmotive und unbeherrscht zerstörend weiterwirken. Ich glaube, daß das wesentlich Entscheidende für das Zustandekommen der Verdrängungen im inneren Konflikt gegeben ist – unerreicht bleibt, was Carl Wernicke über den Konflikt als Krankheitsursache geschrieben hat – mehr als in der Beziehung zum sexuellen Moment. Die Sexualität ist das universelle Motiv für eine Unendlichkeit an inneren Konflikten, nicht an sich selbst sondern als das Objekt einer Sexualmoral, die in unlösbarem Konflikt mit allem steht, was Wert und Willen und Wirklichkeit ist.

Es zeigt sich, daß das eigentliche Wesen dieser Konflikte im tiefsten Grund sich stets auf ein umfassendes Prinzip zurückführen läßt, auf den Konflikt des Eigenen und Fremden, des angeboren Individuellen und des Suggerierten, das ist des Anerzogenen und Aufgezwungenen.

Dieser Konflikt der Individualität mit der ins eigene Innere eingedrungenen Autorität ist mehr als jemals sonst der tragische Inhalt der Kindheitsperiode.

Tragisch gerade desto mehr, je reicher in sich selbst, je fester in der Eigenart die Individualität veranlagt ist. Je intensiver und je früher das Widerstandsvermögen gegen Suggestion und Eingriff seine schützende Funktion beginnt, um soviel intensiver und soviel früher wird der zerreißende Konflikt vertieft und verschärft. Verschont sind nur die Naturen, deren Individualitätsanlage so schwach entwickelt und so wenig widerstandsfähig ist, daß sie unter dem Druck der Umweltssuggestionen – dem Einfluß der Erziehung – geradezu der Atrophie verfällt und überhaupt verschwindet – Naturen, deren richtunggebende Motive endlich ganz aus überkommenem fremdem Material an Wertungen und Gewohnheiten des Reagierens sich zusammensetzen. Bei solchen Charakteren zweiten Ranges kann eine – scheinbare – Gesundheit sich erhalten, d.h. ein ungestörtes Zusammenfunktionieren der seelischen Totalität oder, besser gesagt, des Seelenrestes. Jedwedes Individuum dagegen, das irgend höher steht als diese Normalität von heute ist unter den bestehenden Verhältnissen außerstande, am krankheitsschaffenden Konflikt vorbeizukommen und seine individuelle Gesundheit zu erreichen, d.h. die harmonische Vollentwicklung seiner individuellen, in angeborener Anlage präformierten höchsten Möglichkeiten.

Man versteht aus all dem, daß derartige Charaktere bisher, gleichgültig in welcher Erscheinungsform sie sich offenbaren – ob gegen Gesetze und Moral, ob positiv über den Durchschnitt hinausführend oder in sich zusammenbrechend und krank – mit Abscheu oder Verehrung oder Mitleid als beunruhigende Ausnahmen empfunden und auszumerzen versucht worden sind. Man wird verstehen, daß heute die Forderung besteht, diese Menschen als die Gesunden, die Kämpfer, die Fortschrittler gutzuheißen und von und an ihnen zu lernen.

Es ist keiner der Revolutionen, die der Geschichte angehören, gelungen, die Freiheit der Individualität aufzurichten. Sie sind wirkungslos verpufft, jeweils als Vorläufer einer neuen Bourgeoisie, sie sind geendet in einem hastenden Sicheinordnenwollen in allgemein geltende Normalzustände. Sie sind zusammengebrochen, weil der Revolutionär von gestern die Autorität in sich selbst trug. Man kann jetzt erst erkennen, daß in der Familie der Herd aller Autorität liegt, daß die Verbindung von Sexualität und Autorität, wie sie sich in der Familie mit dem noch geltenden Vaterrecht zeigt, jede Individualität in Ketten schlägt.

Die Krisenzeiten hoher Kulturen haben bisher immer die Klagen über das Lockern der Ehe und der Familienbande in Gefolgschaft – die Ehe ist eine vorwiegend bäuerliche Institution – man konnte indes aus dieser »Unsittlichkeitstendenz« den lebensbejahenden ethischen Schrei nach Erlösung der

Menschheit nicht heraushören. Es ging alles wieder zugrunde, und das Problem der Befreiung von der Erbsünde, der Versklavung der Frau um der Kinder willen, blieb ungelöst.

Der Revolutionär von heute, der mit Hilfe der Psychologie des Unbewußten die Beziehungen der Geschlechter in einer freien und glückverheißenden Zukunft sieht, kämpft gegen Vergewaltigung in ursprünglichster Form, gegen den Vater und gegen das Vaterrecht.

Die kommende Revolution ist die Revolution fürs Mutterrecht. Es bleibt gleichgültig, unter welchen Erscheinungsformen und mit welchen Mitteln sie sich vollzieht.

(1913)

LUDWIG RUBINERS »PSYCHOANALYSE«

Ich habe vor vielen Jahren auf dem Salzburger Psychoanalytikerkongress von der Perspektive gesprochen, die sich mit der Entdeckung des »psychoanalytischen Prinzips« d.h. der Erschließung des Unbewußten auf die Gesamtprobleme der Kultur und den Imperativ der Zukunft richtet. Es ist mir damals von S. Freud erwidert worden: »Wir sind Ärzte und wollen Ärzte bleiben.«

Wir wissen heute, wie unendlich größer die Gabe gewesen ist als es der Schenkende selbst zu hoffen sich gestattet hat. Heute ist uns die Psychologie des Unbewußten die einzige und erste sichere Gewähr für wirkliche Antworten auf wirkliche Fragen und richtige Wege zu richtigen Zielen – es gibt bereits ein Organ, das auf dieser Basis die ersten, wenn auch unsicheren Schritte versucht. Die Literaten vermögen allerdings noch zu glauben – treuherzig und simpel: »Wichtig ist nur ihr brutal praktischer Nutzen, der Heilerfolg.«

Wir aber meinen: daß jetzt der Mensch sich selbst erkennen kann, daß jetzt die Menschen hoffen dürfen und erstreben müssen, einander zu verstehen, daß so die unendliche letzte Einsamkeit um den Einzelnen herum überwindbar wird, daß eine Ethik mit wirklichen Lebenswurzeln sich ankündigt, das ist ihr praktischer Erfolg.

Selbstverständlich war es die Kunst, welche bisher allein der Erkenntnis der unbewußt psychologischen Zusammenhänge vorangeleuchtet hat, und es wird auf die Kraft des Künstlers ankommen, wieder auf neuen Erkenntniswegen voranzugehen. Eine Kunst, die sich nicht traut, durch die letztmöglichen Fragen der Unbewußtseinspsychologie hindurchzugehen, ist nicht mehr Kunst.

Wir, die wir über die Einsamkeit hinauswollen, glauben nicht mehr, daß der gesetzgeberische Geist der schöpferische sein wird – allerdings: die Idee an sich ist vergewaltigend, sie zwingt – sondern wir glauben, daß nur die Idee, die jenseits der Einsamkeit, d.h. in der Liebe ist, schöpferisch und frei, also freier Geist sein wird. Der freie Geist, der nicht in der freien Liebe ist, wird immer konservativ oder zersetzend sein, Gott oder Teufel, aber niemals freier Geist.

Ludwig Rubiner verrät einen verhängnisvollen Irrtum, indem er die Frau dem freien Geist gegenüberstellt. Wir glauben, daß jene Revolution die erste und wirkliche sein wird, die Frau und Freiheit und Geist in eins zusammenfaßt.

(1913)

DIE PSYCHOANALYSE ODER WIR KLINIKER

Wäre Rubiners Artikel etwas vereinzelnd stehendes, so würde man das gallige Produkt behutsam zur Seite setzen ... Allein der Fall ist durchaus repräsentativ. Deshalb gewinnt die Frage Interesse: Was ist mit und hinter diesem Affekt?

Ich meine das Motiv tritt grell hervor: Rubiner sagt uns: Techniker bleib bei deiner Klinik. Das ist, worauf es ihnen allen ankommt – allen, mit denen sich Rubiner »in diesem Hauptpunkt traf« ... Wer heute mittut an den Menschheitsproblemen – im allerweitesten Sinn –, der hat der Psychoanalyse gegenüber nur die Wahl: entweder völlig umzulernen, auch über alles, was man bisher selbst geleistet hat auch wenn man schon dran gewesen war voran zu gehen – oder aus allen Lungenkräften mitzuschreien: Techniker, laß uns unseren Leisten! Allein – wo gibt es Grenzen für die Möglichkeiten dieser

Technik? Das ganze Leiden dieser ganzen Menschheit an sich selber und alle Hoffnung, daß es anders werde: das ist unsere Klinik.

Ich habe es zu meiner Lebensarbeit gemacht zu zeigen, daß unmittelbar als Folge der bestehenden autoritativen Institutionen derzeit jeder Mensch krank sein muß, und zwar besonders tief der wertvolle Mensch, in Folge und im Maße seiner Werte. Diese Erkenntnis ist die Forderung der Revolution als menschheits-hygienische Notwendigkeit und der innerlichen Befreiung des revolutionären Menschen als klinische Vorarbeit. Sie rechnet mit dem Anspruch der Individualität an das Leben als ihrer Basis und definiert als »Gesundheit« die Vollentwicklung aller angeborenen individuellen Möglichkeiten.

Die Psychologie des Unbewußten, die das Sein-Sollende des Individuums aus dessen »verdrängtem« latenten Material heraus ins Licht zurückhebt, vermag ihren zukunftsgemäßen Begriff der »Gesundheit« schon jetzt auch für den einzelnen Fall zu entwerfen: vom wiederhergestellten Lebensanspruch des Individuums aus fixieren wir im einzelnen und allgemeinen unsere Forderungen. Man soll verstehen, daß ganz allein von dieser Basis, vom empirischen Anspruch der Individualität an das Leben aus lebendige Werte und Normen errichtet werden können.

Ich habe von der Überwindung der Einsamkeit gesprochen. Rubiner meint, da käme ich zu spät, da habe er schon alles selbst gemacht. Er und Einstein. Von Einsteins Arbeiten kenne ich genügend, um sagen zu können: es sind erschütternde Projektionen der Farben und Lichter, in deren Spiel das seelische Geschehen gebrochen weiter läuft und deren Wiederschein uns aus der eigenen Tiefe flimmernd aufschreckt. Die künstlerische Tat, das freie Schaffen neuer repräsentativer Fälle ist eine Sache für sich; der Menscheneinsamkeit gegenüber sind sie, was überhaupt mit den bisherigen Mitteln möglich war: Blitzlichter, die den Abgrund zeigen ... Wir wollen mehr: die Überwindung der Einsamkeit als unsere Hoffnung und Pflicht ist Neuerrichtung menschlicher Beziehungen auf einer gänzlich neuen Basis, mit bisher unerhörten Möglichkeiten an Reinheit und Konstanz und produktiver Intensität.

Das »Verindividualisieren« der Psychoanalyse soll ein Gegenargument sein gegen unsere Hoffnung auf Überwindung der

Einsamkeit. Weiß man noch nicht, daß alles gegenseitige Sich-Verstellen darauf beruht, sich selber zu verstehen? Daß aus der Überwindung des inneren Konflikts, des sich Versperrens vor sich selbst die Überwindung des Schicksals folgen wird, daß Liebe ein Kampf und daß der Mensch immer allein ist?

Daß die Menschen je vergessen konnten, wie elend sie sind – wie elend sie sich machen – diese Frage will Antwort haben. Es ist die Frage nach der Menschheitspsychose ... auf die zu antworten wir uns für berufen halten. –

Bis jetzt hat nur einer das Problem in seiner Ganzheit konzipiert: der die Geschichte vom Turmbau zu Babylon schrieb. – Es scheint Gesetz zu sein, daß jedesmal sich die Verwirrung wieder erneut, wenn der Versuch gemacht wird, einen Turm in den Himmel zu bauen. – – –

(1913)

DIE EINWIRKUNG DER ALLGEMEINHEIT AUF DAS INDIVIDUUM

Die Frage muß zunächst einmal auf die Probleme und Entdeckungen des Forschers zurückgehen, dem wir die fruchtbarste Förderung der biologischen Erforschungsweise sozialer Tatsachen verdanken: auf Friedrich Nietzsche. Zu den Entdeckungen, die nie mehr verloren gehen, gehört die durch Nietzsche der Wissenschaft erschlossene Erkenntnis von einer pathogenen Einwirkung der Gesellschaft auf das Individuum. Wir wissen durch ihn, daß gerade den gesündesten Individuen Expansionstendenzen innewohnen, auf deren Repression die Tendenzen der Allgemeinheit gerichtet sind. Dieser Konflikt, dessen Gesetzmäßigkeit durch Nietzsche in ihrer historisch notwendigen Gegebenheit erschlossen worden ist, wirkt pathogen in zweifacher Weise. Die eine Möglichkeit hat Nietzsche selbst zu Ende gedacht und besonders damit die Disziplin der biologischen Soziologie gegründet: er hat gezeigt, daß der in Rede stehende Konflikt zu einer Ausmerzung gerade der gesündesten und stärksten – mit den größten Expansionstendenzen begabten – Individuen durch die Repressalien von seiten der Allgemeinheit, zu einer negativen Selektion und damit zu einem Niedergang der Rasse, zu progressivem Zuwachs der hereditären Degeneration gelangen muß. Die andere Möglichkeit ist die der direkten Schädigung des einzelnen Individuums durch das psychische Trauma des Konfliktes. Zu dem Problem, das hier gegeben ist, hat Nietzsche eine unerschöpfliche Gedankenfülle beigebracht, deren Wichtigkeit eine fast unabsehbare ist für die individuelle und soziale Psychologie. Allein die Bedeutung der Frage für die Pathologie zu erkennen, dazu war eine andere Entdeckung nötig: die Entdeckung der im eigentlichsten Sinne pathogenen Wirkung zurückgedrängter Affekte. Ich möchte deshalb wagen, auf diesen Gebieten die Forschung Freuds als die geradlinige Fortsetzung der Forschungen Nietzsches anzusprechen.

Der naturnotwendige Konflikt zwischen dem Individuum und der Allgemeinheit verwandelt sich unter dem Druck des sozialen Zusammenlebens naturnotwendig in einen Konflikt im Individuum selbst, weil sich das Individuum sich selbst gegenüber als den Vertreter der Allgemeinheit zu fühlen beginnt. Erst dieser innere Konflikt ist es, der eigentlich pathogen zu wirken vermag. Unsere Frage lautet also: welche typischen ideellen Momente sind danach angetan, das Individuum in Konflikt mit sich selbst zu bringen?

Es ist in erster Linie das große Gebiet der Sexualität, auf welchem ideelle Momente zu ganz besonders wichtiger pathogener Bedeutung gelangen. Das gilt natürlich ganz besonders beim Weib. Dieses wird auf sexuellem Gebiet von weitaus mehr Gegensuggestionen beeinflußt als der Mann. So wird auch begreiflich, daß die spezifische Morbidität bei Frauen an Hysterie nicht durch eine Disposition des Geschlechtes bedingt wird, sondern durch den Inhalt der allgemeinen sexualmoralischen Ideen.

Man darf wohl sagen, daß seelische Morbidität, daß pathologische Verzerrung der Persönlichkeit, so wie sie uns als hysterischer Charakter und als noch feinere und weniger merkliche pathologische Depravation begegnet – daß alle diese so überaus verbreiteten, spezifisch weiblichen Psychopathien auf jenen stereotypen sexuellen Konflikt zurückzuführen sind. Das Dominierende in der psychischen Entwicklung des Weibes ist die Unmöglichkeit, eine umfassende und zusammenhängende Einheitlichkeit der inneren Vorgänge zu begründen, eine lückenlose Kontinuität des seelischen Erlebens herzustellen. Denn die Suggestionen, aus denen sich von Kindheit an das ethische Milieu der Frau zusammensetzt – dieser beherrschende Wertkomplex ist inhaltlich unvereinbar mit den stärksten und eindringlichsten Trieben und Regungen. Die ganze plastische Kraft des Seelenlebens verwendet sich darauf, die sexuellen Regungen entweder ganz zu verdrängen oder ihnen eine bewußtseinsfähige Umformung und Umdeutung zukommen zu lassen. Und auch dieser Prozeß des Ummodelns besteht im wesentlichen in einer Verdrängung. Die sexuellen Strebungen in ihrer wahren Wesenheit erscheinen nie und niemals in der Gestalt jener ausschließlich monogamen und familiären Tendenzen, in der sie Eingang ins Bewußtsein finden. Und was dabei verdrängt worden ist und immer weiter, immer wieder verdrängt wird, all dies ergibt zuletzt ein weites und großes, von stärksten Affekten besetztes und doch der Kontinuität des Bewußtseins, der einheitlichen Zusammenfassung der psychischen Vorgänge entrücktes Gebiet des Seelenlebens. Und dieses von innerem Zusammenhang der Persönlichkeit ausgeschlossene Gebiet wirft fremde unverständliche Charakterzüge, perverse und abnorme Triebe und Hänge in die Persönlichkeit. Genauer gesagt: Die angestaute Energie des verdrängten Materials überträgt sich auf den von den assoziativen Zusammenhängen präformierten, von der Persönlichkeit und ihren dominierenden Werten und Gefühlen unkontrollierbaren Wegen in das bewußte Seelenleben herein, wirkt modifizierend, anregend, hemmend, annulliert und schwächt die einen, verstärkt die anderen Komponenten, gibt paradoxen, fremden und bösen Impulsen eine unerklärliche Intensität, verändert den Charakter und prägt ihm Züge auf, die ihre Provenienz aus dem Unbewußten durch ihre oft unmotivierbare autochthone Existenz, durch eine gewisse inhaltliche Analogie mit den verdrängten Komplexen verraten. Das eigentümlich Typische, in den verschiedensten Formen ewig Wiederkehrende in diesen morbid gewordenen weiblichen Charakteren ist jener allbekannte, so eigentümlich zwangsmäßige Hang zum Verbotenen, zu allem von den eigenen dominierenden Werten Verworfenen, den eigenen Grundinstinkten Zuwiderlaufenden. Das ist ein stets übereinstimmender charakteristischer Zug, der seinem Wesen nach derselbe bleibt, mag nun das Fremde und Gegensätzliche jener Impulse noch subjektiv empfunden oder mag die ganze Persönlichkeit allmählich widerstandslos von ihnen erfüllt werden. Der pathologische Hang zum Verbotenen wirkt als ummodelnde depravierende Konstituente des Charakters. Wir finden ihn als Grausamkeit oder als Hang zur Selbstquälerei, als bohrenden Trieb zum immer Neuen, zum steten Wechsel, als kritiklosen Hang zum Bizarren und wieder als unerklärliche und unüberwindliche Sperrung natürlicher Gefühle. Er schiebt sich hemmend vor jedes zweckmäßige Handeln, jedes natürliche und gute Empfinden, jeden fundierten und konformen Geschmack. Und immer bewahrt er darin das Abbild des ursprünglichen pathogenen Konfliktes zwischen dem sexuellen Wunsch und seiner gewollten Verneinung. –

Ein einfaches Beispiel. Dem Arzt nur selten merkbar und überhaupt beinahe nie als pathologisch erkannt, dabei fast stets im Leben von tragischer Bedeutung ist eine für ungeahnt viele Frauen typische ideogene Tendenz, sich häßlich zu machen. Dahinter wirkt ein pathologischer Hang zum Verbotenen von Kindheit bei, der sich als Teil des Triebes zum Verbotenen überhaupt im Unbewußtsein verankert und unverändert erhalten hat.

Umfaßt der pathogene Konflikt des Sexuallebens besonders stark das weibliche Geschlecht, so liegt sein Äquivalent für das männliche auf dem Gebiete der Kampf- oder aggressiven Instinkte. Wir wissen, es ist der spezifisch männliche Grundinstinkt, und wie auf den sexuellen Impulsen bei der Frau, so lastet beim Manne auf den aggressiven Instinkten die Wucht moralischer Gegentendenzen. Nur in der Quantität und vor allem im Grad der Verinnerlichung dieser Gegentendenzen besteht ein gewisser Unterschied. Der aggressive Wunsch, die innerliche bewußte Konzeption des aggressiven Gedankens ist nicht so ganz und nicht so von vornherein der Zensur unterworfen. Mit anderen Worten: es besteht hier eine größere Möglichkeit, wenigstens innerlich den Konflikt zu Ende zu kämpfen. Je mehr sich auch diese Möglichkeit einschränkt, desto pathogener natürlich wird der Konflikt. Das ist aber um so mehr der Fall, je mehr die Gegentendenzen an Intensität und Extensität zunehmen. Die Größe dieser Gegentendenzen ist eine sehr variable, nach Ort und Zeit sehr verschiedene, im allgemeinen rapid steigende. Nach Nietzsche geht das herrschende Streben dem Ziele zu, daß irgendwo und irgendwann einmal nichts mehr zu fürchten sei. Der Weg dahin heißt heute in Europa immer und überall: »Fortschritt«. Ist das richtig, ist wirklich eine innere Furcht vor allem Gefährlichen, Plötzlichen, Aggressiven ein wertbestimmender Faktor geworden, so muß die Niederhaltung aggressiver Tendenzen eine immer stärkere, der innere Konflikt eine immer ergiebigere Quelle neurotischer Spaltung der Persönlichkeit werden. Durch Schopenhauer ist die Darstellung gegeben und seither oft wiederholt worden, daß bei den Hellenen durch einen Akt der Aggression, z.B. durch eine körperliche Mißhandlung nicht der Angegriffene, sondern der Angreifer als entehrt betrachtet worden sei. War dies wirklich der Fall, so setzt eine solche Umdeutung und Verbildung der Instinkte einen ähnlichen Komplex von Verdrängungsprozessen voraus, wie heute die Umdeutung sexueller Tendenzen. Auffallend ist, daß die hellenische Poesie sich überwiegend in Emotionen der Aggression ergeht, sowie ein großer Teil der unseren in sexuellen Emotionen. In beiden Fällen läge der Kunst die Tendenz zugrunde, das »Abreagieren« gerade der jeweils unterdrücktesten Instinkte herbeizuführen. Wir können uns leicht die Möglichkeiten nachkonstruieren, in welchem Sinne der innere Konflikt mit aggressiven Tendenzen den Charakter mehr [oder] minder pathologisch beeinflussen wird. Wir werden wieder erwarten müssen, in den Symptomen das Abbild ihrer Provenienz zu finden, und diese Voraussetzung erfüllt sich im Bilde der neuropathischen Konfliktsangst, ich möchte sagen, der pathologischen Feigheit. Wie überaus häufig diese anzutreffen ist, das ist wohl bekannt, desgleichen die Art, in der sie sich prägt und wie sie zur Grundlage eines krankhaften Mißtrauens, einer im Sinne dieses Mißtrauens verschobenen Auffassungsweise sich zu entwickeln vermag. Der assoziative Konnex dieser Charakterzüge mit dem pathogenen Konflikt ist leicht nachzukonstruieren; das verbindende Gemeinsame ist etwa der Inhalt: »Ich darf oder kann nicht angreifen, mich nicht rächen, mich nicht wehren.«

(1913)

ANMERKUNGEN
ZU EINER NEUEN ETHIK

Wenn pervers von pervertere (umdrehen) kommt, so muß der Staat aus Selbsterhaltungstrieb seine vermeintliche Schutzfunktion, die Ehe, durch Aufrechterhaltung des § 175 sichern. Der Widerspruch liegt in der Basis des Staates. Der Staat selbst trägt das homosexuelle Symbol. Er ist hierarchisch aufgebaut, das ist: einer lastet immer auf dem andern.

Freud hält die bisexuelle Veranlagung des Menschen im ersten Lebensstadium für erwiesen. Nur müsse der Mensch, meint Freud, später im Leben die eine Seite verdrängen, das sei nun einmal so. Dies soll und wird nicht mehr so sein. Mit der fortschreitenden Freilegung der Individualität wird es keinem Menschen mehr einfallen, eine Naturanlage verkümmern zu lassen.

Die von der Familie her sich ergebende Konstellation – Vergewaltigung durch einen der Ehepartner, absolute Abhängigkeit der Frau vom Mann, Beziehungslosigkeit zum Kind, insofern das Kind am Erleben nicht teilnehmen darf (Nebenzimmererotik), sondern erzogen werden soll (die geltenden pädagogischen Grundsätze streben zur Asexualität), der Sohn als Mittelpunkt eines Herdes von Verschmähungskomplexen seitens der Mutter und Objekt einer Eifersucht seitens des Vaters, die sich spannt von Ohnmacht bis zu glühendem Haß und sich in Sentimentalität entspannt – diese Konstellationen zusammengefaßt, machen ein fortschreitendes Erleben des Kindes im Sinne der bisexuellen Anlage gemeinhin unmöglich.

Sondern: die Familienkonstellation scheucht bei einem schärfer ausgeprägten Sinn des Kindes für Erhaltung der Individualität den moralischen Instinkt mit seinem Zwang zur Überwindung der Einsamkeit in eine Sexualität, die zwar an sich in der bisexuellen Anlage eine Bestätigung findet, indessen dem zurückgelegten Weg entsprechend nicht konstellationsfrei, kein reines Erleben ist. Diese Sexualität spaltet sich in einer verdrängungsfreien Entwicklung in aktive und passive Homosexualität oder wird in ihrem Auftreten beherrscht von der Möglichkeit einer vollkommenen Verdrängung zum Automatismus (Normalmensch) oder einer teilweisen, wobei der Wille auf Grund einer kranken Individualität auf Kosten des andern zu leben, den Gradmesser abgibt (reinste Form: der negative Mensch, Snob, betonte Geistigkeit, l'art pour l'art).

Diese als sekundär zu bezeichnende Homosexualität ist vom Standpunkt einer neuen Ethik zu bekämpfen. Sie zeigt durchaus und naturgemäß die Konstellationsmerkmale der Ehe, die Zeichen der Vergewaltigung. Der in den Begriff des § 175 fallende homosexuelle Akt ist die gleiche Vergewaltigung wie diejenige, die in der normalen Ehe ungestraft sich vollzieht.

Diese sekundäre Homosexualität bleibt unmoralisch, weil sie nicht die Beziehung, den Glauben, das Dritte zum Gegenstand hat. Erst in zweiter Reihe kommt die Form, und zwar nur da, wo sie den Zusammenhang zwischen Einstellung und Symbol zu verdecken sucht.

Die neue Ethik trifft ein Geschlecht an, in dem steht ein Mann zum andern: wird er mir die Frau wegnehmen oder mich homosexuell vergewaltigen; und die Frau zum Mann: wird er meine Kinder erhalten und auch mich leben lassen oder (in quälender Sorge) wird er unter der Rache meiner Natur (konstellierte Mutterschaft) zusammenbrechen. Über allem lauert die Einsamkeit, die um die Menschen herum ist und die Stunden frißt.

Die Zertrümmerung der Monogamie und ihrer noch kränkeren Form, der Polygamie, ist nicht nur allein die Befreiung der Frau, sondern vor allem die des Mannes.

Die Erkenntnis, daß die Sexualität als Überwindung der Einsamkeit nicht mit der Person identisch, sondern das reine große Dritte ist, bedeutet die hauptsächlichste Vorbedingung, die Quelle einer Intensität, die expansiv und ein neues Leben ist. Erst diese Intensität ermöglicht die Entfaltung der bisexuellen Anlage.

Die freigelegte primäre Homosexualität kennt keine Vergewaltigung und keine Umkehrung. Sie ist dasjenige Lebenselement, das in dem Miterleben, in der Mitfreude ausgedrückt ist. Sie ist frei von Sentimentalität, Eifersucht und Masochismus, sie kennt nur die eine Konstellation einer Verschmähung, deren Überwindung zugleich einen Lebenselan bedeutet.

Die heutigen Sexualitätsformen sind von der Angst des Erfrierens beherrscht. Die Sicherheit einer dauernden Beziehung wird gewährleistet, wenn die Beziehung zwischen Mann zu Mann konform zur Frau geht, wenn die Sexualität nicht mehr das Erlebnis des einzelnen ist.

Dafür, daß jenes Erlebnis konstellationsfrei bleibt, sorgt mittels selbsttätiger Niveaufixierung eine Technik, die jedes Residuum nichtabgeforderter Kräfte im einzelnen als unmoralisch im Sinne unserer Gesellschaft und als Leid an der Persönlichkeit auszumerzen sucht und erlöst.

(1913)

NOTIZ ÜBER BEZIEHUNGEN

Die Beziehung als Drittes, als Religion genommen, enthält den Zwang zur Individualisierung. Dieser Zwang ist automatisches Aufzeigen aller Erlebensmöglichkeiten, der Fähigkeiten zur Aufrechterhaltung aller ins Allgemeine, Zusammenfassende strebenden psychischen Wärme (Niveaufixierung).

Die Beziehung im heutigen Sinne ist eine Brücke, deren Pfeiler vom momentanen Erleben Sicherung empfangen, d.i. eine Kontinuität vortäuschen, deren organisch notwendige Aufrechterhaltung mit der für ein reines Erleben psychisch notwendigen Tendenz einer fortwährenden Auflösung und Veränderung nicht in Einklang zu bringen ist, also eine Kontinuität mit der Tendenz an sich selbst zu kranken. (Daher heute reinstes Erleben: Verschmähungskomplex, Wille zum Sterben.)

Diese Konflikte bestimmen das Erleben, das sich im Durchschnitt in Kompromissen abschwächt (Formen der Hysterie, Neurose) und als Normalität projiziert die Angst innerhalb einer im Unterbewußtsein ständig zusammenbrechenden Kontinuität ergibt (Langeweile). Die Tendenz zur Überwindung dieser Angst reißt bei stärkstem Individualitätswillen Erlebensmomente auf, mit dem Zwang einer für die Allgemeinheit möglichen Zusammenfassung (Genialität).

Die Konstellation dieses Erlebens führt den Begriff der Vergewaltigung ein. Der Kern jeder Vergewaltigung ist Schwäche. Eine Schwäche, die vor der Lebensangst kapituliert, die den blinden Glauben an die Verdrängung aus Instinkt sich jeweilig erzwingen muß.

Der Vergewaltiger ist der Kranke, der Untergehende, der das Zeichen der Inferiorität trägt. Er ist ungefährlich, sofern der Partner die Reinheit des Erlebens, das Leid aus dem sich behauptenden Befreiungsstreben der Individualität dem geforderten Kompromiß entgegensetzen kann, und er ist Werkzeug, sofern er als Ausgangspunkt eines Erleidens das Erleben des Partners produktiv gestaltet.

Dieses Erleiden, das sich zum Leben, zur Intensität expansiv ausgestaltet, ist für den positiven Menschen in diesem Sinne der Inhalt einer Beziehung, das Freiwerden einer Mitfreude, die Kameradschaft, die Religion.

Der aus der Reinheit des Erlebens resultierende Zwang zu dieser Beziehung ist organisch und psychisch zusammengehende Grundlage einer neuen Lebensform, Glauben, Sehnsucht und eine die zukünftigen Zeiten ausfüllende Lebensgemeinschaft.

(1913)

DER FALL OTTO GROSS
Brief an Maximilian Harden

Am neunten November 1913 wurde Herr Dr. Otto Gross, ein Arzt, der sich besonders mit Psychiatrie und Soziologie beschäftigt, auch in der Zukunft *schon einen Aufsatz veröffentlicht hat, von Polizeibeamten aus seiner Wilmersdorfer Wohnung abgeholt. Die Beamten sagten ihm, er sei, als lästiger Ausländer und Morphinist, aus Preußen ausgewiesen und müsse (obwohl er von solcher Absicht nicht benachrichtigt worden war) sofort das Land verlassen. Er wurde nicht an die sächsische, sondern bis an die österreichische Grenze geleitet, dort abgeholt und in die kleine Privatirrenanstalt Tulln bei Wien gebracht. Irgendein Strafverfahren war nicht gegen ihn eingeleitet worden. Seine Freunde, ernste Menschen, versichern, daß an dem ungewöhnlich begabten Manne niemals eine Spur psychischer Krankheit zu merken war. Aus Tulln ist nun der folgende Brief von ihm gekommen:*

»Ich habe Ihnen eine Lektüre zu empfehlen. Das Wiener Amtsblatt hat in den letzten Tagen veröffentlicht, daß mit Beschluß vom neunten Januar 1914 wegen Wahnsinns die Kuratel über mich verhängt und daß mein Vater zu meinem Kurator ernannt worden ist.

Ich bitte, so innig, wie ein Mensch den Menschen bitten kann: Vor allem anderen helfen Sie jetzt meiner Frau und ihren Kindern. Es ist mein absoluter Wille, daß Frida Gross in ihrem Recht als Mutter von keinem angetastet werden soll; daß sie allein die Kinder und jedes Recht auf ihre Kinder haben soll. Mit der Entmündigung ist mir die Möglichkeit entzogen worden, ihr dieses Recht und ihre Freiheit weiterhin zu garantieren. Ich weiß, daß Frida immer Angst davor gehabt, es könnte die Möglichkeit entstehen, daß ihr mein Vater die Kinder wegnimmt; und diese Möglichkeit ist jetzt gegeben. Helfen Sie ihr; vor allem anderen: Helfen Sie ihr!

Denken Sie, wenn diese Kinder, die zur Freiheit geboren und in Freiheit aufgewachsen, die eine lebendige Hoffnung auf die Zukunft sind, wenn diese Kinder jetzt in die Hand meines Vaters kämen, – denken Sie sich das Schicksal dieser Kinder, denken Sie sich den Seelenzustand ihrer Mutter aus! Und mir ist jede Möglichkeit genommen, solches abzuwehren.

Ich will Ihnen sagen, wie es mir ergangen ist und wie die Dinge liegen. Man hat, nachdem man mich aus Berlin als lästigen Ausländer (wegen Morphinismus) ausgewiesen hat, mich hier vor die Wahl gestellt, mich entmündigen zu lassen oder meine Ideen unschädlich zu machen. Zwei Momente liegen gegen mich vor, die entweder als Anklagepunkte vor Gericht oder als Argumente der Gemeingefährlichkeit in Betracht gezogen werden können. Man tut dies letzte; ich selbst aber will unbedingt erreichen, dies zu hindern und vor Gericht zur Verantwortung zu kommen. Ich glaube, daß ich das, was ich getan habe und was geschehen ist, verantworten kann. Und dann: auf jeden Fall will ich zu hindern suchen, daß alles Streben meiner Existenz, alles, für das ich gelebt, als pathologisch entwertet wird, daß die Motive, die mein Leben führen, nicht ernst genommen werden.

Ich habe im Anfang des Jahres 1906 dem Fräulein Lotte Chatemmer in Ascona auf ihr Verlangen das Gift gegeben, mit welchem sie Selbstmord begangen hat. Ich habe das getan, um ihr den Tod, zu dem sie absolut entschlossen war, so leicht wie möglich zu machen. Ich habe alles, was in meiner Macht war, getan, um sie von ihrem Entschluß, zu sterben, abzubringen.

Als sich das Gift bereits in ihrem Besitz befand (ich habe es ihr unmittelbar vor meiner Abreise von Ascona gegeben), bin ich zu ihr gegangen und habe sie noch einmal gebeten, sie solle lieber zu mir nach Graz kommen und mich versuchen lassen, ob ich nicht doch noch ihr helfen könnte. Ich habe das Gift in ihren Händen zurückgelassen, weil ich die Überzeugung bekommen hatte, daß Lotte Chatemmer, wenn sie zu sterben entschlossen war, diesen Entschluß auf jeden Fall durchführen und gewiß nicht davor zurückschrecken würde, nötigenfalls auf schreckliche und schmerzvolle Art zu sterben. Dies zu vermeiden, wollte ich ihr die Gelegenheit lassen. Ich habe nicht aus Fahrlässigkeit gehandelt; denn was ich tat, war wissenschaftlich getan; und ich habe nicht die Absicht gehabt, daß sie sterben solle. Ich habe nur die Absicht gehabt, daß sie nicht auf schreckliche Art und unter Schmerzen sterben solle. Es ist jetzt mehr als sieben Jahre her seit damals; ich habe nie bereuen können, was ich getan.

Das andere Argument, daß gegen mich verwendet wird, ist: daß ich den Tod von Sophie Benz verschuldet haben soll. Daß da nicht Absicht und Fahrlässigkeit in mir bestanden hat, davon sind alle überzeugt, die wissen, daß es damals um mein eigenes Schicksal gegangen ist. Sophie Benz hat sich wegen der Psychose, von welcher sie befallen war, vergiftet; man wird mir zum Vorwurf machen, daß ich sie nicht in eine psychiatrische Anstalt gebracht habe. Daß ich es nicht getan habe, ist mir das einzige Bewußtsein, welches tröstet.

Ich wiederhole: Ich will vor Gericht verantworten, was ich getan habe und was geschehen ist, ich will aber nicht, daß es als Moment der geistigen Störung und Gemeingefährlichkeit gelten soll. Deshalb bitte ich, öffentlich [zu] sagen, um was es sich handelt.

Und eins noch liegt gegen mich vor: daß ich mit der bestehenden Gesellschaftsordnung unzufrieden bin. Ob man dies als Beweis einer geistigen Störung betrachten kann, richtet sich danach, wie man die Norm der geistigen Gesundheit aufstellt. Nimmt man die Anpassung an das Bestehende als das Normale an, dann wird man die Unzufriedenheit mit dem Bestehenden als Zeichen geistiger Gestörtheit auffassen können. Nimmt man die höchste Entfaltung aller Möglichkeiten, die dem Menschen angeboren sind, als Norm und weiß man intuitiv und aus Erfahrung, daß die bestehende Gesellschaftsordnung die höchstmögliche Entwicklung des Einzelmenschen und des Menschentums unmöglich macht, dann wird man das Zufriedensein mit dem Bestehenden als Unterwertigkeit erkennen.

Im Übrigen: wenn einer, dem ein für die bestehende Gesellschaft verstehbares, also ein materielles Motiv zur Unzufriedenheit gegeben ist, wenn sich ein solcher auflehnt, dann zieht man seine geistige Gesundheit nicht in Zweifel. Wenn aber einer, der aus den höheren Gesellschaftsschichten stammt, der eine für die Gesellschaft gute Laufbahn offen vor sich liegen gehabt hat, wenn ich mit der Gesellschaft gebrochen habe: darin werden sehr viele Menschen ein Wahnsinnszeichen sehen wollen. Ich weiß, warum: wenn das nicht Wahnsinn ist, dann ist es ein einwandfreies Überzeugtsein, dann ist es eine Überzeugung, die beweist.

Otto Gross

Der Vater des Internierten ist der Grazer Professor Dr. Hans Groß, der bekannte Herausgeber des Archivs für Kriminalanthropologie und Kriminalistik. Vater und Sohn sind seit Jahren innerlich von einander getrennt. Dieselben Menschen, die versichern, daß an dem Sohn niemals eine Spur psychischer Krankheit zu merken war und daß ihm der Kokaingenuß (das Morphium hatte er sich fast oder ganz abgewöhnt) das Bewußtsein nicht trübte, berichten auch, daß der Vater den Sohn seit zwei Jahren nicht sah, aus eigener Wahrnehmung also nicht wissen kann, wie es um ihn steht. Soll ein häßlicher Lärm verhütet und die Achtung vor Österreichs Rechtszustand gewahrt werden, dann ist sofort eine nachprüfbare Untersuchung durch unbefangene Sachverständige anzuordnen. Als Grazer Dozent der Psychopathologie hat Dr. Otto Gross durch einen in der Zukunft *veröffentlichten Aufsatz die Befreiung eines Mädchens aus einer Irrenanstalt erwirkt. Jetzt heischt sein Wunsch, gerichtet zu werden, Erfüllung.*

(1914)

ÜBER DESTRUKTIONSSYMBOLIK

Ich leite die folgenden Ausführungen mit drei konkreten Beispielen ein und bemerke vorher, daß diese nur der Exemplifizierung dienen sollen und nicht als beweisendes analytisches Material.

1. Herr Dr. Neumann von der schlesischen Landesirrenanstalt Troppau erzählt mir folgende Beobachtung:

Ein sechsjähriges Mädchen wird beim Spiel von einem älteren Knaben plötzlich und unerwartet von rückwärts durch einen Stoß zu Boden geworfen. Sie fällt auf ein Knie und zieht sich eine unbedeutende äußere Verletzung zu. Im Anschluß daran verbleibt ihr eine Streckkontraktur im betroffenen Kniegelenk, die sich als eindeutig psychogen erweisen und suggestiv zur Lösung bringen läßt.

In diesem Falle konnte eine psychoanalytische Untersuchung nicht vorgenommen werden. Allein der Fall ist von so klassischer Einfachheit, der Krankheitsaufbau derart übersichtlich und für den Kenner derart selbstverständlich, daß eine nähere Besprechung hier wohl nur aus Gründen des Zusammenhanges stattfinden soll.

Vergegenwärtigen wir uns die psychologischen Tatsachen, die Freud als »infantile Theorien« von Koitus und Geburt beschrieben hat und die zur Zeit wohl jedem Analytiker als jenseits alles Zweifels gelten müssen, so ist der innere Sinn des Krankheitsbildes und Krankheitszieles von selbst gegeben.

Die Lehre Freuds von den »infantilen Sexualtheorien« besagt, daß der Geschlechtsverkehr in der Vorstellung der Kinder habituell in dem Bilde einer Vergewaltigung welcher Art immer der Frau durch den Mann, im Bilde eines wie immer gearteten sadistischen Aktes sich wiederspiegelt, und daß sich Geburt und Schwangerschaft im infantilen Vorstellungsleben als Krankheit, Operation, Verwundung oder Tod projizieren. Die Tatsache dieser infantilen Symbolisierung ist mythologisch von Otto Rank, vor allem aus Märchenmotiven, auf das Bestimmteste nachgewiesen worden. Wie diese infantilen Bilder von Sexualität und Geburt entstehen, warum sie regelmäßig gerade so zustande kommen und was aus dieser psychologischen Tatsache für Schlüsse zu ziehen sind, soll später behandelt werden.

Der Fall, den ich berichtet habe, enthält die unmittelbare Umsetzung dieser infantilen Sexualauffassung in lebendiges Geschehen. Ein kleiner Knabe wirft ein kleines Mädchen zu Boden, im Spiel, aus Scherz, aus einem unvermittelten Impuls heraus. Er handelt aus seinem Bestimmtsein, vom Unbewußten her, vollführt einen Sexualakt nach seiner Weise, so wie sein Unbewußtes die Sexualität versteht. Und aus der gleichen Disposition heraus, im gleichen Sinne, wird was er tut vom Unbewußten des Mädchens aufgenommen: sie reagiert auf den symbolischen sexuellen Akt mit einer symbolischen Schwangerschaft.

Daß die geschilderte Krankheitserscheinung des Mädchens tatsächlich nur als Schwangerschaftssymbol betrachtet werden kann, ergibt sich aus dem Grundsatz, den wir als psychoanalytisches Axiom behandeln müssen, daß jedes aus dem Unbewußten rührende Phänomen – Symptom oder Traum – die Realisierung eines symbolischen Wunschmotivs, ich möchte sagen eines Tropismus bedeuten muß. Die deterministische Grundauffassung gestattet uns nicht, an kausalitätslose, sinnlose, ja nicht einmal an wirklich unzureichend begründete psychische Aktionen zu glauben.

Der sexuelle Tropismus ist im beschriebenen Krankheitsfall in infantiler Art ins Leben umgesetzt: mit infantiler Unklarheit über das Wesen der Sexualität und infantiler Sicherheit und Reinheit des sexuellen Wünschens. Es bleibt Problem, wieso die infantile Verkennung der Art des sexuellen und generativen Geschehens zustande kommt und warum sie gesetzmäßig gerade die Symbolik von Vergewaltigung und Krankheit annimmt, warum sich hier gesetzmäßig die Symbolismen der »Destruktion« im Sinne von Sabine Spielrein ausbilden müssen.

2. Ein Arzt erzählt mir folgenden Traum:

»Ein weibliches Tier, es ist zunächst eine Hündin. Sie liegt am Boden, auf der Seite, sie hat ein neugeborenes Junges bei sich. Ich streichle sie, rede ihr zu und sage ihr, sie soll mich mit ihrem Jungen spielen lassen und daß ich ihm nichts zuleide tun würde, sie ist aber etwas mißtrauisch gegen mich. Dann später ist es ein weibliches Schwein. Eine Frau steht daneben, es könnte meine Mutter sein, und sagt mir etwa so, man habe bei dem

Tier zur Erleichterung einen Entspannungsschnitt gemacht. Ich empfinde dunkel, man habe eine Phlegmone angenommen, es werde aber wohl eine inveterierte Luxation gewesen sein, es sei ein Kunstfehler, eine brutale Nachlässigkeit, und ich empfinde Grauen dabei. Ich untersuche dann die Wunde, es ist eine furchtbare Verletzung in der Leistenbeuge, in der man den Kopf des Femur sieht, die Wunde ist nicht verbunden, sie macht den Eindruck wie eingestochen und aufgeschlitzt. Es macht den Eindruck wie bei einem geschlachteten Tier.«

Von diesem Traum war eine ziemlich weitgehende Analyse möglich. Das wesentlichste Traummoment, der Ausdruck des Geburtsmotivs durch Destruktionssymbolik, liegt aber ohne weiteres klar zutage – mit einer ganz besonderen Beweiskraft, weil das Geburtsmotiv hier einmal unverhüllt Traumbild von einem weiblichen Wesen mit einem neugeborenen Jungen – und einem »regressiv« in infantiler Symbolik – im Traumbild vom verwundeten Tier[1] – auffallenderweise zuerst in der direkten und dann in der symbolischen Form. Der infantile Charakter der Destruktionssymbolik für den Geburtsvorgang ist durch die sekundäre Umarbeitung in medizinische Anschauungsbilder nur oberflächlich verhüllt.

Problematisch bleiben in diesem Falle zunächst noch zwei Momente: Das Wesen des treibenden Wunschmotivs und die Bedeutung der Tiersymbolik, der Darstellung des Prinzipes »Frau« durch die Symbole »Hündin« und »Schwein«. Den Aufschluß gibt ein zweites, späteres, gesondertes Traumbild derselben Nacht: das Traumbild einer homosexuellen Situation. Die analytische Untersuchung ergab die Lösung beider Probleme in folgendem unmittelbaren und für den Träumer selbst höchst überraschenden Einfall: »Weil die Frauen so hündisch und schweinisch sind, daß sie Kinder bekommen, so wünschte ich, ich wäre homosexuell.«

Als tropistisches Kernmotiv des ersten Traumabschnittes ergab sich dann noch eine Lustmordphantasie, die auf das Festhalten des Unbewußten an der infantilen Destruktionssymbolik für die sexuellen und generativen Vorgänge zurückzuführen war. Die Tatsache, daß dem sexuellen Trieb in seiner sadisti-

---

[1] Assoziation zur Wunde, in der man den Femurkopf sieht: der Kopf des Kindes, der in der Vagina sichtbar wird.

schen Ausdrucksform die stärkste innere Verneinung entgegenwirkt, erklärt das vorhin unterstrichene auffallende Nacheinander der direkten und indirekten Traumdarstellung desselben Motivs: der sexuelle Tropismus setzt sich schwerer und deshalb später in seiner sadistisch-symbolisierten Gestalt als in der realitätsgemäß korrigierten direkten durch. Der eigentliche Traumwunsch wäre nach diesem Ergebnis exakt zu übersetzen: »Noch lieber als in der durch Destruktionsphantasien belasteten Heterosexualität zu leben, möchte ich homosexuell sein.« In dieser Endformulierung erweist sich der angeführte assoziative Einfall, der erst als eine brutale Paradoxie erscheinen mußte, als unmittelbarer Ausdruck des tiefen Konfliktes zwischen der ethischen Gesamteinstellung und den im Unbewußten wirksamen verbildeten Triebgestalten der Sexualität.

3. Im Roman *Kameraden!* von Franz Jung faßt eine Frau das Wesen ihres Leidens an sich selbst in die Worte zusammen: »Ich hasse alle Frauen. Ich möchte ein Mann und homosexuell sein.« Ich bin in der Lage beizufügen, daß diese Worte, wie überhaupt die Geschichte der Neurose in diesem Meisterwerk des psychologischen Realismus, dem Leben unmittelbar entnommen sind. –

Die Äußerung, von welcher jetzt die Rede ist, führt uns direkt an das große Problem heran, das Alfred Adler unter dem Stichwort vom »männlichen Proteste« aufgerollt hat. Worum es sich dabei handelt, soll mit den Worten angedeutet werden, in welchen I. Birstein das Grundprinzip des Adlerschen Gedankens ausdrückt: »Als traurige Folge des sozialen Vorurteiles von der Überlegenheit des männlichen Elementes entsteht folgende schematische, gefühlsmäßige Gegensatzfassung: das Minderwertige, Weibliche, Schwache, ›unten‹ sich Befindende und auf der anderen Seite, das Vollwertige, Männliche, Starke, ›oben‹ Befindliche.« Als Konsequenz dieser unbewußt herrschenden Gefühlseinstellung ergibt sich bei der Frau die Endeinstellung: »Männlicher Protest – der Wunsch ein Mann zu sein«[2].

An sich, daß eine Frau ein Mann sein möchte, ist zweifelsfrei aus dem »sozialen Vorurteil von der Überlegenheit des

---

2 Zentralblatt für Psychoanalyse IV, 7/8.

männlichen Elementes« zu erklären – wir kommen auf diese grundlegend wichtige Tatsache noch später zu sprechen. Allein die Worte der Frau in Jungs Roman, auf die wir uns beziehen, enthalten noch einen zweiten Wunsch, der kompliziertere Mechanismen voraussetzt und sich nicht ohne weiteres nur aus der »Sicherungstendenz« im Sinne Adlers erklären läßt, das ist also aus der »Selbstverteidigung der Persönlichkeit, d.h. dem Entgegenwirken gegen das Eindringen des Minderwertigkeitsgefühles in das Bewußtsein«[3]. Das Problematische liegt im zweiten Teil des Satzes: »Ich möchte ein Mann und homosexuell sein«.

Es ist wohl ohne weiteres zweifellos, daß dieser zweite Wunsch nicht aus dem Minderwertigkeitsgefühl der Frau um ihrer Weiblichkeit willen und der Tendenz zur Überkompensation dieses Minderwertigkeitsgefühles erklärt werden kann. Aus jenen rein egoistischen Strebungen nach dem Durchsetzen des eigenen Ich um jeden Preis, das Adler und seine Schule als das einzig wirksame Prinzip in der Genese von allen Unterbewußtseinsäußerungen ansetzen, könnte in einer Frau wohl nur der Wunsch entstehen, ein Mann im gewöhnlichen Begriffe der »Männlichkeit«, das ist ein Vergewaltiger der Frauen zu sein.

Die komplizierte Motivierung wird verständlich, wenn wir das letzte Beispiel mit dem zuvor erzählten Traum vergleichen. Gemeinsam ist beiden Fällen, also einem Mann und einer Frau, das Wunschmoment, ein homosexueller Mann zu sein. Diesem gemeinsamen Wunschmoment muß augenscheinlich eine gemeinsame, für Mann und Weib in gleicher Weise mögliche Motivierung zugrunde liegen. Und dies Motiv ist zwar im Fall der Frau nicht ausgesprochen, im Fall des Männertraumes aber als analytisches Ergebnis klar zutage liegend und kann wohl zwanglos in die psychologische Konstruktion des letzten Falles herübergenommen werden. Wir haben die Formel für dieses Motiv bereits zusammengefaßt: es ist der Wunsch von der im Unbewußten mit infantilem Material belasteten Heterosexualität, das ist von den die Heterosexualität belastenden Tropismen der Destruktionssymbolik freizukommen. –

Wir überschauen nun, was sich aus den drei Fällen ergeben hat und was wir erschließen konnten. Zugrunde liegt jedesmal

---

[3] Zentralblatt für Psychoanalyse IV, 7/8.

– teils analytisch erweisbar, teils eindeutig zu erschließen – das Festhalten des Unbewußten an der destruktionssymbolischen Formulierung für die Vorstellungen von Sexualität und Geburt, als deren wesentliches Prinzip im Unbewußten die Vergewaltigung des Mannes durch die Frau und deren Folgen als Krankheit und Leiden figurieren. Im ersten Fall, dem Fall des Kindes, setzt sich die Sexualität in dieser Form ins Leben um: im Kindesalter überwiegt die Vitalität des unmittelbaren Wünschens die Kraft der Hemmungen. In den zwei anderen Fällen, welche Erwachsene betreffen, überwiegt die Hemmung: es ist das Widerstreben gegen die Destruktionstropismen, das sich in diesen beiden Fällen als Wunsch des Unbewußten manifestiert. Wir sind in diesen beiden Fällen, beim Mann wie bei der Frau, zur Rekonstruktion des Wunschmotivs gelangt, mit der Frau nichts Sexuelles zu tun haben zu wollen, weil die Sexualität mit der Frau eine Vergewaltigung der Frau bedeute. Und dieses Wunschmotiv ist seiner psychologischen Natur nach ein ethisches.

Die psychoanalytische Literatur hat uns vertraut gemacht mit der Bedeutung des moralischen Motivs als Komponente der inneren Konflikte. W. Stekel hat die konflikterregende Wirkung der religiös-moralischen Motive an den Tag gebracht und I. Marcinowski hat den Charakter der krankheitsschaffenden inneren Konflikte als Folge des unlösbaren Widerspruchs der menschlichen Natur mit den bestehenden moralischen Werturteilen mit unübertreffbarer Deutlichkeit klargelegt. Allein die ethische Grundtendenz, von welcher hier die Rede ist, hat nichts zu tun mit den moralischen Werturteilen, von denen Marcinowski sagt: »Moral ist Furcht vor rächenden Dämonen« und welche ich selbst als »die Summe aller fremden Suggestionen, die wir Erziehung nennen«, bezeichnet habe. Es handelt sich vielmehr um einen kongenitalen, den Menschen artgemäßen Urinstinkt, der auf die Erhaltung der eigenen Individualität und die liebend-ethische Beziehung zur Individualität der anderen zugleich gerichtet ist, für dessen Wesen man die konkrete Fassung gebrauchen kann: das Streben, sich selbst nicht vergewaltigen zu lassen und andere nicht zu vergewaltigen.

An dieser Stelle soll diese Fassung nur die Bedeutung eines heuristischen Prinzipes haben; ich habe eine größere Arbeit darüber in Vorbereitung. Hier soll zum Zwecke dieser Ausführungen hervorgehoben werden: der ethische Grundinstinkt, von dem die Rede ist, ergibt zusammen mit der Destruktionssymbolik der Sexualität im Unbewußten den Konflikt von zwei Antagonistenpaaren: sich nicht vergewaltigen lassen und nicht vergewaltigen wollen auf der einen Seite und auf der anderen die Gefühlsfestsetzung des unüberwindlichsten Triebes als Vergewaltigen und Vergewaltigtwerden.

»Bei meiner Beschäftigung mit sexuellen Problemen hat mich eine Frage besonders interessiert: warum dieser mächtige Trieb, der Fortpflanzungstrieb, neben den a priori zu erwartenden Gefühlen negative wie Angst, Ekel in sich beherbergt, welch' letztere eigentlich überwunden werden müssen, damit man zur positiven Betätigung gelangen kann.« Mit dieser Problemstellung beginnt die gedankenreiche Untersuchen von Sabine Spielrein über *Die Destruktion als Ursache des Werdens*[4]. Mit diesen Worten ist die tiefste Frage angeschnitten, mit der sich die moderne Psychologie zu beschäftigen hat, und diese Frage ist in ihrer menschheitsumfassenden Allgemeinheit aufgerollt. Ich schließe an, was ich dereinst geschrieben habe: »Die Klinik des Psychoanalytikers umfaßt das ganze Leiden der Menschheit an sich selbst.«

Wir finden in der Tiefe des menschlichen Inneren einen Konflikt, der die seelische Einheit zerreißt, wir finden, daß dieser Konflikt in jedem Menschen ist, daß diese seelische Zerrissenheit die ganze Menschheit durchzieht, und diese Erkenntnis führt in die Versuchung, das Leiden an sich selbst als unvermeidbar, den inneren Konflikt als etwas »Normales« zu sehen. Doch unser naturwissenschaftliches Erkennen muß es ablehnen, etwas so Unzweckmäßiges für einen angelegten Artcharakter, für etwas artgemäß dem Menschen Angeborenes zu halten.

Diese Erwägung führt zu einer soziologischen Problemstellung in der Psychologie der inneren Konflikte. Ich habe einer solchen Anschauung in meiner Arbeit *Über psychopathische Minderwertigkeiten*[5] Ausdruck gegeben: »Der Sexualkonflikt

---

[4] Jahrbuch für psychoanalytische Forschungen 1911, IV. Band, I. Hälfte, pag. 465.
[5] Braumüller 1909.

scheint in seiner ungeheueren Bedeutung gerade nur als Ausdruck einer allgemeinsten sozialen und psychischen Gegebenheit verständlich. Die typischen Erziehungs- und Milieuverhältnisse des Kindes in der Familie bedingen die exogene, die hohe Suggestionsempfänglichkeit der Kindheitsphase die endogene Ätiologie der ideogenen Alterationen. Die eingeborenen individuellen eigenen und die von früh auf suggerierten fremden Entwicklungs- und Assimilationstendenzen sind eigentlich die souveränen Gegenströmungen im pathogenen Konflikt. Die Frühsuggestionen der Erziehungstendenz und des Nachahmungszwanges im Familienmilieu fixieren die fremden Impulse, die mit der Individualität im unlösbaren Gegensatze stehen und so die pathogenen Dauerkonflikte bedingen. Die wirklich trennenden Kontraste in der zerrissenen Psyche sind nur als Gegensatz des Eigenen und Fremden möglich. Ich glaube darum auch sagen zu können: Die psychoanalytische Heilung der ideogenen Zerrissenheit ist die Befreiung der individuell präformierten Zweckmäßigkeit vom suggestiv fixierten fremden Willen der infantilen Umgebung.«

Das Kind in der bestehenden Familie erlebt zugleich mit dem Beginnen des Erlebenkönnens, daß seine angeborene Wesensart, sein angeborenes Wollen zu sich selbst, sein Wollen so wie es ihm angeboren ist zu lieben, nicht verstanden und von niemandem gewollt wird. Daß keine Antwort kommt auf die Erlösungsforderung: die eigene Persönlichkeit behalten und nach den eigenen angeborenen Gesetzen lieben können. Auf diese Forderung gibt niemand Antwort als das eigene Erkennen, verschmäht und wehrlos unterdrückt zu sein, das eigene Erkennen der allausfüllend weiten Einsamkeit ringsum. Und auf die grenzenlose Angst des Kindes in der Einsamkeit hat die Familie, wie sie jetzt besteht, die eine Antwort: Sei einsam oder werde, wie wir sind.

Kein Mensch vermag bereits als Kind auf Liebe zu verzichten: Das ist unmöglich, weil der Trieb zum Anschluß an die anderen so arterhaltend wie das Streben zum Bewahren des angeborenen eigenen Wesens ist. Das Kind in der bestehenden Familie muß werden wie die anderen, die es umgeben, sind: mehr oder minder gänzlich, wenn es zu den meisten, zum Teil nur, wenn es zu den wenigen gehört, die ihre angeborene Wesensart und eine innere Notwendigkeit, danach zu streben, nie ganz verlieren können.

Die Angst der Einsamkeit, der Trieb zum Anschluß zwingt das Kind, sich anzupassen: die Suggestion von fremdem Willen, welche man Erziehung nennt, wird in das eigene Wollen aufgenommen. Und so bestehen die meisten geradezu allein aus fremdem Willen, den sie aufgenommen, aus fremder Art, der sie sich angepaßt, aus fremdem Sein, das ihnen völlig als die eigene Persönlichkeit erscheint. Sie sind in ihrem Wesen im großen ganzen einheitlich geworden, weil aller fremde Wille, aus welchem sie in Wirklichkeit bestehen, in seinem tiefsten Wesen und seinen letzten Zielen einheitlich gerichtet ist. Sie haben sich das innere Zerrissensein erspart, sie sind den Dingen wie sie liegen angepaßt. Sie sind die allermeisten.

Allein wenn auch kein einziger, so wie die Dinge liegen, es vermag, das aufgedrängte Fremde völlig von sich fern zu halten: es gibt auch solche, welche auch das Wesenseigene nie ganz verlieren können. Das Schicksal dieser Menschen ist der innere Konflikt des Eigenen und Fremden, die innere Zerrissenheit, das Leiden an sich selbst. Es ist die Menschenart, mit deren unverlierbar führenden Motiven es unvereinbar bleibt, daß sie den ersten großen Kompromiß geschlossen haben.

Die Angst der Einsamkeit, welche das erste innere Erleben des Kindes ist, wird durch den Kontrast der angeborenen eigenen Wesensart mit der Umgebung bedingt, und diese Angst enthält den Zwang, sich an die anderen anzupassen. Nur die Tendenz, zu werden wie die anderen sind, eröffnet für das Kind den Ausblick auf Befriedigung des Anschlußtriebes, und sie allein enthält zugleich die Möglichkeit, zwar nicht die eigene Wesensart bewahren, jedoch das eigene Ich in angepaßter Form den anderen gegenüber zur Geltung bringen zu können. Die Angst der Einsamkeit des Kindes ist der erste, ursprüngliche und entscheidende Zwang zur Umwandlung des Willens zur Erhaltung der Individualität in den »Willen zur Macht«, von dessen unabsehbarer Bedeutung in den inneren Konflikten uns die geniale Forschung Alfred Adlers überzeugt hat.

Mit dieser Umwandlung des Willens zur Erhaltung der Individualität in Willen zur Macht ist eine vollkommene Dissoziierung und Gegensatzstellung der beiden ursprünglich harmonisch einheitlichen Triebkomponenten gegeben, für welche wir früher die Formulierung gefunden haben: sich selbst nicht vergewaltigen lassen und andere nicht vergewaltigen wollen. Und diese sekundäre, erworbene Gegensatzstellung der egoistischen und altruistischen Tropismen erst ergibt das Antagonistenpaar des inneren Konfliktes, welcher im Selbsterhaltungskampf im Sinne Alfred Adlers zur unzweckmäßigen Äußerung kommt.

Es ist die Konsequenz der Gegensatzstellung, der gegenseitigen Reibung im inneren Konflikt, daß beide antagonistisch geordneten Triebkomponenten durch Überkompensation immer mehr entstellt und hypertrophisch werden. Infolgedessen äußert sich das Kräftespiel des Nichtvergewaltigtwerdenwollens und Nichtvergewaltigenwollens in modifizierter Form der beiden Impulse als innerer Konflikt von Willen zur Macht und Selbstaufhebung.

Die Frage der Selbstaufhebungstendenzen ist das Problem, das A. Adlers Forschung zu keiner voll befriedigenden Lösung gebracht hat. Die Selbstaufhebung als Ausdruck des durch Überbelastung hypertrophisch verbildeten Grundinstinktes des Nichtvergewaltigtwerdenwollens aufzufassen, scheint mir ihr eigentliches Wesen verständlicher zu machen.

Es ist im vorigen angedeutet worden, daß die Erhaltungsfähigkeit der angeborenen Wesensart und ihrer Grundinstinkte von größter individueller Verschiedenheit ist. Es ist gesagt worden, daß es nur wenige sind, in denen sich das angeboren artgemäße Wesen und seine Grundinstinkte noch wirksam geltend erhalten können. Und damit unterliegt auch die ethische Komponente der kongenitalen Instinkte – das, was wir als Nichtvergewaltigenwollen bezeichnet haben – so großen individuellen Schwankungen, daß sie gerade nur bei einigen, und zwar bei einer Minderzahl von Individuen sich noch als nachweisbare Komponente der inneren Konflikte manifestieren wird. Es ist darum ohne weiteres zuzugeben, daß für die Mehrzahl der Fälle das Schema Adlers vom inneren Konflikt zwischen den rein egozentrisch orientierten Antagonisten der persönlichen Minderwertigkeitsangst auf der einen Seite und des überkompensierenden Bestrebens sich durchzusetzen auf der anderen von praktisch uneingeschränkter Geltung sein dürfte. Allein ich wiederhole, daß dieses Schema allein in allen jenen Fällen sich als unzureichend erweist, in denen das Moment der Selbstaufhebung in die Erscheinung tritt. Als das Moment, das Adlers

Erklärungen am meisten problematisch gelassen haben, erscheint mir das Phänomen des Masochismus im weitesten Sinne des Wortes. Wir werden uns mit diesen Fragen nunmehr noch weiter zu befassen haben. Wir kommen damit zu dem Problem zurück, von dem wir ausgegangen sind: zur Destruktionssymbolik in der Sexualität. Der sadistisch-masochistische Erscheinungskomplex ist nur die höchst gesteigerte klinische Ausdrucksform der sexuellen Destruktionssymbolik überhaupt. Für diese aber können wir jetzt die allgemeine Formulierung geben: die sexuelle Destruktionssymbolik ist das Verschmelzungsresultat der Sexualität mit den erworbenen Endeinstellungen Willen zur Macht und Selbstaufhebung.

Dies ist nicht mehr als eine Definition für eine im Grunde fast selbstverständliche Tatsache. Für uns kommt jetzt die Frage in Betracht, wie diese Verschmelzung der Triebe zustande kommt. Wir können dabei von vorhinein die Voraussetzung machen, daß die zur Destruktionssymbolik in Beziehung stehenden physiologischen Momente des Sexual- und Generativgebietes, die Momente der Defloration und Geburt, für das Zustandekommen der Destruktionssymbolik nicht mehr Bedeutung haben als die von inhaltlieferndem Material. Tatsachen der Natur, auf welche eine einfache und selbstverständliche Reaktion von selbst gegeben ist, sind nie der Grund und eigentliche Kern von inneren Konflikten und konfliktenthaltender Symbolik. Die ungelösten Konflikte des Unbewußten, die sich in den Symbolerscheinungen nach außen projizieren, entstehen als Reaktion auf Tatsachen, auf welche zweckmäßig zu reagieren dem Menschen zu schwer geworden ist: auf Tatsachen, die man zu ändern nicht imstande ist und doch auch nie auf eine letzte Sehnsucht sie zu ändern ganz verzichten kann. Das heißt, die ungelösten inneren Konflikte und die Konfliktsymbolik, die als ihr Ausdruck aus dem Unbewußten kommt, entstehen durch den Druck von übermächtigen und unerträglichen Tatsachen der umgebenden Gesellschafts- und Familienordnung.

Ich habe vorhin die resümierende Äußerung Birsteins nach Adler erwähnt, daß die inneren Konflikte und ihre Folgeerscheinungen »die traurige Konsequenz des sozialen Vorurteiles von der Überlegenheit des männlichen Elementes« sind. Genauer gesagt, die traurige Konsequenz aus der bestehenden Stellung der Frau in der Gesellschaft und im besonderen in der

Familienordnung. Wenn ich vorhin gesagt habe, daß der Sexualkonflikt »in seiner ungeheueren Bedeutung gerade nur als Ausdruck einer allgemeinsten sozialen und psychischen Gegebenheit verständlich erscheint«, so ist dies, wenn wir auf den tiefsten Grund zurückgehen, dahin auszuführen, daß wir sagen: das Entstehen der bestehenden Stellung der Frau in der Gesellschafts- und Familienordnung ist das menschheitsgeschichtliche menschheitsumfassende Trauma gewesen, von welchem das innere Leiden der Menschheit an sich selber stammt.

Es ist nach den Ergebnissen der Anthropologie wohl nicht mehr zweifelhaft, daß die bestehende Familienordnung, die Vaterrechtsfamilie keine solche ist, die mit der Menschheitsentwicklung von Anbeginn her sich mitentwickelt hätte, daß sie vielmehr das Ergebnis einer Umwälzung vorherbestandener andersartiger Verhältnisse darstellt. Als uranfängliche Institution erkennt die moderne Anthropologie das freie Mutterrecht, das sogenannte Mutterrecht der Urzeithorde. Das Wesen der mutterrechtlichen Institution besteht darin, daß die materielle Vorsorge für die Mutterschaftsmöglichkeit der Frau von allen Männern der Gesellschaftsgruppe – hier also des ganzen Stammes – gewährleistet wird. Das Mutterrecht gewährt der Frau die wirtschaftliche und damit die sexuelle und menschliche Unabhängigkeit vom einzelnen Mann und stellt die Frau als Mutter in ein Verhältnis der direkten Verantwortlichkeit der Gesellschaft gegenüber, die als die Trägerin des Interesses an der Zukunft eintritt. Die Mythologie aller Völker bewahrt die Erinnerung an den prähistorischen Zustand des freien Mutterrechts in der Idee von einem gerechten goldenen Zeitalter und Paradies der Urzeit, und daß die Hoffnung auf eine bessere Menschheitszukunft auf eine Wiederkehr des freien Mutterrechtes gerichtet sein muß, wird nach den Arbeiten Caspar Schmidts wohl nicht mehr lange zweifelhaft sein.

Erwägungen über das, was sein sollte, gehören in unser spezielles Gebiet, nach Marcinowskis hochherziger Lehre, daß wir Psychoanalytiker berufen sind, denen, die unsere Hilfe suchen, befreiende Weltanschauung finden zu helfen. Und auch aus Gründen der Erkenntnis heraus: denn nur das Sichhineinversetzen in eine vorausgedachte positive Ordnung der Dinge macht es uns möglich, in der bestehenden das Negative sehen zu lernen, das was traumatisch wirkt.

Über den Übergangsvorgang vom alten Mutterrecht zur jetzt bestehenden Familienordnung besteht zur Zeit die sehr plausible Vermutung, daß die bestehende Form der Ehe als sogenannte Raubehe ihren Ursprung genommen hat, daß also die Grundlage der bestehenden Vaterrechtsfamilie aus dem Gebrauch von kriegsgefangenen Sklavinnen hervorgegangen ist. Es wäre damit gesagt, daß die Assoziation der Sexualität mit Vergewaltigungsmotiven, die sexuelle Vergewaltigungssymbolik, welche die Menschheit durchzieht, auf einen universalen sexuellen Vergewaltigungsvorgang als ihre menschheitsumfassende Ätiologie zurückgeht. Sei dem wie immer, auf jeden Fall müssen wir erkennen, daß die bestehende Familienordnung auf den Verzicht auf Freiheit der Frau gestellt ist, und daß diese Tatsache im inneren sexuellen Konflikt, genauer gesagt, in der sexuellen Vergewaltigungs- und Destruktionssymbolik ihren notwendigen psychologischen Ausdruck findet.

Das Grundprinzip jeder Gesellschaftsordnung ist die materielle Fürsorge für die Frau zur Ermöglichung der Mutterschaft. In der bestehenden Gesellschaftsordnung, der Ordnung des Vaterrechtes, wird die Ermöglichung der Mutterschaft der einzelnen Frau vom einzelnen Manne geboten, und dies bedeutet die materielle und damit die universelle Abhängigkeit der Frau vom Manne um der Mutterschaft willen.

Der Trieb zum Muttersein in der Frau ist zweifelloser als irgend ein anderer ein angeborener und unveräußerlicher Grundinstinkt, und die bestehende Gesellschaftsordnung erzeugt mit der der Frau gestellten Alternative zwischen dem Verzicht auf das Muttersein und dem Verzicht auf die freie Selbstbetätigung die Gegensatzstellung und Konfliktbildung zwischen den beiden essentiellen Grundinstinkten in der Frau: des spezifisch weiblichen Triebes zum Mutterwerden und des allgemein menschlichen zur Aufrechterhaltung der eigenen unabhängigen Individualität.

Der Mutterinstinkt gehört so sehr zum Wesen der Weiblichkeit, daß sich die innere Gegensatzstellung zu diesem Instinkt nur als Verneinung der eigenen Weiblichkeit selbst, als Wunsch nach Männlichkeit psychologisch manifestieren kann. Und das bedeutet, daß aller Willen zur eigenen individuellen Selbständigkeit, zur Freiheit und zum Sichbetätigen sich in der Frau mit der Verneinung der eigenen Weiblichkeit selbst, mit einer Art von homosexueller Endeinstellung assoziieren muß. Und ebenso ergibt es sich aus der der Frau gestellten Notwendigkeit, auf ihre individuelle Selbständigkeit zu verzichten, wenn sie Mutter werden will, daß sich der Trieb zum Mutterwerden und damit das Weibseinwollen überhaupt an sich mit einer menschlich und sexuell passiven Endeinstellung, mit einer masochistischen Triebkomponente verknüpfen muß.

Es ist nach dem früher Gesagten selbstverständlich, daß der Konflikt zwischen diesen beiden Endeinstellungen, dieser tiefste innere Konflikt der Frau nur dort erhalten bleibt, wo sich ein unverlierbarer Willen zum Festhalten an der eigenen Individualität und ihrer Freiheit, ein Willen, sich nicht vergewaltigen zu lassen, erhalten kann. Das heißt also in den allerwenigsten. Die ungeheure Mehrzahl der Frauen findet ihr inneres Gleichgewicht und ihre innere Einheit in dem Verzicht auf eigene Individualität, in menschlicher wie sexueller Passivität. Allein in allen Frauen erhält sich, sei es bewußt oder unbewußt, sei es mit innerlichem Ja oder Nein, das innere Gefühl, daß sie mit ihrer Sexualität und Mutterschaft sich vergewaltigen lassen: die Vergewaltigungs- und Destruktionssymbolik für Sexualität und Mutterschaft. Gleichwie in allen Männern, sei es bewußt oder unbewußt, sei es mit innerlichem Ja oder Nein, sich unverlierbar ein Gefühl hält, daß ihre sexuellen Beziehungen zur Frau im Grunde Vergewaltigung sind.

(1914)

DIE KOMMUNISTISCHE GRUNDIDEE IN DER PARADIESSYMBOLIK

Es scheint mir richtig, eben jetzt das Interesse für ein Werk zu wecken, in dem vor nunmehr drei Jahrtausenden der Gedanke niedergelegt worden ist, daß der gesamte Aufbau der Zivilisation seit der Zerstörung der mutterrechtlich-kommunistischen Gesellschaftsordnung der Urzeit prinzipiell verfehlt und der Wiedergewinn des verlorenen Gutes durch Umsturz des seither errichteten autoritativen Systems die Erlösungsmission der Zukunft ist. Die Worte des Unverstandenen, der diesen größten

Gedanken in der Geschichte des Geistes ausgesprochen hat, sind seither durch allen Mißbrauch gezerrt und zur Sanktion derselben autoritären Institutionen herangezogen worden, die er in unvergleichlich klarer Sprache verflucht hat. Gerade jetzt, da die von ihm verkündete Wiedererhebung des kommunistischen Ideals Tatsache zu werden begonnen hat, wird dieser Denker vielleicht verstanden werden

Wenn man sich in die Phantasie hineinlebt, als einzelner zu einem gänzlich fremden Volk verschlagen, zu sprachlicher Verständigung mit diesem Volk gelangen zu wollen, dann steht man vor dem unergründlichen Problem der Leistung, die jedes Kind mit dem Erlernen seiner Muttersprache zu vollbringen hat und die für den Erwachsenen zum Unbegreiflichen hinaufgehoben ist. Die geistige Funktion der frühen Kindheit erweist sich überhaupt, wo immer sie in das Gebiet des Bewußtseins gezogen und der Beobachtung zugänglich gemacht werden kann, als unvergleichlich höheren Ranges als die jedweder späteren Zeit. Die folgende Periode des äußeren Druckes, der Anpassung und Verdrängung trennt den Erwachsenen von seinem Anfang und legt Vergessen über jene erste Zeit erwachenden, noch nicht veränderten Erlebens – der Welteinwirkung und des eigenen Seins. Vom angeborenen Wesen und seinen vorbestimmten Fähigkeiten bleibt nur ein verborgenes Bild im Unbewußten, ein ruhelos dunkles Drängen und Suchen, und die verlorenen eigenen Möglichkeiten werden immer wieder ins Übernatürliche projiziert. –

Es ist als selbstverständlich zu erwarten, daß Ähnliches wie für den Lebensgang des einzelnen auch für den Werdegang der Gattung, für die Gesamtentwicklung der Menschheit gelten wird. Derselbe Druck von außen her, welchen das autoritäre Prinzip in den Institutionen, das Machtprinzip in den Individuen selbst auf jeden einzelnen legen, der jeden einzelnen von seiner eigenen Individualität, von seinen mitbekommenen Qualitäten und Werten scheidet, trennt auch die Menschheit als Ganzes von ihrer Anfangsperiode und ihrer ersten Entfaltung der artgemäß angelegten Möglichkeiten. Es scheint, daß tiefer Sinn in jenen Mythen ist, die das Geschlecht der Übermenschen in die Vergangenheit, an den Beginn der Menschheit zurückverlegen.

Es ist auf einen inneren Zusammenhang gegründet, daß die Buchstabenschrift – was kaum mehr ernsthaft angezweifelt werden kann – die Schöpfung schollenfremder Jägervölker der älteren Steinzeit gewesen ist, die ohne Wohnsitz, ohne Ackerbau und ohne echtes Handwerk waren, und daß gerade auf dieser tiefsten Stufe der Zivilisation zum erstenmal wirkliche Kunst bestand, die dann durch viele tausende von Jahren bei steigender Entwicklung auf dem Gebiete materieller, technischer, politischer Errungenschaften verschwunden und vergessen war.

Von jenem Urzeitalter tierhaft primitiver Organisation und Materialbeherrschung und übermenschlich groß erschlossener Entfaltungsmöglichkeit des Geistes trennt uns die lange Phase zivilisatorischer Entwicklung, die Organisation der Herrschaft über Material und Leben durch immer schwerere Belastung der Individuen und Individualitäten – das aber ist: die Opferung des Geistes selbst für Macht.

Die Organisation der Herrschaft über Natur und Menschen, die Schöpfung der materiellen Kultur und der autoritären Institutionen erzwingt im einzelnen die Entwicklung besonderer Kräfte und Kenntnisse auf Kosten der Persönlichkeitsganzheit, spezifische Differenzierung und Aktivität zugleich mit Anpassung und Verzicht, Affekteinstellung auf Macht und Unterwerfung an Stelle der Freiheit, Entfaltung der Kräfte im Können und Tun auf Kosten des Erlebens und Seins. –

Wie also jeder einzelne seine erstaunlichste Leistung, das Sprechenlernen im Anfang seines Lebens vollbringt, solange die produktive Fülle der angeborenen freien Kräfte noch vorhält, so haben im Entwicklungsgang der Gattung die höchsten schöpferischen Taten überhaupt, die Schaffung der menschlichen Qualitäten selbst und der Idee der Kultur, die Konzeptionen der Gemeinschaft und Verständigung, der Abstraktion und Sprache sich vollenden können, bevor noch die progrediente Domestifizierung den Geist auf Talente der Herrschaft und Unterwerfung reduziert hatte. –

Die höchsten Menschheitsgedanken werden von jener Urzeit herüber noch immer der Zukunft weiter gereicht. Uns Heutigen sind sie als kommender Tag und unser Wille bewußt geworden, das Altertum fühlte sie noch als Erinnerung. Als Werte des ältesten Menschheitsalters, der »goldenen ersten Zeitperiode« umgrenzt der Römer Ovid in architektonischer einfacher Größe das Idealprogramm fernster Zukunft:

»... Vindice nullo
sponte sua sine lege bonum ...«[1]

Erinnerungsgut und fernstes Ziel aneinander schließend, erkennt die Hochkunstfassung des Urzeiterbes, die Genesis der Bibel[2], den höchsten Wert überhaupt im Freibleiben der Beziehungen, vor allem der Beziehungen zwischen Mann und Weib, von Autorität und Macht und spannt das Gesamtproblem des Menschheitsschicksals vom Anfang der Vergangenheit bis zur Vollendung der Zukunft. –

Es ist eine seltsam anmutende Tatsache, daß man dem Druck im eigenen Inneren sich nie soweit entwinden hat können, die Genesis unbefangen genug zu lesen ... seltsam vor allem, daß einige besonders ausgeprägte Formulierungen nicht mehr zu denken gegeben haben. –

Es ist in der Genesis mit allerdeutlichsten Worten ausgesprochen, daß Ehe und Abhängigkeit der Frau als Übel und Konsequenz gottwidrigen Tuns zu werten sind. (A.T. III. 16.)

Die tiefe Bedeutsamkeit dieser Worte nimmt zu, wenn man bedenkt, daß der Ausspruch, mit dem die Tat der ersten Menschen verurteilt wird, nicht etwa als »Verfluchung« oder »Verhängung von Strafen« zu deuten ist – die Konzeption der Gottesidee in der Genesis ist eine viel zu hohe dafür – sondern allein als Manifestation der göttlichen Einsicht in die Gesetze der Kausalität und die Tiefen der Seele, als die Verkündigung des unabänderlichen Weiterwirkens einer gegebenen Ursache.

---

1 »Ohne Gesetz und Autorität, aus eigenem Antrieb das Gute ...«
2 Zum Verständnis des Genesistextes ist hier dem Folgenden vorauszuschicken: Von den beiden Varianten über die Erschaffung der Frau würde sich die zweite – die Geschichte mit der Rippe – auch ohne den philologisch geführten Nachweis der Textkritik allein aus dem Inhalt und Geist der Episode und aus dem Widerspruch mit der ersten Fassung als später eingeschoben und fremdkörperhaft erweisen. Sie soll also weggelassen werden. Für die Erschaffung der Frau kommen allein die Worte in Betracht: »... und schuf den Menschen nach seinem Ebenbilde und schuf ihn einen Mann und ein Weib und sprach zu ihnen: ›Seid fruchtbar und mehret euch.‹«

Die Worte Gottes sind also zu lesen: »Du wirst, weil Du dies getan hast ...«, als Festlegung einer Konsequenz. –

Die Entstehung der Familie in ihrer heutigen Form, als Abhängigkeit der Frau vom Mann, die Vaterrechtsehe ist also eine aus inneren, das heißt aus psychologischen Gesetzen sich ergebende Konsequenz des Sündenfalls. Im innerlich bedingten Endergebnis der Tat muß aber ihr eigenes Wesen selbst zum Ausdruck kommen. –

Im Text ist die Erste Sünde allein mit jenem vielumfragten Symbol bezeichnet: Vom Baum der Erkenntnis Gut und Böse essen. Was ist der Sinn dieses Symbols? (II. 17.)

Es ist hier vor allem ein negatives Moment zu konstatieren. Die Deutungen, daß eine Sünde des Hochmutes oder Ungehorsams gemeint sein könnte, sind unwürdig und undiskutabel. Der Gott der Genesis-Konzeption »ist nicht wie ein Mensch, daß er zürne«. Des weiteren: Auf keinen Fall bedeutet das Symbol des Sündenfalles an sich den sexuellen Verkehr. Es ist nicht notwendig, an die vorausgehenden Worte zu erinnern: Seid fruchtbar und mehret euch. Es genügt die Erschaffung der Menschen als sexuell differenzierte Wesen, um die Vorstellung, es könne die Unterlassung der Sexualität geboten oder nur gewünscht gewesen sein, als unsinnig erkennen zu lassen. Unmöglich aber könnte bezweifelt werden, daß die verbotene Handlung in das Sexuelle eingreift, denn ihre Folgen treffen dieses Gebiet. Die aber sind in solchem Grade charakteristisch, daß sich der Rückschluß auf die Art der Sünde kaum verfehlen zu lassen scheint – es ist mir unbegreiflich, wie die Verdrängung hier den Weg versperren konnte.

Der unmittelbare psychologische Effekt der begangenen Tat ist das Entstehen der sexuellen Scham. (III. 7.) Es ist also eine Handlung vorauszusetzen, als deren erste Konsequenz das Wissen um die Reinheit alles Sexuellen, die freie Größe im Erleben jeder Sexualität an sich durch eine tiefere innere Veränderung verloren ging. Das heißt also, eine die Sexualität herunter drückende Handlung, eine Entstellung des inneren Verhältnisses zur Sexualität – auf jeden Fall eine Sünde gegen Wesen und Sinn der Sexualität.

Es ist nun in der ganzen Sündenfallserzählung durch eine unerreichte künstlerische Technik in der Behandlung des Symbols unausgesprochen die Voraussetzung hergestellt, daß jede mitgeteilte Lebensäußerung der beiden Menschen, die als Symbol der Urzeit-Menschheit dastehn, ein fortan sich in Geltung erhaltendes Definitivum schafft. Mit zwingender Gewalt wird ein Niveau geschaffen, das nicht gestattet, etwas vom Geschehenden als einmalig und begrenzt zu erleben. Man ist hinaufgehoben in das Wissen, daß es um die für alle Zukunft entscheidenden Errungenschaften oder Verirrungen geht. –

So handelt es sich also bei den Konsequenzen der verbotenen Tat, auch dort, wo nur ein Geschehenes erzählt wird – wie eben bei jener ersten automatischen Reaktion, dem plötzlichen Verstecken der Sexualität – um eine bleibende Umgestaltung, um etwas, das seither so ist. –

Der Sündenfall selbst ist also ein Vorgang der Urzeit, durch welchen die Struktur der Gesellschaft sowohl als der Charakter jedes einzelnen Menschen entscheidend umgeprägt und fortan der gesamten Menschheit sozial und psychologisch bestimmte neue Richtlinien aufgezwungen worden sind. Auf diesen Vorgang also sind zurückzuführen: das negierende Werturteil über die Sexualität und die Familienordnung der Autorität des Mannes.

Was die Natur dieses Vorganges war, kann jetzt nicht länger mehr zweifelhaft sein. Es kann hier nur eines allein gemeint sein: die Abkehr vom freien Mutterrecht der Urzeit, die von der Genesis als die alles entscheidende Menschheitsverirrung erkannt und als Sünde gegen den göttlichen Geist und Willen gewertet ist. –

Das dominierende Motiv der Genesistragödie ist also die in jedem menschlichen Geschehen, Werden und Erleben entwicklungshemmend wirkende, in einer Anfangsphase der Gesellschaftsbildung eingetretene Gesamtverschiebung der Entwicklungsrichtung auf den falschen Weg: der Orientierungswechsel vom mutterrechtlichen Geist der schrankenlosen Entfaltung zum Aufbau einer neuen Familie und Gesellschaft auf dem Prinzip der Autorität. –

Nunmehr beginnt auch die Symbolik der Sündenfallerzählung im engeren Sinn, der Ausdruck »Erkenntnis Gut und Böse« sich zu beleben. –

Sobald man in das Grundproblem des ganzen Werkes Einsicht hat, erblickt man ohneweiters den Inhalt des Symbols, dem durch den Wortlaut selbst die hohe Form der klarsten Einfachheit gegeben ist. »Erkenntnis Gut und Böse« kann sinngemäß nur einen Inhalt haben: Kreierung eines Kanons von Wertungen und Normen. Es ist die schöpferisch normierende Gestaltungskraft, der die Voraussicht in die letzten Konsequenzen der neuen Orientierung innewohnen muß, die in der Genesis auf das Niveau des Gleichseins mit Gott gestellt wird.

Man braucht wohl kaum noch darauf hinzuweisen, daß es, im Gegensatz zu dem Gesagten, eine sinnlose Auslegung ist, die Anwendung eines schon bestehenden Wertekanons, also die Unterscheidung von Gut und Böse nach überkommenen Normen, als eine über Menschenmaß hinausgehobene Leistung auffassen zu wollen. –

Es ist die tragische Schuld im Genesisdrama, daß sich der Mensch vermißt, neue Satzungen aufzustellen, erfüllt von allzu menschlichen Motiven und nicht im Zustand, seinen Blick vorauszurichten in die Folgenreihe seiner Neuerung, von ihren ersten Konsequenzen schon erschreckt und niedergedrückt, mit seinem Fehlgriff die Entwicklungsbahn des Kommenden in falsche Richtung stellend, als Usurpator göttlicher Befugnis das weltbelastende Gesetz verhängend, daß Menschenmachwerk ist und ewig neuer Frevel gegen Gottes Werk. –

Es hat sich also zeigen lassen, daß in der Genesis von jener kulturellen Katastrophe die Rede ist, mit welcher der Vaterrechtsgedanke zum dominierenden Prinzip geworden ist.

Es ist dies die große Umwertung aller Werte, in der die Menschheit ihrem Leben den bestehenden autoritativen Charakter gegeben und jene Normen geschaffen hat, die sich heute wie je als unorganisch und unassimilierbar erweisen und ihre fremdkörperhafte Natur damit offenbaren, daß sie immer und überall Ausgangsherd der unendlichen inneren Konflikte und aller Selbstzersetzung in Krankheit und Niedergang sind.

Die heutige Urgeschichtsforschung führt die Entstehung der Vaterrechtsordnung auf Überhandnehmen des Besitzes von kriegsgefangenen Frauen als Sklavinnen zurück und hat dafür starke Argumente in alten Gebräuchen der Eheschließung, in Sagen und Zeremonien der Raubehe usw. Es ist allerdings gegenüber zu halten, daß jene Vorgänge der Gewaltsamkeit, deren Realität und Universalität nicht zu bezweifeln sind, auch als sekundäres Weitergreifen einer bereits im Gang befindlichen

Zersetzung des alten Mutterrechtes zu erklären und psychologisch dann eher faßbar wären.

Nach der modernen Prähistorie also wäre ein vergewaltigender Akt von seiten des Mannes die eigentliche Erbsündenschuld, der Einleitungsakt zur Katastrophe. Nach dem Wortlaut der Genesis ist es die Frau, die auf Rat eines bösen Prinzipes – ich glaube: ein Symbol des Unbewußten! – den ersten Anstoß zur Gründung der neuen Sitten- und Rechtsordnung gibt, als deren unvorhergeahnte Folgen die Entwürdigung alles Sexuellen zu einem Objekt der Scham, die Instituierung des Vaterrechts auf dem Untergang aller Freiheit und menschlichen Würde der Frau und als die geistige Atmosphäre der umgewandelten Welt – es kann nur dies der Sinn der Gottesworte an Adam sein! – die innere Veródung alles menschlichen Tuns auch für den Mann und das Versinken des Geistes in Erdenschwere und materialistischen Sinn sich über die Erde gebreitet haben. –

Es ist im Text der Genesis gesagt, daß sich die Frau von der geplanten Veränderung Annehmlichkeiten und Vorteile verspricht – es ist deutlich herausmodelliert: Vorteile kleinlicher Art – und aus diesen Motiven die Teilung der Frucht veranlaßt – es kann nicht Zufall sein: das uralte, universelle Symbol des Abschließens von Verträgen ...

Die Psychologie, die hier wirksam ist, bleibt zu erschließen. Wir können ihre wesentlichsten Züge aus dem Gemeinschaftsbild der Mutterrechtsgesellschaft und den Bedingungen ihres Unterganges konstruieren.

Das Erste und zentrale Problem aller Wirtschaft ist das Einsetzen fremder Mehrarbeit für die Frau zur Ermöglichung ihrer Mutterfunktionen. Die kommunistische Lösung dieses Problems ist die Mutterrechtsordnung, zugleich die vollkommenste Form der Vergesellschaftung überhaupt, die Jeden freigibt und Alle vereint, indem sie den Gesellschaftskörper selbst zum Zentrum und zur Garantie der höchsten individuellen Freiheit macht.

Das Mutterrecht hat für sexuelles Geschehen keine Schranken und Normen, keine Moral und keine Kontrolle. Es kennt nicht den Begriff der Vaterschaft und rechnet nicht mit ihrer Konstatierbarkeit in irgend einem einzelnen Fall. Es nimmt die Mutterschaft als größte, der Gesellschaft selbst als [der] legitimen Rechtsvertreterin der kommenden Geschlechter dargebrachte Leistung an und überträgt auf die Gesellschaft alle Pflicht, die materielle Gegenleistung aufzubringen, kennt also kein Motiv zu irgendeiner Evidenterhaltung der Vaterschaft, deren die Vaterrechtsgesellschaft als des Schlüssels zur Feststellung eines verantwortlich-zahlungspflichtigen einzelnen nicht entraten kann und angewiesen ist, die unentbehrlichen Voraussetzungen für solche Evidenterhaltung, in erster Linie also die Verpflichtung zur sexuellen Exklusivität, zum Tenor ihrer gesamten Moral und ihrer Institutionen zu machen.

Hier liegt der entscheidende, wesentrennende Unterschied. Die Mutterrechtsordnung verlegt die Gesamtheit aller möglichen Rechte und Pflichten, Verantwortung und Gebundenheit zwischen die Individuen auf der einen und die Gesellschaft auf der anderen Seite. Die Vaterrechtsinstitution verschiebt den Schwerpunkt auf rechtliche Gebundenheit zwischen den Individuen untereinander.

Im Herrschaftsbereiche des Mutterrechtes kann alle Selbsthingabe nur im Verhältnis des einzelnen zur Gesellschaft und alles Machtempfinden nur kollektiv zur Geltung kommen.[3] Im gegenseitigen Verhältnis der Individuen zu einander ist Raum gegeben zur Entfaltung von Beziehungen, die Selbstzweck bleiben können und frei von Zügen der Autorität und Motiven der Macht. Das Mutterrecht hält die Beziehung zwischen den Geschlechtern rein von Pflicht und Moral und Verantwortlichkeit, von wirtschaftlichen, rechtlichen, moralischen Verbindlichkeiten, von Macht und Unterwerfung; rein von Vertrag und Autorität, rein von Ehe und Prostitution.

Es ist sehr schwer, sich vorstellbar zu machen, welche Motive seinerzeit zum Aufgeben solchen Gutes verführt haben können. Die Tatsache wird überhaupt nur denkmöglich durch die Voraussetzung negativer Natur, auf welche die Genesis aufbaut: daß man zur Zeit der umgestalteten Eingriffe selbst die resultierenden Ergebnisse zu überschauen nicht im Stande war. Im Unternehmen, neue Bindungen und damit neue Wertkriterien einzuführen, deren Folgen in Rechnung zu setzen die Möglichkeit fehlte, erblickt ja die Genesis prinzipiell die Anmaßung

---

3 Die Macht als überindividuell, getragen von der ganzen, durch unbeschränktes Sichverstehen zur Einheit geschlossenen Gesellschaft, spricht aus der ungeheuren Symbolik des Turmbaues von Babel zu uns.

göttlicher Geistigkeit. Der distanzlose Eingriff in das göttliche Werk, die Hybris solchen Versuchens an sich ist für die Genesis die tragische Schuld, und für die künstlerische Notwendigkeit ihrer Darstellung genügt deshalb der Ausbau dieses Motives. Darum bekommen wir von der Genesis auch nur den Hinweis, daß sich die Frau von einem Rechts- und Vertragsmoment zwischen den Geschlechtern Vorteil versprochen hat.

Für solchen Geist ist eine Übergangszeit Bedingung, erfüllt von zivilisatorischen Umwälzungen und technischem Neugestalten, wohl auch von einer Atmosphäre beginnender Unsicherheit, eine Periode der Variationen, voll Chaos der Entartungen und neuen Möglichkeiten, Perioden, die für uns Belastete die ganze Hoffnung selber sind, die aber aufgetaner Abgrund waren für eine Menschheit, die das Höchste zu verlieren und nichts damit Vergleichbares mehr zu gewinnen hatte.

Der kritische Punkt der Mutterrechtsordnung – oder wie wir auch sagen können: der von der kleinsten Einheit aufwärts kommunistischen Gesellschaft – ist ihre soziale Kompliziertheit. Sie hat den innerlich geschlossenen Zusammenhalt der Gruppen, der sie gedeihen läßt, auch ihrerseits wieder zur Voraussetzung. Ihn auf der breiteren Grundlage wiederherzustellen, wird in der kommenden Zeit die beherrschende Aufgabe sein, als Korrektur der uralten Schuld, daß man ihn einst, beim ersten Anschwellen der sozialen Komplizierungen, verfallen ließ ...

Es dürfte sich um eine Phase handeln, in welcher eine Steigerung der Naturausnützung ein dezentralisierendes Wirtschaftssystem bequemer erscheinen ließ. Das war das erste Sicherheben des neuen wirtschaftlichen Individualismus gegen die alte soziale Moral: es war die Entstehung des Eigentums. Sie scheint auch von der Genesis mit der Entdeckung des Ackerbaues in Verbindung gebracht worden zu sein – so wenigstens dürfte der Hinweis auf den Landbau in der Verkündigung des kommenden Unheils zu erklären sein.[4]

---

[4] Das negative Werturteil über den Ackerbau ist allerdings nicht eindeutig zu verwerten in der Literatur einer Adelskaste von Beduinenherkunft. Es befriedigt aber nicht, ein Wort dieses Denkers allein als Adelsstolz erklären zu wollen.

Eine Zeit der Auflösung also, in der sich der Gesellschaftsbau sowohl als das natürliche Beziehungsgefühl des Individuums zum Individuum, die elementare Moral zersetzt, eine solche Zeit der äußeren wie der inneren Unsicherheit gibt einen Hintergrund für die Möglichkeit, daß sich die Frau für die schwierige Situation der Mutterschaft die größere Sicherheit und ausgiebigere Unterstützung von einzelnen erhofft. Daß sie sich zuverlässiger geborgen, auskömmlicher versorgt zu sein verspricht, wenn sich ein einzelner als zu solcher Leistung verpflichtet, für solche Unterstützung verantwortlich bindet. Vertrag, Verpflichtung eines einzelnen an Stelle bishin selbstverständlicher Gesellschaftsgarantie ... Es besteht das Problem der Gegenleistung. –

In diesem Moment der Gegenleistung konzentriert sich der Fehler der neuen Ordnung, der unvereinbare moralische Konflikt der neuen Moral. Die Gegenleistung der Frau für die Wirtschaftshilfe von seiten des einzelnen ist selbstverständlich und prinzipiell die Sexualität und diese Verwendung der Sexualität ist die Sünde gegen die Sexualität, die uns die Genesis in ihren unmittelbaren Folgen zeigt: der Umkehrung der Gefühle bis zur Bewertung der Sexualität als eines Objektes der Scham. –

Der Inhalt der neuen Rechtsbeziehung ist also das Sichverkaufen der Frau als Prostitution und Ehe und ihr erstes direktes Ergebnis die sexuelle Scham.

Die nächste Konsequenz ist dann die Autoritätsfamilie, das Bauelement der Autorität als Institution überhaupt. –

Es ist vor allem eine bestimmte nicht zu vermeidende Nebensache, die den Verkauf der Sexualität zu diesem furchtbar folgenschweren Unheil macht, die auch vor Allem anderen die verschobene Bewertung im Sinne der sexuellen Scham hervorbringt. Die Überlegung scheint fast allzu selbstverständlich: um irgend ein Tun erkaufen zu lassen, um eine Entschädigung für eine gemeinsame Handlung in Anspruch nehmen zu können, muß unter allen Umständen zuerst einmal in Abrede gestellt werden können, daß die gemeinsame Handlung selbst einem gemeinsamen Interesse gedient haben, einem gemeinsamen Wunsch entsprungen sein könnte. –

Es muß von seiten der Frau, die für die Sexualität entschädigt werden soll, die Sexualität als ein Übel hingestellt werden, als etwas nicht ihr selber um seiner selbst willen Erwünschtes, von ihr nur Geduldetes, im Gegensatz zum Selbstzweckcharakter und aktiven Wesen einer spezifisch männlichen Sexualität. Damit beginnt die alles beherrschende, im Lauf der Generationen immer tiefer ins Unbewußte aufgenommene immer mehr eine Einrichtung der Natur und angeborene Verschiedenheit der Geschlechter vortäuschende Fiktion des Gegensatzes und der gegenseitigen Unverständlichkeit von Mann und Weib, beginnt der Zwang der Sitte zur Bestätigung je nach dem aktiven oder passiven Verhalten in der Sexualität, die Verpflichtung der Frau zu verlogener Zurückhaltung und die Berechtigung des Mannes zu übergreifender Brutalität – damit beginnt vor allem die furchtbare Festsetzung, daß Sexualität an sich ein Übel sei und ein entfremdendes Motiv, von einem Teil geduldet, vom anderen erkauft oder auch erzwungen, ein Aneinanderprallen von zwei Egoismen statt des Natursymboles für aufgehobene Grenzen zwischen Ich und Du.

Die sexuelle Scham, die dem Konflikt der Menschen mit allem Wahren und Lebendigen in ihnen erschütternden Ausdruck verleiht, ist die markante Geste einer Sexualität, die aufgehört hat, gemeinsames Interesse zu sein. An dessen Stelle ist das Ringen von gegeneinander gestellten Interessen getreten, d. i. ein Kampf um Macht, in welchem und durch welchen der Wille zur Macht immer mehr als Selbstzweck entwickelt, immer mehr zum Automatismus wird und den Kampf der Geschlechter zuletzt zur gegebenen Selbstverständlichkeit macht.

Der nie endende Kampf um die Macht erschafft sich dann selbst seine äußeren Grenzen und Fesseln in einem fixierten Verhältnis der Autorität.

Zugleich hat auch die Gesellschaft aufgehört, dem einzelnen die Garantie von mehr als wesentlich nur materiellen Vorteilen zu sein.

Mit der Entwicklung des wirtschaftlichen Individuums verliert sich die Entwicklungsmöglichkeit der Individualität und die Möglichkeit wirklicher Beziehung, deren Voraussetzung die erhöhende Wirkung intakter Individualitäten auf einander ist. Der Kampf des einzelnen um die Macht, vor allem in Form des Besitzes, gewinnt in der Gesellschaft seine dauernde Gestalt durch Ausmitteln eines mehr oder weniger stabilen Gleichgewichtszustandes, des Rechtes, das, wie wir seit Nietzsche wissen, ein Ausgleichssystem zwischen ähnlich Mächtigen ist. –

Und damit hat sich die Familien- und Gesellschaftsordnung der Autorität und des Rechtes konsolidiert, die prinzipielle Anerkennung des Interessenkampfes aller gegen alle, in bald latenter, bald manifester Form – »bis du zum Staube wiederkehrst.« –

Dem Denker, welcher die gesamte Entwicklung der Kultur als eine abgeirrte überschaute, mußte das Zukunftsbild der unabänderlichen Rückschlagskatastrophe und des Sichwiederfindens und der Erneuerung mit einer mehr als menschlichen Erkenntnis vorauserkennbar sein.

Tatsächlich ist durch ihn der Gedanke in die Welt gebracht worden, der seither in den seltsamsten Verbildungen und mit den widersinnigsten, zum Teil grotesken Auslegungen, aber doch nie mehr völlig unterdrückbar von Generation zu Generation gegangen ist: der Gedanke der Erlösung.

Erlösung konnte für die Genesis und kann für uns nur eine Bedeutung haben: das Rückgängigmachen aller und jeder Wirkung der falschen Entwicklungsrichtung, auf welcher sich die Menschheit seit ihrer Abkehrung von der mutterrechtlich-kommunistischen Gesellschaftsordnung der Urzeit und der Begründung von Familie und Gesellschaft auf Autorität und Hierarchie befindet.

Die Genesis verkündet den Eintritt dieser Erlösung durch eine innere Erhebung der Frau. Die Frau wird demselben bösen Prinzip den Kopf zertreten, durch welches einst die ungeheure Verirrung in die Welt gekommen ist: dem Machtprinzip, in allen menschlichen Beziehungen zum Gleichgewicht des ewigen Ringens um Macht, zur kalten Ruhe von Recht und Pflicht erstarrt, dem unfruchtbaren Prinzip der Autorität.

Die Genesis wird Recht behalten: die wirkliche und unverlierbare Neugestaltung ist von der Revolution zu erwarten, welche das Urprinzip der Autorität vernichtet und das Urproblem aller Wirtschaft kommunistisch löst, die ganz von innen heraus zum Umsturz ansetzt und wieder die Sorge für Mutter und Kind dem Wirtschaftsverband der Gesellschaft zuweisen wird. –

Diese Umwälzung, welche die Wirtschaft auf ihr prinzipielles Motiv, die Gesellschaft auf ihre natürlichen Einheitsgruppen zurückführen wird, muß über die Notwendigkeiten der Lebenshaltung hinaus und am Willen zur Macht vorbei von einem Geiste getragen werden, der in der Freiheit die Ermöglichung von wirklich menschlichen Beziehungen erkennt und jedem einzelnen das höchste Gut, noch mehr als in seiner eigenen Freiheit, in der Freiheit aller anderen schenken wird.

Die wirkliche Befreiung der Frau, die Auflösung der bestehenden Vaterrechtsfamilie durch Sozialisierung der Mutterschaftsfürsorge stellt das vitale Interesse jedes einzelnen an der Gesellschaft wieder her, die ihm fortan die Möglichkeit der höchsten Freiheit, der schrankenlosen Freiheit verbürgt, und interessiert in gleichem Maße jeden, woher er immer komme, an der Bekämpfung der Institutionen, die jetzt bestehen. –

Die Vorarbeit zu solcher Revolution muß die Befreiung jedes einzelnen vom Autoritätsprinzip bewirken, das er im Innern trägt, von allen Anpassungen an den Geist der autoritären Institutionen, die sich in ihm gebildet haben im Laufe einer Kindheit im Schoße der Autoritätsfamilie, Befreiung von allen Institutionen, welche das Kind von den Personen seiner Umgebung aufgenommen hat, die zu ihm und untereinander selbst im ewigen Kampf um die Macht gestanden sind; Befreiung vor allem von jenem sklavenhaften Charakterzug, der ausnahmslos jedem aus solcher Kindheit her anhaftend bleibt: von der Erbsünde selbst, dem Willen zur Macht.

Das Tiefererschütternde an jenem ungeheuren Gedanken, der eine Welt und ihre Geschichte mit der Idee von Sündenfall und Erlösung umgreift, ist die Erkenntnis, daß alles was wir uns als höchste Erfüllung vorstellen, was wir als größte Umwälzung zu realisieren je erhoffen können, daß das am weitesten vorausgetragene Ziel im Grunde der Zukunft nur Wiederaufheben einer Menschheitsverfehlung, nur Wiedergewinnen eines vor unausdenkbaren Zeiten verlorenen Gutes und Niveaus, nur Erlösung von fortgeerbter Schuld und dem Fluch ihrer Wirkungen sein kann. Kein wirklich neues Schaffen, nur, als das Höchsterreichbare, ein völliges Erkennen der völligen Verirrung in allem und von Urzeit her, eine Zurück-Umwertung aller Werte, ein Willen zum Wiederaufbau der uralten Basis für die Beziehung, die Gesellschaft und die Entwicklung der Kultur, die dann beginnen kann.

Was auf dem ganzen langen Weg der Menschheit bisher errungen worden ist – wenn es im großen Kampf zugrunde geht, wir wollen es verschmerzen. Das Höchste, was der Geist bisher vollbringen konnte, war das Erkennen eines einzigen vor drei Jahrtausenden, daß alles, alles Irrtum, Fehlentwicklung und Versündigung ist, und daß die höchste, die erlösende Tat die Wiederaufhebung dieser ganzen Entwicklung und alles durch sie Bestehenden sein wird.[5]

(1919)

---

5 Es scheint die Möglichkeit gegeben zu sein, das eigenartige kulturhistorische Milieubild zu rekonstruieren, das zum Entstehen des Genesisgedankens den ersten Anstoß gegeben haben mag. Den Denker der Genesis muß jener Kampf umwogt haben, der zwischen dem autoritär-theokratischen Monotheismus der Propheten und dem Astartekultus geführt worden ist und über das Schicksal des alten Israel und seiner wohl unbegrenzbaren geistigen Einflußsphäre entschied. Im Kultus der Astarte muß sich in jener Zeitperiode alles das konzentriert haben, was noch an Frauen-Freiheit und Frauenwürde erhalten geblieben war. Die Orgie als Kultushandlung verteidigte noch immer das positive Werturteil der freien Mutterrechtsgesellschaft über das sexuelle Moment an sich, und in der priesterlichen Befugnis der Frau war immer noch der Geist der Frauenhoheit von ehemals lebendig. Um den Astartekultus niederzuhalten, schuf das Prophetentum das religiöse Monopol des Mannes im jüdischen Gottesdienst, durch welches die charakteristische Erniedrigung der Frau in die jüdische und von ihr aus in die christliche und mohammedanische Weltanschauung Eingang gefunden hat. In dieser einzigen Richtung, im ersten weißen Terror, dem gegen die Freiheit der Frau, hat die Auffassungsart des späteren Judentums mit der des Hellenismus zusammengewirkt.

Im Kampf der älteren Kulte gegen das Prophetentum, die erste und gewaltigste Organisation des Willens zur Macht in der Religion, in welchem das kulturelle Heroentum des älteren Israel seinen Untergang fand, erkannte der Dichter der Genesis das letzte Flackern des erlöschenden Menschheitskampfes, das Ende des großen Ringens um das alte Mutterrechtsideal. Er sah den unvermeidbar gewordenen Ausgang, den Beginn einer langen Zeit der völligen Herrschaft der vaterrechtlichen Autorität und die Gestaltung der Zivilisation auf dieser Basis als die Bestimmung für unabsehbare Epochen voraus und sah durch die Jahrtausende hindurch das innere Reifen der Menschheit unter dem wachsenden Druck bis zur unausbleiblichen Schicksalswende, dem Wiederbeginn desselben Kampfes, der damals soeben vor seinen Augen erstarb.

PROTEST UND MORAL IM UNBEWUSSTEN

»Wenn einer Kain erschlüge«, sagt die Schrift, »das sollte siebenmal gerächt werden.« Es gibt für dieses Wort nur eine Deutung: sieben Menschen wert ist Kain. Durch seine Tat: wenngleich sie mit besonderer Betonung des Sinnlos-Primitiven ihrer dem Täter selber kaum als Grund erscheinenden Bewußtseinsmotivierung als nur zerstörend unterstrichen wird. Denn diese Tat ist die Geburt des revolutionären Protestes. Nicht wie nach griechischer Tradition das ewige Hoffen, sondern die ewige Unzufriedenheit war als das einzige Gut in die entwertete Welt gekommen. Und hinter der scheinbar sinnlosen bösen Tat, die aus dem Dunkel des Unbewußten in rätselhafter Unvermitteltheit emporquillt, zeigt sich als tiefste Wirklichkeit das Ewigkeitsmoment des unverlierbar, unaufgebbar Guten.

Die Psychologie des Unbewußten erschließt uns jetzt das Gebiet der verborgenen Werte, die in der Anlage präformiert und durch den seelischen Druck der Erziehung und überhaupt aller Autoritätssuggestionen aus dem Bewußtseinsbereiche der Seele verdrängt, nunmehr methodisch wieder bewußt gemacht werden und jetzt den geltenden Normen und ihrem Effekt gegenüber das ursprungsnähere Bild des Menschen mit seinen wirklichen Möglichkeiten, mit seinen angeborenen Eigenwerten und seinem primären Bestimmtsein durch seine Anlagen selbst wieder herzustellen gestatten. Die Unbewußtseinspsychologie gibt uns damit das erste Substrat für eine Problemstellung über den Wert der Werte – das Ausgangsproblem des revolutionären Denkens. Die Revolutionsforderung als Resultante der Psychologie des Unbewußten wird absolut, sobald sich erweist, daß die Verdrängung der Anlagewerte das Opfer der höchsten menschlichen Möglichkeit ist.

Deswegen ist die psychoanalytische Schule, deswegen ist der große Entdecker S. Freud gerade vor diesem Evidentwerden stehen geblieben. Niemand vermag aus eigener Kraft, allein auf weit vorausgebahnten Wegen des Erkennens, durch Sperrungen zu dringen, die Wert und Geltung eines, der eigenen Persönlichkeitsgewohnheit verwachsenen Prinzips umfrieden. Dem Erkennen der klassischen Psychoanalyse ist seine Grenze gezogen gerade vor den Entdeckungen, durch welche alle traditionelle Autorität in Frage gestellt und die Existenzbasis derer erschüttert wird, die in der Autorität der bestehenden Ordnung sich bodenständig und sicher fühlen. So endet ihr großes Erschließungswerk mit der Freilegung der die tiefstverdrängten seelischen Elemente, die angeborenen Eigenwerte, im Unbewußten überlagernden Schicht, als deren Gehalt sich eine chaotische Allperversität der Triebe und der Gefühle empirisch nachweisen läßt. Diese Häßlichkeit der Motive des Unbewußten schien dem bestehenden Autoritätsprinzip, der Unterdrückung des Individuellen und den geltenden Normen Recht zu geben, und damit durfte sich die psychotherapeutische Forderung der klassischen Psychoanalyse darauf beschränken, die Negativität der aufgedeckten Impulse bewußt zu überschauen und sie den führenden Normen des Unbewußtseins gemäß zu korrigieren und niederzuhalten ...

Wir aber behaupten, daß eine konsequente und schrankenlose Psychologie des Unbewußten als tiefst heraufgehobenes Ergebnis Entgegengesetztes enthüllt: uns sind die fürchterlichen Verzerrungen und Erniedrigungen des Impuls- und Gefühlslebens, die hinter den Bewußtseinsgrenzen angestaut auf alles seelische Geschehen sabotierend wirken, die selbstverständlichen Verirrungen und Verzweiflungskrämpfe bereits der gebrochenen, durch Zwang und Lockung von außen her sich selber entfremdenden Psyche, für deren Zustand schon die Verdrängung der eigenen orientierenden Kräfte, der angeborenen Eigenwertung Voraussetzung ist. Für uns liegt hinter jeder inneren Zerrissenheit die Unvereinbarkeit von angeboren eigenen und suggerierten fremden Motiven; es ist uns selbstverständlich, daß alle Anlagen notwendig einheitlich sind; es erscheint uns absurd, die selbstverständliche Zweckmäßigkeit des Angeborenen und Angelegten nicht schon an sich als Harmonie und präformiert-harmonisches Zusammenfunktionieren zu erkennen. Wir nehmen die angeborenen Impulse als zweckmäßig an, nicht nur im Sinne individueller, sondern vor allem auch sozialer Zweckmäßigkeit. Die souveräne angelegt-soziale und angeboren-ethische Präformation, welche wir jetzt durch die Methodik der Psychologie des Unbewußten aus der Verdrängung freizumachen imstande sind, ist uns bereits durch die Entdeckungen P. Krapotkins bekannt: der angeborene »Instinkt der gegenseitigen Hilfe«, auf dessen Nachweis auf vergleichendem biologischem Wege P. Krapotkin die erste Basis für eine wirkliche Ethik als einer zugleich genetisch-begründenden und normativen Disziplin zu errichten begonnen hat. –

Die Möglichkeit, bis zu den Werteelementen der Anlage selbst, den tiefst verdrängten Motiven von allen, ins Unbewußte hinabzudringen, erreichen wir jetzt durch eine technische Auswertung unserer neuen Voraussetzungsbasis vom Dasein verdrängter ethischer Anlagen zu einem speziellen Prinzip der psychoanalytischen Arbeit. Es hat sich die bisher so rätselhafte Erscheinung der Unzerstörbarkeit oder besser gesagt: der Unaufgebbarkeit der neurotischen Elementarsymptome zurückführen lassen auf das Verankertsein jedes wie immer furchtbaren, häßlichen oder grotesken Einzelsymptomes an einem tiefsten Ursprungsmotiv, das immer zum unaufgebbar Guten gehört und dessen Loslassen deshalb unmöglich bleibt. Erst mit dem Auslösen dieses Motivs aus seinen fixierten Assoziationen und mit der Emöglichung seiner Eigenfunktion im freien Bewußtseinsgebrauch verschwindet das vorher fixierte Einzelsymptom, durch welches sich bishin jenes Motiv, verkrampft, verbildet und paradox, zu Leben und Ausdruck durchgedrängt hatte. So läßt sich die masochistische Einstellungsart von zahlreichen Frauen durch das Bewußtmachen einer zugrundeliegenden Mutterschaftssehnsucht beenden, negativistisch-verkrampfte Selbstisolierung durch Freimachen einer bestimmten, moralisch geforderten Abwehr durchbrechen und anderes mehr. So lösen sich ungezählte Fälle von krankhafter Sabotage an sich und anderen mit der Befreiung eines Impulses zum revolutionären Protest, der situationsgemäß-sittlichen Projektion zugleich des Instinktes zum Schutz der eigenen seelischen Art und des Instinktes zur gegenseitigen Hilfe.

Wir sind also durch die Methodik der Psychologie des Unbewußten instand gesetzt, eine praktisch unermeßliche Fülle von positivster seelischer Kraft zu befreien – eine Möglichkeit, welche noch nie einer Zeit geboten gewesen. Wir dürfen deshalb mit einer neuen, besonderen Hoffnung und Pflicht uns für die Krise bereiten, durch die wir hindurchzugehen haben und welche im Augenblick gleicher Entwicklungsreifung bisher noch jeder Kultur die Katastrophe gebracht hat. –

In einer bestimmten Entwicklungsphase wird jede Kultur zur Alternative von Untergang oder Metamorphose determiniert: mit der vollendeten Reifung der Stadtkultur. Die Souveränität der Stadt im kulturellen und was dafür Voraussetzung ist: zivilisatorischen Leben ist die vollzogene Überwindung der langen Periode, in der die Scholle dem Menschen die Elementar-einheiten der Arbeitsgruppierung und in dieser die Grundform persönlichen Miteinanderlebens bestimmt: die Wirtschaftsvereinigung Mann-Weib-Kinder zur Ausführung der vom Boden gestellten Teilaufgaben, d. i. die Vaterrechtsehe als typisch der Landwirtschaft angepaßte Primärgruppierung.

Der Übergang zum städtischen Leben beendet die Bindung der Existenz und die Anpassung aller bestimmenden Dinge an Boden und Ackerbau. Mit dieser Erlösung von der Scholle beginnt ein neues Erwachen der expansiven Vitalität – wie ehemals, vor der Schollenbindung.

Durch diese Erneuerung drängenden inneren Lebens wird eine ungeheure Fülle von schöpferischen Kräften mobil und macht diese Zeiten der nahenden Entscheidung zugleich zu den typischen Hochperioden chaotisch quellenden Neugestaltens.

Auf diesem Entwicklungsniveau vollzieht sich ausnahmslos in jeder Kultur die Katastrophe der sexuellen Moral. Der unaufhaltbare Zersetzungsprozeß auf dem Gebiete der Moral enthüllt das völlige Überlebtsein der Institution. In der Periode der dominierenden Landwirtschaft eben noch haltbar als bäuerlich-ökonomische Einrichtungsform, wird sie vom Augenblick der vollzogenen Ablösung von der Scholle an dem Menschen der neuen Periode wieder so fremd wie sie dem Menschen der Urzeit gewesen war.

Die Vaterrechtsfamilie verliert, vom Boden gelöst, den ökonomischen Wert einer relativen Angepaßtheit – das einzige, was bis dahin noch die Unertragbarkeit der Zwangsbeziehung zurückgedrängt hatte – und wird jetzt für den einzelnen auch wirtschaftlich gewöhnlich eine niederdrückende Last; sie behält allein noch die Qualität einer staatlichen Evidenthaltung der Zahlungspflichtigkeit für jedes einzelne Kind. Der menschliche Protest des Individuums gegen den sinnlos gewordenen, den einzelnen nur mehr beschränkenden und verbildenden Druck läßt sich nicht anders mehr als unter steigender Konfliktbelastung verdrängen. Und immer größer wird die Dissonanz einer neuen Innerlichkeit mit der stützenlos werdenden Tradition. Die charakteristischen Überkompensationsbestrebungen, welche in solchen Zeiten als »Moralismus« zur Geltung kommen, sind selbstverständlich ausnahmslos verlorene Versuche, den alten Normen ohne jede Aussicht ihre unzulänglich gewordenen Motive zu ersetzen oder zu ergänzen, durch eine unvermeidliche inhaltleere Propaganda die alte Macht zurückzubringen. Die große Belästigung des Privatlebens aber und unter Umständen auch noch ernstere Übergriffe, zu denen der Moralismus immer tendiert, erhöhen Wachstum und Bedeutung der antagonistisch orientierten, für das Kulturgetriebe solcher Phasen noch ungleich mehr bedeutungsvollen und charaktergebenden Erscheinung: des prinzipiellen Immoralismus. Der Immoralismus ist der Ausdruck der tiefinnerlichen latenten Ratlosigkeit solcher kritischen Zeiten, als Niederschlag einer Verwechselung der bestehenden, an sich selbst und von vornherein schon höchst relativen und nunmehr voll überlebten Moral mit Begriff und Möglichkeit ethischer Werte und Normen als solchen. Dem Immoralismus wie dem Moralismus liegt eine Verkennung der Zeichen der Zeit zugrunde. Denn »Sittenverfall« ist Notwendigkeit einer neuen Norm an Stelle der alten.

So ist die Phase geschaffen, durch die wir hindurchzugehen haben – dieselbe, in der die Krise und Katastrophe noch über jede Kultur gekommen ist. Es ist noch niemals bisher der schicksalsentscheidenden Forderung des Momentes Genüge geschehen: die Forderung, produktiv ein vollständig Neues zu schaffen und zu realisieren, eine neue Institution und neue, diesmal der menschlichen Seele verwandtere Werte, zur neuen Lösung des immer bleibenden großen Problems: des Problems der wirtschaftlichen Instandsetzung der Frau zum Übernehmen der Mutterschaftsleistung. Nur dieses allein ist der wahre soziale und ethische Inhalt der Frage – der ersten und größten Gesellschaftsfrage. Wird sie in dieser Entscheidungszeit nunmehr bewußt und verstehend gestellt, so ist das Postulat der Beantwortung selbst gegeben: die Leistung der ökonomischen Mutterschaftsdeckung durch prinzipielle Aufbringungspflicht der Gesellschaft. Damit erfüllt sich das Gesetz, daß alle großen Neugestaltungen ein Wiederaufnehmen ihrer Ausgangsformen auf einer höheren Ebene und Ordnung sind. Die Lösung von der Scholle führt die Erlebens- und Anspruchsformen, das innere Erfassen der Welt, der Mitmenschen und des eigenen Ich, die Forderung an die Gesellschaft und ihre treibenden Kräfte, an Institutionen und Werte, zur Urzeitfreiheit, nur auf dem erhöhten Niveau des Differenziertseins durch endlos getragenes Leid und der verzehnfachten Kraft des revolutionären Protestes zurück.

So stellt die Zeit selbst die unmeßbaren inneren Kräfte bereit, die als Geist und Zerstörung, Sehnsucht und Wut chaotisch nach vorwärts, zur Wandlung oder zum Untergang drängen. Der größere Teil dieser Kraft zersetzt sich im inneren Konflikt mit den geltenden Normen und staut sich im Unbewußten; was dort im Bereich der verdrängten Dinge bereitsteht, die angeborenen ewigen Werte sowohl als die Erneuerungskräfte der Übergangszeit, das sind wir heute imstande, der zielbewußten Verwertung verfügbar zu machen. Das haben wir endlich erreicht als unsere Hoffnung und unsere Pflicht vor allen anderen Zeiten: es ist eine Aufgabe, die zu unendlicher Mühe, zu liebevollster Detailarbeit zwingt. Ihr muß vor allem die souveräne Bedeutung in Unterricht und Erziehung eingeräumt werden, damit wir den Weg zur Seele des einzelnen Menschen finden. Und sie muß überall hemmungslos durchgeführt werden, mit Aufnahme aller Konsequenzen, im vollen Bewußtsein des absolut unüberbrückbaren Gegensatzes zu allem und jedem, was heute als Autorität und Institution, als Macht und Sitte der Menschheitserfüllung im Wege steht.

(1919)

ZUM PROBLEM: PARLAMENTARISMUS

Das ungeheure psychologische Problem, das diese Zeit in diesem Land vor uns gestellt hat, ist die nach innen orientierte Frage nach Wesenheit und Hintergründen des Versagens der deutschen Revolution.

Aus der erdrückenden Materie tritt ein Detail gerade jetzt hervor, das sich in den verschiedensten Gestaltungen und Masken aufdrängt: die unverkennbar wachsende Tendenz zur Rückkehr ins Legale, am deutlichsten zur Oberfläche kommend im Interesse für das totgesagte, jetzt von neuem wieder aufgeworfene Stellungsproblem des Revolutionärs zum Parlamentarismus.

Als charakteristisch tritt daran am meisten hervor: nicht daß man die Möglichkeit einer Beteiligung am Parlamentarismus überhaupt in Frage zieht, – das wäre eine offene Fragestellung des Revolutionärs über sich selbst als solchen, – sondern daß man sie aufrollt als eine Frage der Taktik.

Denn darin zeigt sich erst das völlige Vergessen des Problems in seiner prinzipiellen wie in seiner psychologischen Bedeutung, verrät sich das naive und verlogene Spiel vor der Kritik des eigenen Gewissens, die Mangelhaftigkeit des Willens und der Fähigkeit zum eigenen Verantworten des eigenen Stellungnehmens und Handelns.

Es scheint, daß Zeiten revolutionärer Hochflut, durch Massensuggestion und Situationseffekt die Elemente zweiten Ranges überwältigend und in die Höhe ihres großen Augenblicks reißend, die bürgerliche Minderwertigkeit der Mengen verdeckend überströmen und dann, verebbend, wieder sichtbar werden lassen. Die Menschen solcher Art, zurückgeblieben nach der revolutionären Springflutwelle, gruppieren sich bedingungslos, sobald die Möglichkeit dazu gegeben scheint, um einen Kompromiß; und einen solchen in der Öde, über welche eine revolutionäre Welle effektlos weggezogen, aufzuzeigen, ist die entscheidende Gewandtheitsprobe für die Reaktion. Ihr derzeit ausgeworfenes Kompromißmotiv sind die Ideen der »Demokratie« und ihres Exponenten, des parlamentarischen Prinzips.

Deswegen war die Formulierung wohl gestattet, das Aufwerfen eines klaren Problems über die prinzipielle Stellungnahme zur parlamentaristischen Mitarbeit sei eine ehrliche Fragestellung des Einzelnen über sich selbst und über die Echtheit seiner Berufung zur Revolution. Die prinzipielle Bejahung des parlamentaristischen Systems ist ehrliche Selbsterkenntnis der unaustilgbaren inneren Bürgerlichkeit.

Dem Spiel mit dem parlamentaristischen Problem als einem solchen der Taktik, als Zulassung noch eines Kompromisses und noch einer Selbstbelügung mehr, enthält die Verschleierung jener Erkenntnis sowohl vor sich selbst wie vor andern; sie birgt die gefährliche Täuschung des Einzelnen über die eigene Natur und der Gesamtheit über den tiefen politischen und psychologischen Sinn der großen Prinzipien. –

In Wahrheit ist das Verhalten zur parlamentarischen Frage

zugleich die Entscheidung im größten Prinzipienproblem der Politik überhaupt, d. i. im Problem der Demokratie.

Der Parlamentarismus ist die einzige[1] reale Verkörperung des demokratischen Grundgedankens, die Herrschaft der reinen größeren Zahl. Daß sich in jeder existierenden parlamentaristisch-demokratischen Staatseinrichtung tatsächlich stets die Einflußherrschaft einer Minderheit entwickelt, ist nicht der prinzipielle revolutionäre Einwand; der revolutionäre Geist wirft sich vielmehr aus einer inneren Notwendigkeit und instinktiv auch einer ideengemäß vollendeten, von jeder Einflußherrschaft freigedachten Realisierung des parlamentaristischen Gedankens entgegen. Dahinter ist der aufgetane Gegensatz und ruhelose Kampf der revolutionären Psyche mit der demokratischen.

Die Stellungnahme jedes Individuums in diesem Kampf ist jedem einzelnen in diesem oder jenem Sinn vorherbestimmt als seine typische, im Grunde seines Wesens festgelegte Orientierung zum dominierenden Grundprinzip der Demokratie überhaupt: dem Majoritätsprinzip.

Das reine Prinzip der zahlenmäßigen Majorität – und nur die prinzipiell gewollten Ziele, nicht Unzulänglichkeitseffekte im politischen Getriebe determinieren die Entscheidungen nach psychologischen Kategorien! – legt die Verpflichtung auf, den Eintritt von Veränderungen jeder Art, die unaufschiebbar drängenden Reformen und ebenso die überzeitlich auf die Zukunft eingestellten, den wenigsten der jeweils Gegenwärtigen begreifbaren Umwälzungen, das Kleine und Banale und ebenso das Tiefste, dem Begreifen einzelner im Dienste aller sich Erschließende, den Zeitpunkt jeglichen Geschehens überhaupt nach dem Verständnistempo der Gesamtheit festzulegen und auf den angenommenen Termin zu warten, an welchem endlich wenigstens die Majorität der Menschen, das gläubig festgehaltene Prinzip des Fortschritts als real erweisend, die »Reife« des Erfassens für die geforderte Veränderung gewonnen haben wird.

---

[1] Interessant ist es, daß Mommsen den Untergang der antiken Demokratie auf die Vergrößerung der Staaten über die Stadtrepublik hinaus bis zum Großmachtcharakter und auf die Tatsache zurückführen konnte, daß die Idee des Repräsentationssystems, also des eigentlichen Parlamentes eben niemandem einfiel!

Die Demokratie ist also wesenseins mit dem politischen Programm des katastrophenlosen Fortschrittes in Voraussetzung einer beständig progrenienten geistigen Entwicklung als einer manifesten Realität und dem Vertrauen auf die große Zahl als Verantwortung tragend für jedes große Geschehen.

Dort, wo in Wirklichkeit Verstehen und Wille einer überlegenen Zahl schon einer neuen Ordnung zugewendet [sind], bedarf es keiner Revolution. Die Neigung aber, solches als Entwicklungsresultat vorauszusetzen und gar erst abzuwarten, kann nur aus einer Art von Geistesdisposition überhaupt entstehen: soweit es sich nicht etwa um ein Wünschen handelt, daß alles möglichst bleibe, wie es war, ist es die elementare Unfähigkeit, Verantwortung auf sich selbst zu nehmen. —

Revolution ist Kampf um Macht für eine Idee. Versuch, ein Prinzip zur Herrschaft zu bringen, das stets zuerst in wenigen nur in Wahrheit lebendig, in diesen aber als scharf umrissenes inneres Bild zur Pojektion in die Realität bereitgestellt ist.

Ideen, für welche man Revolutionen führt, sind an sich selbst stets nur von einzelnen allein aus eigener Initiative und schöpferisch zu erschauen, von einer an Zahl begrenzten Elite durch eigenes Denken lebendig aufzunehmen, den großen entrechteten Massen durch geistige Überwältigung und aus der Kraft des Willens zur Gemeinsamkeit suggestiv übertragbar und durch Verschränkung mit den Grundmotiven der eigenen furchtbaren Realität zu eigen zu machen, den Starken dieser Welt, den Privilegierten jeder Art im Kampf von Leben gegen Leben aufzuzwingen.

Die revolutionäre Politik ist frei von jedem Glauben an einen inneren Fortschritt als einer Gegebenheit; sie weiß, wie sehr an alles Äußere und Äußerliche, an die Materie gebunden in der bestehenden Gesellschaftsordnung jeder Fortschritt ist. Sie steht auf dem Vertrauen auf eine elementare, wenn auch mehr primitive Menschheitsfähigkeit: auf eine allgemeine Fähigkeit, die aufgenötigt miterlebte Menschlichkeit als höchsten Wert – oder zum mindesten: als Medium einiger Vorteile zu begreifen. –

Es ist das innere Schicksal und die Bestimmung des Revolutionärs, um seine inselhafte Einsamkeit des von der Zukunft her zu seiner Sendung Orientierten unter Feinden wie Gefährten wissend, das revolutionäre Geheimnis der Erlösung, wenn es ist, allein zu tragen und für den Umsturz, wenn es sein kann, alles jetzt Bestehenden und für den Kampf und die entfesselte Gewalt, vielleicht dem Willen einer ganzen Welt entgegen, die Verantwortung auf sich selbst zu nehmen. –

»Gott sprach zu ihm: Dein Sohn, der nach dir kommen wird, wird meinen Tempel bauen. Nicht du wirst meinen Tempel bauen: denn du bist ein Kriegsmann!« – – –

(1919)

ZUR FUNKTIONELLEN GEISTESBILDUNG DES REVOLUTIONÄRS

Der Verfasser dieses Artikels beabsichtigt, in der »Freien Hochschulgemeinde für proletarische Kultur« Kurse Zur Psychologie der Revolution *mit Einführung in die Psychologie des Unbewußten (psychoanalytische Psychologie) zu halten.*

Zur Zeit besteht das ungeheuerlichste Problem, das je mit den Begriffen Erziehung, Bildung und Kultur verbunden war: die Frage der Erneuerung des Unterrichtes nach der Befreiung des Proletariats. Und hier gerade jetzt ein ferngerücktes – manchmal scheint es uns beinahe: ein schon verspieltes – Bild, ist sie im Land, dem unsere Träume, Wünsche und Erlösungshoffnungen gehören und dessen Existenz und Überwinderglorie unsere ganze Kraft ist – ist sie in dieser Gegenwart ein Hauptproblem der schöpferischen Arbeit in Rußlands sieghaft ringsumschirmter lebendiger Kultur.

Was Lunatscharskis unerhört geniale Schöpferkraft dort aus dem Nichts heraus ins Leben ruft, ist etwas vollkommen Erstmaliges: seine Methodik der betriebstechnischen Schulung – der Ableitung des Unterrichtes aus der Arbeit – scheint das Problem natürlichster Übermittlung in sich zusammengeschlossener Erkenntnisse gelöst zu haben.

Zugleich mit dieser absoluten Neugestaltung des inhaltlichen Unterrichtes und der Verwandlung der gesamten Hierarchie der Schulen überhaupt beginnt nunmehr der Andrang einer ungeheuren Zahl von Schülern, welchen zum allergrößten Teil die

Qualität des geistigen Vorbereitetseins, die allgemeine Vorbildung fehlt. Damit ist ein Problem gestellt, das unvermeidlich mit dem Eintritt des Unterrichtswesens überhaupt in die neue Ordnung der Revolution verbunden ist. Es wird damit zu einer prinzipiellen Frage der revolutionären Vorarbeit. Es ist das neubelebte, dem Problem der Übermittlung inhaltlicher Kenntnisse zur Seite stehende Problem der Übermittlung allgemeiner kultureller Bildung unter den neuen Verhältnissen, d.h. an eine große Zahl von Schülern bzw. an den einzelnen in kurzer Zeit.

»Bildung« – im Gegensatz zu inhaltlichen Kenntnissen – ist funktioneller geistiger Erwerb, Funktionssteigerung im Erfassen und Ausdrücken komplizierter, speziell abstrakter Gedankengänge und im Freihalten sachlichen Denkens vom Mitwirken der Affekte. Die Einübung dieser Funktionen – die sich naturgemäß zugleich mit der Erwerbung von Kenntnismaterial vollzieht, nicht aber das Erlernen dieser Inhalte selbst, differenziert die Fähigkeiten zur produktiven Objektivität, zum Interesse an den Dingen und an den Ideen um ihrer selbst und ihrer Werte willen – zum aufgeschlossenen Verstehen abstrakter Überlegungen und deren freiem Ausdruck –, d.h. die Fähigkeit zu gegenseitigem Kontakt in der Beziehung zur Kultur.

Die Übermittlung dieser funktionellen Bildung ergibt sich als ein unabweisbares Problem des revolutionären Unterrichtes, sowohl als Vorbedingung jedes inhaltlichen Lernens von Gegenständen komplizierter Natur als auch vor allem anderen als Basis der Kultur der Zukunft, welche Lunatscharski als das höchste Ziel der revolutionären Umgestaltung definiert: Kultur als harmonisch geistige Zusammenarbeit aller.

Um einer solchen Kultur – der ersten wirklichen! – in adäquaten Dimensionen ihre psychologische Basis zu schaffen; um die geübte Geistigkeit, die funktionelle Differenziertheit auszubreiten, aus der sie zu erstehen vermag, wird auch auf dem Gebiet der Geistesbildung, der geistig funktionellen Schulung die Lösung neuer krisenhaft bedrohlicher Probleme geleistet werden müssen, wird aus dem ungeheuren Andrang am Geist in Wahrheit Interessierter zu neuen Bildungsstätten auch aus der zum ersten Mal in der Geschichte als Wirklichkeit erstandenen lebendigen Kultur die Forderung nach einem energiesparenden Prinzip und seinem Ausbau zu einer neuen ökonomischen Methodik der funktionellen Geistesbildung hervorgehen.

Die Hauptmethode funktioneller Geistesschulung war bislang die Überwindung eines Desinteressements durch das Herausarbeiten eines geistigen Prinzips aus einem aller Interessen möglichst baren Stoff und ohne Möglichkeit von weiterer Verwertung: abstraktes Ordnen des Substrats ganz als kultureller Selbstzweck. Damit erreicht die uralt-klassische Methode am souveränen Gegenstand der funktionellen Geistesschulung, an den toten Sprachen mit großer Regelmäßigkeit (bei übermittelmäßiger Begabung selbstverständlich!) den dauernden Erfolg der Unabhängigkeit abstrakten Denkens von jeder Art Affekte oder Apathien und überhaupt von Störungen von innen her.

Die Vergewaltigung, durch welche hier das objektive Denken aus der Herrschaft von Lust und Leid befreit wird, macht die Methode selbstverständlich ungeeignet für den revolutionären Unterricht. Zu ihren Zielen: Leichtigkeit des Denkens mit Objektivität und Freiheit, Vertrautheit mit der Abstraktion, Erfassen der Idee als Selbstzweck, kommen für die funktionelle Geistesschulung im revolutionären Unterricht noch die Motive revolutionärer Gesamterziehung überhaupt hinzu. Und es ist eine Forderung des revolutionären Geistes, daß die Herrschaft des abstrakten Denkens über störende Affektmomente nicht als ein Sichfügen in die Gewohnheit eines geistigen Zwanges, sondern vielmehr als Freiheit des Geistes selbst erfahren wird.

Ein solches Gefühl von innerer Freiheit wird dann entstehen, wenn sich durch Lösung innerer Konflikte und Selbsterkenntnis über Dimension und Wesenheit des affektiven Innenlebens überhaupt, also auch der das Denken sabotierenden Impulse, eine Befreiung des aktiven objektiven Geistes und der Beziehung zur Idee um ihrer selbst willen herstellt.

In der Verwirklichung der Selbstbefreiung durch Selbsterkenntnis schafft die moderne Psychologie des Unbewußten die reale Basis für eine Umgestaltung der geistigen Entwicklung des einzelnen wie der Gesamtheit. Die Empirie der psychoanalytischen Methode, konsequent und kompromißlos durchgeführt, projiziert ein neues Bild des Menschen mit der Wirklichkeit seiner Anlagen, seiner Möglichkeiten und Lebensansprüche, zugleich aber auch seines Leidens am Leben und an sich selbst, seines Konflikts mit der Umgebung, mit Gesellschaft und einzelnen, mit Institution, Familie und Autorität.

Es hat sich herausgestellt, daß die menschliche Seele mit unüberwindbarer Intensität die Aufnahme innerer Widersprüche abwehrt, und daß sie dem Andrängen von affektgespannten, mit unaufgebbaren Motiven unvereinbaren Erlebnissen das geschlossene Assoziationsgebiet des überschaubaren und regulierbaren Bewußtseins sperrt. Daß sich dann außerhalb desselben im Gebiet des Unbewußten eine Masse solcher intensiv affektbetonter, den ichbewußten regulierenden Motiven entgegenstehender, zugleich den tiefsten Wesenselementen der Persönlichkeit verwandter Triebkomplexe sammelt, welche von da aus unerkannt auf indirekten Wegen in veränderten Formen – d.h. mit einer Verschiebung der Affektenergie auf dem Weg der Assoziationsverbindungen! – in das bewußte Seelenleben, in den Zusammenhang der Denkvorgänge und zur Betätigung nach außen drängen. Daß also unser Seelenleben zum allergrößten Teil von einer bisher unbekannten, außerhalb des überschaubaren und regulierbaren Bewußtseins – der »Ich-Kontinuität« – angestauten Masse verdunkelten psychischen Materials bestimmt wird, und daß die Wiedereroberung dieses »verdrängten« Materials – das eben ist die Methode der analytischen Psychologie! – für das Bewußtsein die subjektiv persönlichkeitsgemäße Lösung der Konfliktprobleme anbahnt. Die Entstehung dieser Versperrung und Verkrampftheit, mit welcher es zur Aufstauung kontinuierlich sabotierender Faktoren im Unbewußten kommt, vollzieht sich in der Kindheit, unter dem ersten verheerendsten Druck der Autorität, der unablehnbar ist im ungeheuren Dunkel der Einsamkeit, die um das Kind herum ist, herum gebreitet durch das unbegrenzte Nichtverstehen von seiten aller, und deren sparsam vorbehaltene Durchbrechung an die Ergebung in die Autorität und Anpassung an das Umweltmilieu gebunden wird. In dieser Periode der Wehrlosigkeit, in welcher jedes einzelne Leben von einem Beginnen und Erwachen an der Korruption anheimgegeben ist, erfolgt die Aufnahme jener seelischen Fremdkörper, welche als Elemente fremden Willens im ungelösten Gegensatz zum eigenen – soweit ein solcher sich erhält! – den ersten großen inneren Konflikt und damit alle innere Zerrissenheit und Selbstsabotage der Seele bedingen.

Die affektiven Elemente, deren Unterordnung unter die Gewalt verstandesmäßigen Denkens Gegenstand der funktionellen

Geistesschulung ist, sind praktisch überwiegend unbewußten Ursprunges, und ihre Miteinwirkung ist ein Teil jener inneren Selbstsabotage, die von dem unbewußten, gewissermaßen ausgesperrten Teil der Seele ausgeht. Nicht als gewaltsames Niederhalten widerstrebender innerer Kräfte, aber durch Wiederaufnahme des Unbewußten in die Bewußtseinseinheit bringt die Selbsterkenntnis im psychoanalytischen Sinn die widerstrebenden Elemente im Innern der Seele zum Ausgleich und die Tendenz zur Selbstsabotage zum Schwinden.

Im Einklang damit steht die Erfahrung, daß jedes Vertrautwerden mit der Psychologie des Unbewußten in jedem einzelnen Fall zu einer Befreiung des Denkens von Widerständen und Ablenkungen führt, die das Gesamtergebnis der funktionellen Geistesschulung mit dem Bewußtsein individualitätsgemäßer freier Entwicklung vereint.

Die Psychologie des Unbewußten erscheint deshalb berufen, im neuen Unterricht als souveräner Lehrstoff die zentrale Stellung im geisteswissenschaftlichen Unterricht einzunehmen und zum Substrat der funktionellen Geistesschulung zu werden, als Grundstoff einer Bildung, die als Befähigung zur Teilhaftigkeit an der Kultur zu definieren sein wird.

Zugleich bedeutet der Unterricht in der Psychologie des Unbewußten als Übermittlung von Inhalten die Einführung in den Geist der Revolution.

Und die Erkenntnis dieses Geistes wird um so inniger und tiefer sein, als kein Detail der Unbewußtseinspsychologie nur Übermittlung von Inhalten allein bedeuten kann, da es sich immer wieder um Selbsterkenntnis handelt und jeder neue Inhalt dem Lernenden als in ihm selbst verborgen aus seinem eigenen Innern heraus und als sein eigenes Besitztum zu entwickeln ist.

Der souveräne Inhalt, den die Lehre der Unterbewußtseinspsychologie zu übermitteln hat, ist die Erkenntnis der Gegensätze zwischen dem Menschen in seiner Wesenheit, mit seinen angelegten Möglichkeiten, Fähigkeiten und Ansprüchen an das Leben und der von den bestehenden Verhältnissen geschaffenen Realität, der Unterdrückung aller Lebenserfüllung und der Verbildung alles Menschentums.

Es ist an dieser Erkenntnis jedem Lernenden, an welchem Platz im Klassenaufbau er heute stehen mag, sein Interesse an der Revolution zu erschließen.

Das Interesse am Sturz des Bestehenden gilt für jeden, außer für den, den die vollendete Unterdrückung alles eigenen Wesens und Fühlens durch die Suggestionen fremden Willens an das Bestehende angepaßt hat – das sind in Wirklichkeit die allermeisten. Nur in einer kleinen Elite ist jene Energie und Intensität des Geistes, welche die Kraft verleiht, die angeborene angelegte Wesenheit im Inneren lebendig zu erhalten, wenn auch als Element des inneren Konflikts und im inneren Kampfe durch Verdrängungen und Übertreibungen verdunkelt, umgedeutet und entstellt ... Es ist aus diesen Zerrbildern unverlierbaren Menschentums in jedem einzelnen, in dem sie sich erhalten haben, das jedem unbewußt verankerten Impuls am allertiefsten zugrunde liegende unaufgebbare Gute aus den Verschränkungen, die es nur zur vollen Unkenntlichkeit und meistens in sein Gegenteil verkehren, herauszulösen und aus der Summe aller dieser, das verlorene Positive nach und nach enthüllenden Erkennungen der eigenen Persönlichkeit, die allgemeine wahre Gestalt des menschlichen Wollens und Forderns frei zu machen, stets neu empirisch die Wahrheit zu vermitteln, daß der natürliche angeborene Anspruch des Menschen an den Menschen die freie Beziehung freier Individualitäten ist, im Gegensatz zur Anpassung an den Druck der Außenwelt, aus der die universelle Krankhaftigkeit des menschlichen Trieblebens, die Unterwerfungsbereitschaft sowohl als der Wille zur Macht hervorgehen.

Der Wille zur Beziehung im Gegensatz zum Willen zur Macht ist als der elementare Gegensatz der revolutionären zur angepaßten – bürgerlichen – Psyche freizulegen und als das höchste, eigentlichste Ziel der Revolutionen aufzuzeigen.

Es wird – sowohl als allgemeine wissenschaftliche Erkenntnis als auch, soweit möglich, als immer neue Empirie im Falle jedes Lernenden! – zu zeigen sein, daß die Natur des Menschen, so wie sie angelegt und jedem angeboren ist, nach den zwei großen Werten Freiheit und Beziehung strebt. Daß diese Strebungen der Anlage nach harmonisch sind, daß überhaupt natürlicherweise und aus den Anlagen heraus nichts Unzweckmäßiges abgeleitet werden kann, also für jede innere Zerrissenheit und Selbstsabotage im letzten Grunde stets nur Wirkungen von außen her, gewaltsame Durchkreuzung natürlicher Entwicklung verantwortlich zu machen sind. Daß also alles Leiden sowohl als alles unzweckmäßige und böse Tun stets Effekte des widernatürlichen Druckes sind, den die bestehende autoritative Ordnung auf alle und alles legt, daß diese ganze unermeßliche Wucht von Leid und Bösem steht und fällt mit dieser Ordnung der Macht und Vormacht, des Klassenrechtes und des Kapitals, der autoritativen Rechtsgebundenheit und des erstickten Machtkampfes zwischen den Geschlechtern in Ehe und Prostitution.

Es wird die volle innere Verbundenheit der staatlichen Institutionen mit denen der Familie zu zeigen sein: die Notwendigkeit der völligen Befreiung der Frau aus ihrer privaten Hörigkeit, der Abhängigkeit vom Mann als absoluter Grundbedingung jeglicher Befreiung überhaupt, die Notwendigkeit der Zertrümmerung der Vaterrechtfamilie unter Errichtung des kommunistischen Mutterrechtes.

Es wird die latente unbewußte Psychologie des Familienlebens aufzuzeigen sein, die Qualifizierung des Besitzanspruches an Weib und Kind als Teilhaftigkeit und Mitschuld an den Werten und Institutionen des Bürgertums und Fixierung bourgeoisen Charakters, bourgeoiser Anpassungen und Befriedigungen. Die Notwendigkeit der Sabotage der Familie, vor allem der proletarischen, als Grundbedingung und psychologische Grundlage der Aufnahmefähigkeit für den Geist der Revolution.

Endlich: Die Vorbedingung jeder sittlichen und geistigen Erneuerung der Menschheit ist die Notwendigkeit einer totalen Befreiung der werdenden Generation aus der Gewalt der bürgerlichen Familie – und auch die vaterrechtliche Familie des Proletariers ist bürgerlich! – durch das kommunistische Mutterrecht und aus der Anpassungsschule des Staates durch das System des revolutionären Unterrichts.

Der Unterricht in der modernen Psychologie wird ein besonderes und eigenartiges System erfordern, welches, mit keiner bestehenden Methode verwandt, in einem gewissen Parallelismus gerade mit dem Aufbau der Arbeitsschulung stehen wird. Während die allgemein-wissenschaftlichen Ergebnisse, soweit es sich um das Anschaulichmachen des Wesens der neuen Disziplin und ihrer fundamentalen neuen Erkenntnisse über die Seele des Menschen, seine Motive, Fähigkeiten, Beziehungen, seine Kultur, seine Defekte und seinen Zusammenbruch handelt, auf theoretischem Wege durch Vortrag und Lektüre vermittelt werden können, bedarf die neue psychologische Erziehung im eigentlichen Sinne der Empirie in jedem einzelnen Fall, d.h. des empirischen Neufindens jeder Wahrheit aus der Seele des Schülers heraus, also der systematischen Wiedereroberung des verdrängten seelischen Materials für sein Bewußtsein.

In diesem Unterricht, der aus der detaillierten, mit psychotherapeutischen Methoden einsetzenden Beschäftigung mit der Seele des einzelnen, ihren Konflikten, Leiden, Fragwürdigkeiten und Versuchungen die stolze Selbsterkenntnis des sich selber Wiederfindenden, von Anpassung, Unterwerfungsbereitschaft und Willen zur Macht sich befreienden, die trennenden Distanzen der Verständnislosigkeit zu durchbrechen lernenden Individuums entwickelt, kann sich die sittliche Vorbereitung des Revolutionärs für die Revolution vollziehen.

In dieser Erziehung wird endlich einmal der Gegensatz überwindbar sein, der Altruismus und Egoismus trennt. Es gilt, das Individuum selbst die Steigerung seines eigenen Seins in der freien Beziehung mit freien Menschen erleben zu lassen. Die tiefste Erfahrung ist die der freien Beziehung: die des Verbundenseins um einer steten Förderung willen, die, wechselseitig durch die ungewollte freie Lebensäußerung des Individuellen ausgetauscht, die Existenz, das Sosein, die Entfaltung und den Aufstieg des einen für den anderen zum höchsten eigenen Gewinn gestaltet.

Das Ziel wird die Befreiung der Liebe von der Sabotage durch die latenten Autoritätsmotive sein, das passive wie das aktive, die Unterwerfungsbereitschaft wie den Willen zur Macht. Und damit wird ein Geschlecht erzogen werden, das, innerlich frei vom latenten unwiderstehlichen Hang zur Autorität, die autoritätslose Menschlichkeit der Zukunft der Realisierung nähern wird.

(1919)

ORIENTIERUNG DER GEISTIGEN

Unmeßbar allgemein ist das dunkle und drängende Ahnen, erstickend beschränkt das klare Begreifen der Urgründe und Erfüllungen des großen Geschehens, das kommen soll. Die schönste neue Erscheinung, die im Bereich extremst gerichteter revolutionärer Gruppierung erblüht, das fortan unverlierbare Erleben tiefsten Einsseins und nicht mehr lösbarer Waffenbrüderschaft der Proletarier und der Geistigen, ist auch das erste Zeichen bewußtseinsnäheren Erkennens der ewig menschlichen Motive der Revolution. Wo immer geistige Menschen heute noch abseits geblieben sind, wird man sich überzeugen können, daß ihnen jede Kenntnis von anderen als wirtschaftlichen Zielen der revolutionären Bestrebungen fehlt. Fast jeder Hinweis auf den Welt und Leben umfassenden Horizont der wirklichen Perspektive des Kommunismus – von deren Reichtum zu erfahren ihnen in der Tat nur in geringem Maße Gelegenheit geboten wird – vermag hier Wandlung zu schaffen.

»Verbindender und trennender als Rasse, Geschlecht, Kultur und Klasse ist der typische Gegensatz zwischen dem revolutionären und dem konservativen Menschen«, sagt Grete Frant.[1]

Das elementare Prinzip in der menschlichen Seele, dessen quantitative individuelle Verschiedenheit, dessen Ausreichen und Versagen also die Menschen in diese beiden Kategorien trennt und einteilt, dieses im höchsten Sinne Wert und Wesen bestimmende Prinzip ist die Widerstandskraft des einzelnen Menschen, besonders des Menschen im Zustande der Entwicklung, gegen die Suggestionen von außen her, gegen die aufgedrängten Gefühle, Werturteile und Normen: die Selbsterhaltungskraft des angeborenen Menschentums, das an der eigenen Individualität wie an der Freude und dem impulsiven Ja zu allem individuellen in allen anderen ringsum, am unbeschränkten eigenen Sein wie an der unbeschränkten Liebe festhält und seinen Widerstand der Vergewaltigung entgegensetzt wie der Verführung, dem ewigen und ringsgeschlossenen Druck zur Anpassung an die anderen ...

Das höchste Menschliche ist die Bewahrung dieser liebenden und revolutionären Urkraft im unerhörten Kampf mit dem

---

1 Neue Rundschau, Berlin, 1919/3.

Milieu, der in der kalten Einsamkeit des Kindes innerhalb der Autoritätsfamilie begonnen, zum Kampf des Seienden und Lebenden mit der entsetzlichen Gewalt des Maschinellen ringsum emporwächst – des Maschinellen als Grundprinzip in aller Ordnung, wie sie jetzt besteht, als Staat, Gesetz und Autorität, als Strafrecht wie als bürgerliches Recht, als Ehe und Prostituion, als Kapital ...

Ob diese Kraft zum Widerstand gegen den Anpassungszwang und die Anpassungslockung im einzelnen ausreicht und vorhält, entscheidet also seine Entwicklung zum einen oder anderen Typus, dem Typus des Revolutionären oder des Konservativen – ich möchte sagen: des Angepaßten. Und diesen beiden Menschentypen ist nichts auf Erden gemein als das tiefe innere Wissen, daß jedem von ihnen das Leben und Gedeihen nur unter Gesamtbedingungen möglich ist, die für den anderen das Ersticken bedeuten.

Die freie grenzenlose Entwicklung des Menschentums, der Liebe und des Geistes setzt eine Ordnung der Welt voraus, welche in allem und jedem tödlich ist für die Angepaßten an jene andere Ordnung, welche bis jetzt die herrschende ist und immer und überall tödlich war für Menschentum, Liebe und Geist. Es ist darum stets und ausnahmslos Lüge von vornherein, was immer gesprochen wird von allmählichem Übergang und Ausgleichung der Interessen, von Mäßigung und Vergleich – Lüge ist alles und jedes, in dem ein einziges gemeinsames Interesse des Revolutionären und des Angepaßten als existierend oder auch nur möglich vorausgesetzt wird.

Was jeweils die Vermittlungspolitik erreichen kann, das ist allein ein Kompromiß von Interessen von absolut nur wirtschaftlicher Natur – mit ewiger Erhaltung des Unzulänglichen sogar auf diesem Gebiete selbst, mit definitivem Verzicht auf alle Werte des Lebens außer dem abgrenzbaren der reinen Zahl ... Hier ist der Boden, auf welchem die Revolutionen sich auflösen in Verhandlungen zwischen Parteien, hinter welchen kein Unterschied steht von Mensch und Mensch: Verhandlungen zwischen verschieden Situierten, ohne Voraussetzung überhaupt mehr von verschiedenen seelischen Typen und deren verschiedenen Ansprüchen an das Sein. –

Noch nie hat eine kämpfende Partei sich einen Namen gegeben, so sehr als Ausdruck eines seelischen Typus geprägt und das gemeinsam psychologische Moment in allen ihren schöpferischen Charakteren bezeichnend, als der der »Höchstes Fordernden« – das ist »Derer ohne Kompromiß«.

In jedem, dem der Kommunismus innere Berufung ist, wirkt ein lebendiger, ursprungnaher, von einer Jugendzeit der Menschheit her im besten Blut noch fortgeerbter Urgeist: ein unmittelbares Wissen vom Unterschied zwischen Mensch und Mensch: ein selbstverständliches dort ewig heimatlos und hier zu Hause Sein, dort losgelöst und hier ins Leben eingegliedert vom dominierenden Element im eigenen Innersten, der revolutionären Menschheitsseele, die jedem Menschen solcher Art den Dienst des unbeschränkten großen Lebens zur Schicksalsbestimmung macht; ein reflektorisches Sich-Distanzieren von allem Angepaßten, der Anpassung an das Inferiore, an Macht und Unterwerfung, Besitz, Gewohnheit, Tradition und Sittefähigen.

Deswegen ist uns nichts so wesensinnerlich verhaßt, erscheint uns keine je noch aufgestellte Politik so furchtbar korrumpierend und gefährlich als diese heutige des Kompromisses, dieser realpolitische Sozialismus der Vielzuvielen, der für das Proletariat und die Bourgeoisie mit einander den Boden gemeinsamer Anpassung herzustellen erraten hat – gemeinsamer Anpassung an den Geist des Bisherigen, um den Preis materieller Auskommensmöglichkeiten ein Mithinüberschleppen alles Wesentlichen aus der alten Ordnung: mit reduziertem Flügelschlag nun auch der kapitalistischen Ideen ein Realisieren von Durchschnittsmassen in allem und jedem, aber basiert wie früher auf die Selbstverständlichkeit von Macht und Vormacht zwischen allen, um jeden einzelnen herum die endlose Einsamkeit.

Es ist diese Demokratie des »letzten Menschen«, die Nietzsche prophetisch vorhergesagt hat und vor welcher die Diktatur des Proletariates die Zukunft des Menschengeschlechts erretten soll.

Das Endziel alles Kommunismus ist ein Zustand, in welchem niemand irgendeine Vormacht politischer, sozialer, ökonomischer, autoritativer Natur über irgendeinen erhalten kann. Wir wissen, daß es niemals eine Ordnung geben kann, die etwa garantierte, daß nur der seelisch Höhere über den niedriger Organisierten Macht bekäme; und würde eine solche Ordnung je gefunden, so brächte sie die Korruption der hohen Seelen ... Allein die völlige Unmöglichkeit jedweder Vormacht irgendeines über irgendeinen gewährt die Sicherheit, daß nie ein Mensch, in dem der freie schöpferische Urgeist lebt, sich Elementen zweiten Ranges beugen muß.

Wir wollen die Macht den Machtlosen geben, den Räten der Armen, damit die Macht wieder ohne Sünde werde, ein Kollektivgefühl der Menschen miteinander und unpersönlicher Besitz des unpersönlichen Gesellschaftskörpers.

Bis einst die Menschen noch einmal beginnen, als Ausdruck eines schrankenlosen Einander-Verstehens und ihrer Freude aneinander einen Turm in den Himmel hinauf zu bauen. Erst dieser Bau wird dann den Namen tragen dürfen: Kultur ...

(1919)

DREI AUFSÄTZE ÜBER DEN INNEREN KONFLIKT

I.
Über Konflikt und Beziehung

Die neue Denkweise in der Psychopathologie führt Seelenstörungen auf inhaltlich bestimmte Grundbedingungen zurück; sie ruht auf der Kenntnis der typischen Ausgangslage für schädigende Konstellationen der psychischen Inhalte, des Aufeinandertreffens von unvereinbaren Impulsen. Der Ursprung dieses Wissens war die Entdeckung C. Wernickes von der Bedingtheit affektierter Überwertigkeiten durch das Bestehen von unlösbaren inneren Konflikten.

Die eigentliche moderne Psychologie, die Lehre S. Freuds vom Unbewußten, steht auf der Kenntnis der Veränderung im Ineinandergreifen der Funktionen, der Spaltung der Bewußtseinseinheit durch den inneren Konflikt. Sie rechnet mit der Ablösung unbewußter Komplexe, der »Verdrängung« als Folge jeder Unvereinbarkeit von unaufgebbaren Impulsen mit der Gesamteinstellung der Persönlichkeit.

Die ungeheure, von Freud entdeckte Bedeutung des Sexuellen für das unbewußte Seelenleben ist auf die Tatsache zurückzuführen, daß hier der Widerstreit von unzerstörbarem eigenen Wollen und übermächtigen Suggestionen – der Summe der bestehenden Moralprinzipien und Institutionen auf dem Gebiete der Sexualität – mit absoluter Unausbleiblichkeit den unlösbaren inneren Konflikt erzeugt. Der sexuelle Grundcharakter der Neurose liegt nicht im eigentlichen – am wenigsten im angeborenen – Wesen der Sexualität, sondern in der Tatsache, daß das Gebiet der Sexualität von äußeren Faktoren zum eigentlichen Gebiet des hoffnungslosen inneren Kampfes gemacht wird.

Freud hat die Ansicht ausgesprochen, die ursprüngliche sexuelle Anlage des Menschen und die erste Sexualität des Kindes sei »allsexuell«. Sie enthalte die Summe aller überhaupt existierenden Perversionen in sich. Die »normale« Richtung der Sexualität entstehe nach und nach durch Eindämmungsarbeit, durch Verdrängung der perversen Teilkomponenten, und diese Verdrängung wäre nach Freud im letzten Grund ein Resultat der Erziehung, ein Machteffekt der allgemeinen Anschauung, eine Anpassungsleistung – also ein Endprodukt alles dessen, was ich die »Summe aller Suggestionen« genannt habe.

Die Tatsachen, auf welche Freud diese Meinung stützt, soweit sie das Bestehen aller möglichen Perversionen in der Kindheit und im Unbewußten jedes einzelnen erweisen, sind einwandfrei. Allein die prinzipiellen Annahmen Freuds über das Wesen der sexuellen Anlage, über die Art der angeborenen Sexualität, sind davon streng zu scheiden und ich bekenne, daß ich mich in diesem Punkt im Gegensatz zur Meinung des großen Meisters befinde.

Ich definiere Perversion als Übertragung sexueller Triebenergie auf etwas seinem Wesen nach nicht Sexuelles, und nehme an, daß jede wirkliche Perversion, wie im letzten Grunde jede seelische Störung überhaupt, auf ungünstige Einwirkung von außen her, auf eine den angeborenen Anlagen, dem angeborenen Artcharakter und der Individualität entgegenstrebende Fremdeinwirkung zurückgeht. Die Summe aller Perversionen, die allerdings in der Seele des Kindes, und zwar ausnahmslos jedes Kindes, und ebenso im Unbewußten jedes Menschen überhaupt sich haben nachweisen lassen, ist meiner Meinung nach die Folge der auf jedes Kind und jeden Menschen überhaupt einwirkenden, im großen und ganzen gleichgerichteten

Familien- und Milieusuggestion. Ich schicke dies hier als Behauptung voraus und werde später genauer auf diese Dinge zurückkommen.

Ich erinnere an die Definition, die ich[1] vom inneren Konflikt an sich gegeben habe: es ist der Kampf des Eigenen und Fremden in uns. –

Vor dem Versuch eines näheren Eingehens auf diese Definition ist eine Überlegung einzuschalten. Sie bezieht sich auf die Lehre Alfred Adlers und auf den Gegensatz zwischen den beiden großen psychoanalytischen Schulen, zwischen Adler und Freud, ein Gegensatz, der meiner Meinung [nach] im letzten Grund nur ein scheinbarer ist und einer gegenseitigen Ergänzung, einer Kombination von beiden Richtungen zu einem Ausbau der Erkenntnis vom inneren Konflikt Platz machen könnte.

Ich selber halte nun den »Willen zur Macht«, d.h. den »Ichtrieb« in seiner Gestalt als vergewaltigende Tendenz für ein sekundäres, im letzten Sinn bereits pathologisches Phänomen, für die durch ewige Unterdrückung verbildete und zugleich hypertrophierte Form jenes ursprünglichen Triebes, den ich als »Trieb zur Erhaltung der eigenen Individualität in der ihr eigenen, angelegten Wesensart« bezeichnet habe. Ich nenne diesen Trieb in seiner ursprünglichen, also nicht durch Widerstand und Überkompensation veränderten Form, in der er also noch nicht auf Vergewaltigung anderer gerichtet ist, das »revolutionäre Moment« im psychologischen Sinne.

Ich kann es nun ausschließlich bei einem inneren Konflikt zwischen einander entgegengerichteten, koexistenten Trieben für möglich halten, daß ein Trieb der Verdrängung unterliegt und dadurch aus dem Unbewußten heraus symbolische Äußerungen findet, d.h. also, pathologische Symptome schafft. Nur durch die Annahme eines inneren Konfliktes scheint mir die Tatsache der Hypertrophierung eines Triebes verständlich zu werden. Und eine solche Hypertrophierung stellt doch der Wille zur Macht, der vergewaltigende »Ichtrieb« im Sinne Adlers, dem ursprünglichen Selbstschutzinstinkte gegenüber dar, den ich als »revolutionäres Moment« bezeichnet habe.

---

[1] *Über psychopathische Minderwertigkeiten.*

Mit anderen Worten: der »Ichtrieb« im Adlerschen Sinne, der »Wille zur Macht« in seiner ungeheuren, von Adler richtig erkannten psychologischen Bedeutung ist nur verständlich als eine Komponente eines antagonistischen Kräftepaares. Und so erscheint die Synthese der Adlerschen mit der Freudschen Anschauung möglich und geboten, denn die andere Komponente des Triebkräftepaares identifiziert sich von selbst mit der Sexualität im Sinne Freuds.

Wir hätten also die beiden, einander entgegengerichteten Triebe, den Ichtrieb und die Sexualität, und zwischen diesen beiden wäre der krankmachende innere Konflikt.

Es ist aber nicht möglich, anzunehmen, daß in der ursprünglichen Anlage, artgemäß prädisponiert, zwei Triebe angelegt sein könnten, deren naturgemäße Bestimmung es wäre, miteinander in einen unlösbaren, krankmachenden Konflikt zu geraten. Wir müssen hier annehmen, daß durch allgemeinwirkende äußere Schädlichkeiten der ursprüngliche Charakter der angelegten Triebe verändert wird, daß sie durch »Triebverschränkung« – nach Adlers klassischem Ausdruck – mit reaktiven Impulsen des Individuums in unbewußte, immer fester werdende Verbindungen geraten, daß sie durch diese »Verschränkungen«, ich möchte sagen, mit Verzweiflungsreaktionen des Individuums entarten, daß sie durch Kämpfe mit der Außenwelt und endlich miteinander hypertrophieren, so immer mehr konflikterregend werden und endlich Ausgangspunkte neurotischer Symptome sind.

Es steht also das Problem: Wodurch geschieht es, daß die angelegten großen, in ihrem ursprünglichen Charakter doch notwendigerweise harmonisch koordinierten Triebe zu den beiden antagonistischen Triebkomponenten werden, die nun als »Wille zur Macht«, als krankhafter Ichtrieb im Sinne Adlers einerseits und als »allsexuell« gewordene, alle Perversionen umfassende, verdrängungsbedürftige und Psychoneurosen erzeugende Sexualität im Sinne Freuds anderseits vor Augen stehen?

Mit anderen Worten: Ich gab vorhin die Definition – die ich vorläufig als Behauptung hingestellt lasse –: Der eigentlich krankmachende Konflikt ist der Konflikt des Eigenen und Fremden in uns. Dann, beim Versuch der Synthese der Adlerschen und Freudschen Lehren hatten wir gefunden: Der prinzipielle innere Konflikt ist der des Ichtriebs und der Sexualität. Wenn beide Annahmen richtig sind, so ergibt sich daraus: Die zweitgenannte Form ist das Resultat von Veränderungen, welche der ursprüngliche Zustand des Seelenlebens und sein ursprünglicher Konflikt – der zwischen Eigenem und Fremdem – im Widerspiel von Anpassung und Widerstand, durch »Triebverschränkungen« und Hypertrophierung der Triebe beim gegenseitigen Kampf erlitten haben. Es bleibt das Problem: Durch welche Einflüsse und nach welchen Mechanismen geht diese Veränderung vor sich?

Von der ursprünglichen, artgemäß angelegten Sexualität können wir zusammenfassend wohl nur das eine sagen: Die Sexualität als angelegter Trieb und also auch die ursprüngliche Sexualität des Kindes ist Trieb nach Kontakt, im physischen und psychischen Sinne.

Der Trieb nach der Erhaltung der eigenen Individualität, wie ich ihn nenne, ist der Verteidigungsinstinkt zum Schutze aller angelegten Wesensart mit ihren angeborenen Trieben, mit Einschluß natürlich der Sexualität in ihrer individualitätsgemäßen Art.

Es ist selbstverständlich, daß diese beiden Triebe miteinander zunächst harmonisch koordiniert sein müssen – wie alle ursprünglichen Triebe und Anlagen überhaupt.

Nun wirkt der Druck der Umgebung auf das Kind als Zwang zur Anpassung, d.h. als Unterdrückungstendenz dem Instinktleben gegenüber. Die Umgebung versagt dem Kinde den Kontakt im physisch-sexuellen Sinne überhaupt gänzlich, im psychischen bindet sie die Aussicht auf Kontakt – der durch das verschwindend geringe psychologische Verständnis des Erwachsenen für das Kind schon auf ein Minimum und fast auf Surrogate beschränkt ist – an die Bedingung der Anpassung, des Verzichtes auf individualitätsgemäßes Sein.

Es ist dies jenes Geschehen, das ich als die »Vereinsamung des Kindes« durch die bestehenden Milieuverhältnisse bezeichnet habe.[2]

Ich sehe in der Einsamkeit, in die das Kind versetzt wird, den eigentlichen Ursprung aller neurotischen Angst und damit jenes eigentümlich angstvollen, verzweifelt-rücksichtslosen

---

2 *Über Destruktionssymbolik.*

Charakters, der allen aus dem Unbewußten hervorbrechenden Impulsen ein so spezifisches Gepräge verleiht.

Der erste dem Kinde notwendig gewordene innere Konflikt, der Konflikt des Eigenen mit dem eindringenden Fremden, verliert also seine Reinheit eigentlich schon von Anfang her durch eine Triebverschränkung, die einen von den eigenen Instinkten, die Sexualität, mit einer Anpassungstendenz an andere, d.h. mit einer Bereitschaft zur Aufnahme von Fremdsuggestionen zusammenbindet. Der seelische Selbsterhaltungsinstinkt hat fortan zu kämpfen nicht nur gegen die Suggestionen von außen her, sondern auch gegen die eigene Sexualität als solche, welche die affektive Energie für die suggerierten Inhalte zu stellen begonnen hat.

Und damit hat der eigentliche antisexuelle »Protest« im Sinne Adlers eingesetzt. Er ist seinem Wesen nach auf Isolierung gerichtet. Der »Ichtrieb« als antisexueller Protest ist jetzt der Instinkt der Selbsterhaltung um jeden Preis, er zielt auf die Erhaltung der großen Einsamkeit um einen herum durch eigene Kraft.

Erklärlich ist die Existenz und die Entwicklungsrichtung dieses Triebes allein durch seinen nie aufhörenden Antagonismus mit einem gleichstarken, immerwirkenden, entgegengerichteten Triebe, den mit der Sexualität als Kontaktbedürfnis um jeden Preis, welche den Trieb der Anpassung, der Hingabe des eigenen Ich an andere, der Selbstaufgabe in sich aufgenommen hat.

Damit, daß die infantile Sexualität den Impuls zur Hingabe des eigenen Ich an Andere, der Unterwerfung zwecks Vermeidung der Vereinsamung in sich aufgenommen hat, ist ihr das masochistische Moment zu eigen geworden. Wir können sagen, der Masochismus ist der Versuch des Kindes, sich mit der ihm gegebenen passiven Situation zu identifizieren und so durch Unterwerfung einen gewissen Kontakt mit der Umgebung zu erlangen. Das treibende Motiv im Masochismus ist die Angst vor der Einsamkeit, Angst vor der Einsamkeit ist aber ein Motiv, das auch das ganze Leben hindurch zur Geltung kommen muß. In den bestehenden Verhältnissen ist die Art der gegenseitigen Beziehungen der Menschen zueinander – die inneren Gründe für diese Beziehungen sind auch Gegenstand unserer Problemstellung hier – in so hohem Grade korrumpiert, daß die Alternative zwischen Einsambleiben und sich vergewaltigen zu lassen wohl jedem und immer in seinem ganzen Leben entgegensteht. Die infantile Tendenz, durch Unterwerfung Anschluß zu erreichen, wird damit dauernd erhalten. Nun haben wir früher gesagt, die masochistische Tendenz ist ein Sichabfinden-wollen und eine Bejahung der infantilen Situation dem Erwachsenen gegenüber. Zwar ist ein Mensch wohl selten im späteren Leben in Wirklichkeit so einsam, wie er als Kind gewesen ist, aber ein Kind hat wenigstens noch die Hoffnung auf eine Erleichterung dieser Einsamkeit um den Preis der Unterwerfung. Durch eine unbewußte Erinnerung an diese Hoffnung fixiert sich eine Sehnsucht und Tendenz ins Infantile zurück durchs Leben hindurch. Wir können also den Masochismus auch definieren als das Bestreben zur Wiederherstellung der infantilen Situation den Erwachsenen gegenüber.

Wir können annehmen, daß der Masochismus ursprünglich und vielleicht wirklich während einer bestimmten, einen Zeitabschnitt ausfüllenden Periode mit der Sexualität als solcher, als dem Kontaktbedürfnis um jeden Preis, zu einer Einheit zusammenschmilzt. Demgegenüber stellt der Selbsterhaltungstrieb der Persönlichkeit, als antagonistische Komponente, zunächst den antisexuellen Protest als solchen dar. Allein es kommt wohl sehr bald schon dazu, daß die infantile Tendenz, durch Unterwerfung zum Kontakt mit den anderen zu kommen, auch rein dem sexuellen Bedürfnis gegenüber als unzureichend empfunden wird. Die Angst der Einsamkeit, die sexuelle Isolierung selbst muß auch die Tendenz entspringen lassen, den sexuellen Kontakt, wenn auch nur in grobphysischer Form, und doch auch irgendeine surrogative Art von seelischer Beziehung, wenn möglich, erzwingen zu wollen. Das Kind hat die verzweifelte Sehnsucht, erwachsen zu sein: dies Erwachsenseinwollen ist seinem Wesen nach, in genauem Gegensatz zur Lage der Dinge beim Masochismus, ein souveräner Inhalt der Selbsterhaltungstendenz.

Erwachsensein und überhaupt stark sein bedeutet aber auch eine Aussicht auf Erfüllung des Wunsches, sich Sexualität erzwingen zu können. So kommt es zu einem Kompromiß zwischen der Sexualität und der Selbsterhaltungstendenz in ihrer hypertrophischen Form, zu einer Triebverschränkung von Sexualität und Willen zur Macht. Gerade der seelische Zustand des Kindes, die Einsamkeitsangst und das Ohnmachtsgefühl, die seinem Unbewußten einen der Angst naheverbundenen Gehalt von Haß und Rache verleihen, führen zu den oft so gewaltsamen und grauenhaften Charakterzügen der Vergewaltigungstendenz. Das Verbindungsresultat der Sexualität mit dem Willen zur Macht, in seinem Wesen ein Kompromißgebilde aus Angst vor der Einsamkeit und Willen zur Erhaltung der Einsamkeit, ist die sadistische Triebkomponente.

Wir können also sagen: Es wird durch äußeren Druck, durch die das Kind umgebende Alternative zwischen Selbsthingabe und Einsamkeit in jedem Menschen ein masochistisches Moment geschaffen als Ausdruck der Unüberwindlichkeit des Bedürfnisses nach Kontakt. Demgegenüber bildet sich der »antisexuelle Protest« als kompensierende Hypertrophierung des seelischen Selbsterhaltungstriebes. Nunmehr aber kommt es zu einem Kompromiß zwischen diesem auf Erhaltung der Einsamkeit gerichteten Triebe mit der Sexualität, mit anderen Worten: es bildet sich auch eine sexuelle Teilkomponente heraus, in welcher die Erhaltung der eigenen Isolierung zugleich mit sexuellem Sichauslebenwollen zustande kommt. Es wird der hypertrophische Ichtrieb in seinem Wesen als Abwehr des Kontaktes und Durchsetzen des eigenen Ich dem andern gegenüber, also »der Wille zur Macht« zu einem sexuellen Ausdruck gebracht. Dies aber ist, das Wort in seinem weitesten Sinne genommen, das Wesen des Sadismus. Es bildet sich also auch in jedem Menschen ein sadistisches Moment als Ausdruck der Unüberwindbarkeit des seelischen Selbsterhaltungstriebes. So wird der große innere Konflikt, ursprünglich der Konflikt zwischen dem Eigenen und Fremden, dann als Konflikt zwischen der Sexualität und dem Ichtrieb, zwischen Hingebungstendenz und Willen zur Macht, zuletzt als Ganzes in das Gebiet des Sexuellen hineingezogen und fixiert sich als Konflikt zwischen zwei antagonistischen Triebkomponenten sexueller Natur, zwischen dem masochistischen und sadistischen Moment.

Auf den Konflikt in dieser letzten Form geht weiterhin alle innere Zerrissenheit des Individuums zurück und alles ewige Mißlingen in den Beziehungen der Individuen zueinander. In der sadistisch-masochistischen Verbildung der großen Triebe beruht die Pathologie der Beziehung. –

Ich gab vorhin die Definition: Die Sexualität in ihrer ursprünglichen Form ist das Bedürfnis nach Kontakt mit den anderen, im physischen und psychischen Sinne. Und: Jede Perversion ist Übertragung sexueller Energie auf ursprünglich Nichtsexuelles.

Ich habe mich ferner gegen die Auffassung Freuds von der Allsexualität, die alle Perversionen vom Ursprung her mit umfasse, gewendet. Es scheint nun ein Widerspruch zwischen dieser meiner Meinung und meiner eigenen Definition. Denn dieser letzten nach umfaßt die ursprüngliche Sexualität die homosexuelle Komponente in sich.

Es fragt sich nun, inwieweit diese homosexuelle Komponente tatsächlich eine Perversion bedeutet. Nach der gegebenen Definition müssen wir die Frage stellen, inwieweit die Richtung der homosexuellen Komponente tatsächlich in das Gebiet der durch ursprüngliche Anlage umgrenzten, eigentlich sexuellen Inhalte fällt. Ob etwas durch Anlage vorgebildet sein kann, entscheidet sich durch das Bestehen oder Fehlen einer biologischen Zweckmäßigkeit.

Dies Problem ergibt sich also, inwieweit in der homosexuellen Triebkomponente eine artgemäße Zweckmäßigkeit, ein – sit venia verbo – teleologisches Moment gelegen ist.

Ich glaube, der angeborenen, also »normalen« Sexualität ist eine sexuelle Komponente angeschlossen und es ist deren Funktion, die Einfühlung in die sexuelle Einstellung des anderen Geschlechtes zu ermöglichen. Denn Einfühlen kann man sich nur in das, was man innerlich miterlebt, und das bedeutet im Falle der Einfühlung in sexuelle Empfindungen des anderen Geschlechtes, in sich selbst ein homosexuelles Partialmotiv zur Geltung kommen zu lassen.

Wohin die biologische Zweckmäßigkeit dieses Vorganges eingestellt ist, wird am besten verständlich, wenn man sich die mit der Unterdrückung der homosexuellen Komponente unvermeidlich gegebene Unterdrückung der sexuellen Einfühlung in das andere Geschlecht vor Augen stellt. Es ergibt sich dann, daß durch diesen Verdrängungsvorgang das Erleben der sexuellen Situation als einer Gemeinsamkeit, einer verbindenden Welteinwirkung von vornherein unmöglich gemacht ist, also im sexuellen Vorgang eines das andere nur als das Werkzeug seiner Befriedigung empfinden kann, gegen dessen eigenes sexuelles Tun und Empfinden sich die dem eigenen Miterleben – als einem homosexuellen Motiv – entgegengerichtete Verdrängungstendenz verneinend und fernhaltend einsetzt. Und dies genügt fast schon allein zur Erklärung für die grauenerregende Universalität jener Erscheinung, für die August Strindberg den Ausdruck gefunden hat: »Der Haß der Geschlechter gegeneinander ist ohne Namen, ohne Grenzen, ohne Ende.« Die Unterdrückung und Verdrängung der angeborenen homosexuellen Teilkomponente – ich nenne dieselbe in ihrer ursprünglichen Gestalt, im Gegensatz zu ihrer durch komplizierte Triebverschränkungen modifizierten und verbildeten »sekundären« Erscheinungsform die »primäre« Homosexualität – erfolgt zunächst einmal durch die ihr entgegengerichteten Moralsuggestionen der Umgebung. Die Summe aller dieser Suggestionen an sich wäre noch eher – als reiner seelischer Fremdkörper – einer späteren Ausstoßung fähig. Unendlich erschwert aber sind für jeden solchen Eliminierungsversuch die hinzukommenden Triebverschränkungen der homosexuellen Komponente mit wirklichen Perversionen, vor allem mit dem sadistisch-masochistischen Kräftekomplex und mit der Perversion, für welche Freud Begriff und Ausdruck der »Analerotik« gefunden hat.

Wir wollen hier zuerst die Triebverschränkung der Homosexualität mit der Analerotik – welche aus Gründen, die wir sogleich besprechen werden, nur beim Mann von größerer Wichtigkeit ist – besprechen und dann zum Homosexualitätsproblem und seinen tiefen Zusammenhängen mit unserem eigentlichen Thema, dem sadistisch-masochistischen Kräftekomplex und den Störungen der Beziehung im engeren Sinne zurückkehren.

Die Entstehung der Analerotik kann man mit der des Masochismus in eine gewisse Parallele bringen. Man kann sagen, der Masochismus ist in erster Linie Resultat und Fixierung der Erniedrigung, welche das psychische Moment des Kontaktbedürfnisses erfährt, von der Analerotik gilt dasselbe in bezug auf das physische Moment der Sexualität. Wie die Verschiebung sexueller Energie auf das Gebiet der analen Region und der exkrementellen Funktionen, also nach meiner Terminologie auf ein anlagegemäß und seinem Wesen nach nichtsexuelles Gebiet zustande kommt, das wird verständlich, wenn man sich das folgende vor Augen stellt. Das physisch-Sexuelle wird im Kind, soweit es der Umgebung als solches erkennbar, d.h. soweit es eben anlagegemäß auf die natürlichen Regionen und Funktionen der Sexualität konzentriert ist, mit allen Mitteln unterdrückt und zur größtmöglichsten Verdrängung gebracht. Die exkrementellen Funktionen dagegen lassen sich nicht unterdrücken und nicht verdrängen, auf diesem Gebiet bedarf das Kind während einer größeren Lebensperiode einer Hilfe von seiten des Erwachsenen und kommt mit ihnen auf diesem Gebiet in eine körperliche Berührung. Das sexuelle Kontaktbedürfnis des Kindes, durch die Unterdrückung von seiten der Umgebung in Verdrängung begriffen, der Kontrolle des Bewußtseins dadurch entzogen und somit der Korrekturmöglichkeit gegenüber Verirrungen beraubt, mit der Suggestion der moralischen Verneinung belastet und damit an sich schon im Niveau erniedrigt, ist dadurch vorbereitet zur Verschiebung seiner sexuellen Energie auf jenes einzige Gebiet, auf welchem die physische Berührung mit der Umgebung ermöglicht und gegeben ist, auf das Gebiet der Körperpflege und seiner Intimitäten, und so ist für das Kind gewissermaßen die Übertragung sexueller Empfindungen auf das analerotische Gebiet zur Bedingung geworden, unter welcher es doch noch irgendeinen physisch-sexuellen Kontakt mit der Umgebung, und sei derselbe auch noch so surrogativ, als solchen erleben kann. Und überdies: Vom Unbewußten des Erwachsenen her zu dem des Kindes kommt die im Erwachsenen seinerseits bestehende latente Analerotik der korrespondierenden Entwicklung im Kinde entgegen.

Die eigentlich folgenschwere Verankerung der Analerotik der Homosexualität ist übrigens aus körperlichen Gründen natürlich nur beim Mann existent, denn der bleibend fixierte, voll entwickelte Ausdruck dieser Verankerung ist selbstverständlich die Päderastie. Wesen der Päderastie ist die Verschmelzung von drei besonderen Triebmotiven: Homosexualität an sich, Analerotik und symbolische Darstellung des einen Geschlechtes durch das andere. (Wir werden auf dieses letzte Moment noch später in anderem Zusammenhange zu sprechen kommen.) Infolge dieser besonderen, typisch symbolischen, in einer spezifischen Sexualgeste fixierten Triebverschränkung der Homosexualität mit der Analerotik beim Mann ist auch bei diesem die Verdrängung der Homosexualität eine viel radikalere und intensivere als beim Weib. Soviel ich sehe, hat die Homosexualitätsverdrängung auch nur beim Mann die besondere Qualität des Ekels.

Wir kommen nun zu unserem engeren Thema zurück.

Wir haben gesagt, daß die Homosexualität ursprünglich und ihrer Anlage nach nicht nur antagonistisch zur Heterosexualität eingestellt ist, sondern im Gegenteil eine Hilfskomponente derselben bedeutet. Wir sehen aber, daß dieser Zustand sich im Verlaufe der Veränderungen, welche die Sexualität in ihrer Entwicklungsrichtung gestalten, in sein vollkommenes Gegenteil zu verwandeln pflegt. Tatsächlich finden wir der Regel nach die heterosexuelle und homosexuelle Komponente in denkbarst scharfem Antagonismus stehend. Es ist nun das Problem, wodurch dieser Antagonismus geschaffen wird und inwiefern seine Herausbildung mit der des sadistisch-masochistischen Gegenkraftpaares in Wechselwirkung verbunden ist.

Die wertvollste psychologische Definition der Homosexualität, die wir bisher besitzen, ist die von W. Stekel. »Die homosexuelle Neurose«, sagt er in seinem großen Werk über *Onanie und Homosexualität*, »ist eine durch die sadistische Einstellung zum entgegengesetzten Geschlecht bedingte Flucht zum eigenen Geschlecht.« Ich glaube hinzufügen zu müssen: »sadistische oder masochistische Einstellung«. Wir werden sehen, daß diese Umschaltung notwendig wird, wenn Stekels Definition auf die Homosexualität der Frau adaptiert werden soll. –

Wir setzen also den Fall, es sei in der Heterosexualität eines Mannes die sadistische Komponente zu intensiver Ausbildung gelangt. Vorausgesetzt, daß diese Triebrichtung nicht zur absoluten Beherrschung des ganzen Seelenlebens kommt – daß also nicht eine bewußte, komplette Perversion entsteht – so muß der Impuls zur Flucht vor dem sadistischen Impuls und zu seiner Überkompensierung durch das Gegenteil zu Geltung kommen. Die Flucht vor der Perversion erfolgt nun einerseits in der Richtung auf den Masochismus hin, andererseits aber auch – da wir ja eine heterosexuelle Orientierung des Sadismus angenommen haben – in der Richtung auf das homosexuelle Empfinden zu. In diesem Falle wären also Homosexualität und Masochismus Strebungsziel einer Triebtendenz und Wirkungen einer Ursache. Es ist darum naheliegend, daß zwischen diesen Motiven, der Homosexualität und dem Masochismus, eine Triebverschränkung zustande kommt, daß also eine masochistisch geartete Homosexualität sich herausbilden wird. Besonders wenn wie im gegebenen Falle noch durch allgemein wirkende, typische Momente ein innerer Zusammenhang zwischen Homosexualität und Masochismus hergestellt wird. Wir werden solche typischen Momente später kennen lernen.[3]

Oder wir nehmen an, es sei in der Heterosexualität einer Frau der Masochismus zu dominierender Intimität gelangt, so ist es naheliegend, daß sich als Abwehr gegenüber der eigenen Tendenz zur Unterwerfung unter den Mann einerseits eine sadistische Einstellung und andererseits eine Flucht in das lesbische Empfinden zur Geltung bringen wird. Es ergäbe sich dann eine

---

[3] Ich gebe als Beispiel des Flüchtens vom heterosexuellen Sadismus in die Homosexualität eine charakteristische Traumanalyse:

Bei einem Angstneurotiker, den ich vor kurzem zu behandeln Gelegenheit hatte, ließ sich der folgende, mehrfach wiederholte Traumtypus erweisen.

Es handelte sich darum, daß von zwei Träumen einer Nacht – deren Inhalt ja nach der Konstatierung Freuds gesetzmäßig im engsten Zusammenhange steht – der eine Traum heterosexuell-sadistisch und der andere homosexuell orientiert war.

Ich führe einen solchen Doppeltraum als Beispiel an:

1. Er geht mit seiner Freundin durch einen Wiesengrund. Die Gegend ist von eigenartiger Schönheit, er fühlt sich in seltsamer Weise eins mit der Frau. Er sagt zu ihr: »Hier ist es wie im Paradies.«

Er bleibt an einem Wasserlauf zurück, betrachtet die Tiere, welche im Wasser sind. Am Rande des Baches sind riesengroße Regenwürmer.

Er hat auf einmal ein beklommenes Gefühl, fühlt eine drückende Einsamkeit. Die Frau ist weit von ihm weggegangen, er geht ihr nach, aber die Stimmung von vorher ist nicht mehr da. Sie fangen an, davon zu reden, daß die Zeit drängt, daß sie nicht länger mehr hier bleiben können, er fühlt sich allein und gedrückt bei diesem Gespräch. Erwachen mit Angst und sexueller Erregung.

2. Er sitzt an einem Wirtshaustisch, bei ihm sind junge Leute, er erkennt in ihnen seine ehemaligen Couleurbrüder aus der Studentenzeit. Einer von ihnen beugt sich zu ihm und küßt ihn auf den Mund. –

Einfälle zu den Regenwürmern: So große Regenwürmer hat er vor vielen Jahren in Brasilien gesehen. Dann: Als ganz kleiner Knabe hatte er die Gewohnheit, wenn er spielend in der Erde grub, die Regenwürmer in zwei Teile zu schneiden und sich zu freuen, daß beide Teile sich bewegten. Dann, unter lebhafter Angst, eine Reihe sadistischer Impulse aus frühester Kinderzeit.

Der übrige Trauminhalt bedarf wohl keiner weiteren Erklärung. Im Zusammenhang sehen wir, wie das Auftauchen des sadistischen Impulsmotivs das Beziehungsgefühl zum Weib durchkreuzt und lebhafte Angst erzeugt, und wie sich der Träumende beim Wiedereinschlafen von dem eigenen sadistischen Moment und damit überhaupt vor der Heterosexualität in eine homosexuelle Phantasie geflüchtet hat. –

Über Homosexualität als Deckung von heterosexuellem Sadismus überzeugend bei W. Stekel, *Onanie und Homosexualität*.

Triebverschränkung des Willens zur Macht mit dem lesbischen Empfinden, besonders wenn hier, wie im oben angenommenen Fall, typische psychologische Momente den inneren Zusammenhang der beiden Triebkomponenten vermitteln.

Mit anderen Worten handelt es sich darum, welche Komponente vom sadistisch-masochistischen Antagonistenkomplex der Regel nach mit der Heterosexualität, welche mit der Homosexualität in Verbindung tritt, unter welchen Voraussetzungen und aus welchen Gründen in einem Falle die eine, im anderen Falle die andere Kombination zustande kommt. Wir werden sehen, daß diese Kombinationen nicht so sehr von den zufälligen individuellen Schicksalen bestimmt werden, als daß sie sich vielmehr im wesentlichen in zwei typische, große Gruppen ordnen. Sie sind typisch verschieden für Mann und Weib.

Wir kommen hier auf ein Moment zu sprechen, dessen Aufdeckung eine der großen Entdeckungen Alfred Adlers bedeutet. Wir wissen durch ihn, daß die Begriffe »Mann« und »Weib« – für das Unbewußte, als Abspiegelung der bestehenden Institutionen in Sozietät und Familie – die Bedeutung von »überlegen« und »unterliegend« anzunehmen pflegen. Es wird, als seelischer Niederschlag der bestehenden Zustände, das gegenseitige Verhältnis der Geschlechter zu einem Symbol der Herrschafts- bzw. Unterwerfungssituation.

Mit der geradezu gesetzmäßigen Festlegung – dem Adlerschen Symbolgesetz – ist der typische symbolische Ausdruck, die typische fixierte Geste für die beiden Komponenten des masochistisch-sadistischen Komplexes von selbst gegeben. Der »Ichtrieb«, der Wille zur Macht und Vergewaltigung, der Sadismus verschmilzt und identifiziert sich bei beiden Geschlechtern mit dem Leitmotiv: »Mann sein wollen«, das Kontakt- und Hingabebedürfnis, die Unterwerfungstendenz, der Masochismus – in Ablösung seiner ursprünglichen Symbolik: »Kind sein wollen« – mit dem Leitmotiv: »Weib sein wollen«.

Daraus ergibt sich also: Beim Mann ist die sadistische Komponente heterosexuell, die masochistische Komponente homosexuell orientiert. Beim Weib ist die masochistische Komponente heterosexuell, die sadistische oder hier besser gesagt, die auf Erhaltung der Persönlichkeit gerichtete aktive Komponente homosexuell orientiert.

Ich hebe hervor, daß es sich hier nur um den dominierenden Typus, d.i. um das Geschehen im Unterbewußtsein des Nicht-Perversen handelt. –

Wenn es der typische notwendig gegebene Ausdruck des Unterwerfungsbedürfnisses ist, Weib sein zu wollen, so muß der Masochismus des Mannes notwendigerweise zunächst einmal – von der Zurückwendung der homosexuell verschränkten Komponente auf das andere Geschlecht werden wir später sprechen – seinen homosexuellen Wesenszug bekennen. Wir können das ganze Gebiet der passiven Homosexualität des Mannes, in welchem Grade der Ausprägung bzw. der Bewußtseinsbeherrschung sie sich zeigen mag, und ebenso im Grunde jeden Masochismus beim Mann wohl am besten verstehen als Triebverschränkung der Homosexualität mit der masochistischen Komponente.

Und wenn es der typische notwendige Ausdruck des Ichtriebes ist, Mann sein zu wollen, so muß der »Ichtrieb« der Frau in jedem Grade seiner Ausbildung, sei es als eigentlicher Sadismus, als Willen zur Macht oder auch nur als Selbsterhaltungstrieb der Persönlichkeit im engeren Sinne, sich unvermeidlich in der Triebverschränkung mit der Homosexualität fixieren. Die homosexuelle Komponente in der Frau spielt ihre größte dominierende Rolle als Realisierung des »Protestes« gegen die der Frau in ihrer gegenwärtigen Situation geschehende Unterdrückung, und durch den Protestcharakter gewinnt das lesbische Moment seine eigenartige psychologische Charakteristik. Es muß hier aber noch einmal betont werden: Das lesbische Protestmotiv richtet sich nicht nur gegen die Unterdrückung von außen her, sondern vor allem auch gegen den Impuls im eigenen Innern, dieser Unterdrückung entgegenzukommen, also gegen die eigene masochistische, speziell also heterosexuell-masochistische Hingabetendenz.[4]

Wir fassen das Gesagte zusammen. Aus den großen ursprünglichen Trieben, dem Kontaktbedürfnis – der primären Sexualität – und dem Trieb zur Erhaltung der eigenen Persönlichkeit werden unter dem Druck der Umgebung, dem Zwang

---

[4] Die Psychologie des lesbischen Motives hat ihren Ausdruck meines Wissens zum erstenmal in Ch. Baudelaires Gedicht *Lesbos* in einer die ganze Tiefe des Problems erfassenden Form gefunden.

zur Anpassung als Kontaktbedingung und der Angst vor der Einsamkeit die antagonistischen Triebtendenzen zum Durchbrechen der Einsamkeit um den Preis der Unterwerfung – der Masochismus – und zum Durchsetzen der eigenen Persönlichkeit um den Preis des aktiven Erhaltens der eigenen Einsamkeit, auch in der Sexualität durch Vergewaltigung des Sexualobjektes – der Sadismus.

So bildet sich also der masochistisch-sadistische Antagonistenkomplex als dominierender Ausdruck des inneren Konfliktes. Durch typische Verschränkung mit der homosexuellen und heterosexuellen Einstellung gewinnen die masochistisch-sadistischen Impulse ihre weitere Ausgestaltung in verschiedenem Sinne. Unter dem Einfluß der bestehenden besonderen Lage der Frau, durch welche für das Unbewußte die Begriffe Männlichkeit und Weiblichkeit zu Symbolen eines Herrschafts- und Unterwerfungsverhältnisses werden, gewinnt beim Mann das Unterwerfungsbedürfnis, bei der Frau der Selbsterhaltungstrieb und Wille zur Macht notwendigerweise seinen symbolischen Ausdruck durch das homosexuelle Motiv. Und damit formt sich der sadistisch-masochistische Antagonistenkomplex zu zwei für beide Geschlechter verschiedenen, typischen Kräftepaaren: beim Mann heterosexueller Sadismus und passive Homosexualität, bei der Frau heterosexueller Masochismus und aktive Homosexualität.

Dies ist, so weit ich sehe, die typische Entwicklung des großen Antagonistenkomplexes. Es ist wohl selbstverständlich, daß alle Bildungen des Unbewußten und der im Unbewußten verankerten Triebe selbst immer wieder Ausgangspunkt noch weiterer, umwandelnder und, wie wir wissen, kompensierender und kontrastierender Entwicklung sind. Die Grundeinstellungen beim Mann und Weib, die wir zu formulieren versucht haben, sind wohl als wirkende und richtende Faktoren in der Tiefe fixiert, doch schafft die weitere Entwicklung des Innenlebens das Auftauchen auch entgegengesetzter, das äußere Geschehen oftmals beherrschender Erscheinungen.

Als modifizierende Faktoren wirken vor allem jene, welche im einzelnen Falle die Ausbildung manifester, totaler Homosexualität bewirken. Welche Momente hier ursächlich in Frage kommen – Inzestabwehr, spezielle Überkompensationen –, liegt nicht in unserem engeren Fragegebiet. Soviel ist ohne weiteres verständlich: wo mehr [oder] minder das ganze sexuelle Empfinden in das Gebiet der Homosexualität hinübergezogen wird, dort ist kein Einstellungsunterschied zwischen der sadistischen und masochistischen Komponente mehr in Wirksamkeit. In Fällen totaler Homosexualität ist jede Komponente des Antagonistenkomplexes im Sinne der dominierenden gerichtet. Wir werden diese Frage noch einmal kurz zu berühren haben.

Ferner: Als modifizierende Faktoren der typischen Grundeinstellung können besondere, aus dem infantilen Leben und den infantilen Situationen her persistierende Motive wirken. Es scheint, daß eine Anzahl von Individuen durch eine Art von Entwicklungsverzögerung überhaupt nicht dazu kommt, das eigentliche große Problem des Erwachsenen, die Frage der gegenseitigen Beziehung der Geschlechter zueinander und die Auseinandersetzung mit den Macht- und Kampfmotiven zwischen den Geschlechtern überhaupt anzuschneiden. Für die unbewußte Orientierung solcher Individuen kommt nicht das Macht- und Unterwerfungsverhältnis zwischen Mann und Weib, sondern das souveräne Problem der infantilen Periode, das Machtverhältnis zwischen Kind und Eltern bzw. zwischen Kind und Mutter als persistierend führendes Motiv zur Geltung. In solchen Fällen kann, im Widerspruch zum Adlerschen Symbolgesetz, die Mutter bzw. das Weib als Macht- und Überlegenheitssymbol fungieren, das Weib also zum Objekt der Unterwerfungstendenzen werden.

Bei Frauen ergibt solche Persistenz der infantilen Muttersymbole den lesbischen Masochismus.

Beim Mann ergibt sich beim Persistieren derselben Symbolik – der weiblichen Machtsymbolik – als unmittelbares Resultat ein heterosexueller Masochismus. Soweit ich sehe, scheint mir dieser primäre heterosexuelle Masochismus – im Gegensatz zur typischen, sekundären Form, deren komplizierterer Aufbau später besprochen werden wird – in einem Teil der Fälle selbst zu einer schweren Perversität gesteigert, im anderen durch eine absolute Überkompensierung umgekehrt und in totale Absperrung der Beziehung zur Frau verwandelt zu werden. In diesen Fällen wird der als Überkompensierung entwickelte Machtwille dann in das Gebiet der Homosexualität verschoben, so daß sich resultierend reine Fälle von aktiver (sadistischer) totaler Homosexualität beim Manne ergeben. Ich gedenke diesen Problemen in einer späteren Arbeit näherzutreten.

Des weiteren: Wie in dem einen Falle die Nachwirkungen aus dem Infantilen modifizierend zur Geltung kommen, so sind es im anderen die Realitäten des Lebens, in das der Erwachsene eintritt, welche als praktische Nötigungen gewissen im Unbewußten festgelegten Gefühlsorientierungen entgegentendieren bzw. auf ihre Überkompensierung hinarbeiten. Als reguläres Geschehen vollzieht sich ein solcher Prozeß im typischen Verhältnis von Mann zu Mann. Es ist nicht möglich, daß dieses Verhältnis – ich spreche von der allgemeinen Entwicklung, dort, wo die Homosexualität nur als unbewußter Impuls und latentes Konfliktmotiv fungiert – ausschließlich von der passiven masochistischen Einstellung diktiert bliebe. Das Persistieren einer solchen Disposition würde das betreffende Individuum in seinen Existenzbedingungen derart schädigen, es derart zum Unterliegen im Ringen um den Lebensplatz bestimmen, daß es entweder zum Untergang oder zur Korrektur durch überkompensierende Momente kommen muß. Natürlich spielt sich diese Weiterentwicklung nicht mehr in der Form als solcher erkennbarer sexueller Motive ab. Vielmehr sind diese Vorgänge recht eigentlich Gebiet der Kämpfe um Macht und Geltung der Persönlichkeit, deren klassisches Bild uns Adler gezeichnet hat. –

Wir kommen auf unser eigentliches Problem zurück: auf die Beziehung der Geschlechter zu einander und ihre Wechselwirkung mit den großen typischen pathogenen Faktoren, dem sadistisch-masochistischen Antagonistenkomplex und seinen typischen Gestaltungen bei Mann und Weib.

Ich sehe bei diesem Geschehen eine typische Korrektur der Homosexualität, die sich wiederum in Form einer Kompromißbildung vollzieht. Im Lauf der Entwicklung kommt bei der überwiegenden Mehrzahl der Menschen – bei allen, bei denen nicht ganz besondere psychische Bedingungen vorliegen, also vor allem besonders intensive Konflikte mit besonders starken und besonders stark unterdrückten inzestuösen Einstellungen heterosexueller Art – die von der Anlage her überwiegende Extensität und Intensität des heterosexuellen Fühlens zur dominierenden Geltung. Nun steht die homosexuelle Komponente in ihrer anlagegemäßen primären Gestalt – das wurde schon gesagt – mit der heterosexuellen in einem keineswegs antagonistischen Verhältnis, sie stellt ja im Gegenteil ihrer biologischen Bestimmung nach eine Hilfskomponente dar. Allein in ihrer primären Form ist die Homosexualität wohl bei keinem Individuum mehr erhalten, sie ist durch die Triebverschränkungen, die wir besprochen haben, verändert worden und steht in dieser »sekundären« Gestalt im ausgesprochensten Antagonismus zum heterosexuellen Empfinden. Zwischen Homosexualität und Heterosexualität wird nahezu bei allen Menschen ein Zustand absoluter Unvereinbarkeit geschaffen. Die Korrektur dieses Zustandes geschieht nunmehr, soweit ich sehe, auf zweierlei Art. Es wird entweder die heterosexuelle Komponente unter Beibehaltung ihres qualitativen Charakters auf das homosexuelle Objekt übertragen – das sind dann die Fälle von totaler Homosexualität – oder es geschieht das Umgekehrte: Das homosexuelle Moment wird in der qualitativen Beschaffenheit, die es im Ablauf seiner Entwicklung erhalten hat, inhaltlich auf das heterosexuelle Objekt gerichtet.[5]

Wir haben früher die beiden typischen Gestaltungen des großen Antagonistenkomplexes bei beiden Geschlechtern formuliert: beim Manne heterosexueller Sadismus und passive Homosexualität, beim Weib heterosexueller Masochismus und aktive Homosexualität. Aus diesen Prämissen heraus vollzieht sich die Rückinversion als Übertragung der beiden homosexuellen Komponenten auf das andere Geschlecht. Es wird also beim Manne der ursprüngliche homosexuelle Masochismus inhaltlich auf das Weib gerichtet und beim Weib die lesbische Aktivität auf den Mann.[6]

---

[5] Über Existenz und Wesensart der homosexuellen Züge bei heterosexueller Objekteinstellung orientiert das Meisterwerk von W. Stekel *Onanie und Homosexualität*.
[6] Eine geradezu einzigartige Darstellung eines solchen Seelenzustandes bietet die psychologisch vollendete Novelle von H. H. Ewers: *Der Tod des Barons Jesus Maria von Friedel* (in der Novellensammlung *Die Besessenen*). Sie befaßt sich mit dem Seelenleben eines Mannes, der sich periodisch als Weib empfindet und auch als Transvestierter auftritt, während die anderen Perioden den Kontrastcharakter hervortreten lassen, so daß ein »second etat« auf Basis eines zwiespältigen sexuellen Empfindens zustandekommt. In seinen weiblichen Perioden ist dieser Mann zu lesbischen Frauen orientiert. Für uns ist wichtig, daß der Geschilderte sich (in diesem Seelenzustand) selbst als Weib empfindet und qualitativ auch als solches fühlt, während seine Objektwahl eine heterosexuelle bleibt.

Mit dieser Rückinversion der homosexuellen Komponenten ist der Komplex der großen Antagonisten in seiner Ganzheit in die Heterosexualität zurückgezogen, der innere Konflikt spielt sich von da an innerhalb des heterosexuellen Gebietes ab. Das große Triebkräftepaar, von dem der innere Konflikt getragen wird, hat damit seine Inhaltsbildung abgeschlossen und seine für den Nichtperversen typische, definitive Gestalt erreicht.

Bei beiden Geschlechtern sind nunmehr beide Komponenten des sadistisch-masochistischen Antagonistenkomplexes auf dasselbe Objekt, das heterosexuelle, und damit unmittelbar einander entgegengerichtet, als unmittelbare, einander gegenseitig überkompensierende und miteinander direkt konkurrierende Gegenkräfte.

Und damit sind wir den eigentlichen Problemen unserer Untersuchung nahegekommen. Wir fragen uns: welche Bedeutung hat die Hereintragung der homosexuell gewordenen Komponenten des großen inneren Konfliktes für die Beziehung der Geschlechter zueinander?

Wir müssen zunächst erkennen, daß hier ein Vorgang der korrigierenden Überkompensation gegeben ist. Der auf das heterosexuelle Objekt zurückgewendete Masochismus des Mannes wirkt nunmehr seinem heterosexuellen Sadismus entgegen und die auf den Mann bezogene lesbische Aktivität der Frau ihrem heterosexuellen Masochismus.

Wir haben gesehen: Der Masochismus des Mannes hat die Grundtendenz »Frau sein wollen« und die lesbische Aktivität der Frau die Grundbedeutung »Mann sein wollen«. In der Hereintragung dieser Komponenten in das gegenseitige Verhältnis von Mann und Frau liegt eine Ausgleichtendenz gegenüber der Differenz der Geschlechter.

Und diese Ausgleichtendenz hat eine im höchsten Grade teleologische Bedeutung. Wir müssen bedenken, daß die psychischen Typen »Männlichkeit« und »Weiblichkeit«, so wie wir sie heute kennen, ein künstlich geschaffenes Produkt, ein Resultat der Anpassung an bestehende Verhältnisse sind. Die heutige Familienordnung bedingt noch immer die Abhängigkeit der Frau vom Mann, sie hat den Willen zur Macht in der Sexualbeziehung des Mannes zur Frau und die Tendenz zur Unterwerfung der Frau dem Mann gegenüber zur Grundbedingung und schafft damit eine Anpassung beider Geschlechter an die ihnen aufgezwungene Form des gegenseitigen Verhältnisses. Mit anderen Worten: Der Sadismus des Mannes und der Masochismus der Frau werden durch den Druck der bestehenden Verhältnisse und durch die unter diesem Druck erfolgende Umbildung des sexuellen Empfindens zu den allgemein charakteristischen Wesenszügen der Typen »Männlichkeit« und »Weiblichkeit«, so wie wir sie heute kennen.

Daß die Herausbildung dieser beiden Typen dem eigentlichen tiefsten Sinn des Individuums und der Beziehung, das Ausreifen der eigenen persönlichkeitsgemäßen Anlagen und die Erreichung innigen gegenseitigen Kontaktes zugleich zu vollenden, absolut hindernd entgegensteht, ist selbstverständlich. Daß sie dem angeborenen und unverlierbaren Streben der menschlichen Natur gegenüber einen ewig störenden Fremdkörper darstellt, beweisen die verzweifelten Versuche des Unbewußten zu ihrer Korrektur und Überkompensation.

Die Einbeziehung des Masochismus beim Manne und der lesbischen Aktivität bei der Frau in das gegenseitige Verhältnis – also die Tendenz eines jeden von beiden Teilen, sich mit dem anderen Geschlecht zu identifizieren – bedeutet aber eine Strebung nicht nur nach Ausgleich, sondern auch nach Umkehrung des bestehenden Herrschafts- und Unterwerfungsverhältnisses. Sie streben damit, wie alle in Antagonistenkomplexe eingeordneten Triebkomponenten, über den eigentlichen biologischen Sinn, die wirkliche biologische Zweckmäßigkeit hinaus. Das ist ja Wesen und Begriff der Überkompensation.

Die lesbische Aktivität der Frau, auf den Mann übertragen, wirkt also innerhalb der gegenseitigen Beziehung in zweifacher Art: einerseits als Wille zur Gleichordnung und andererseits als überkompensierter hypertrophischer Trieb, darüber hinaus als »Wille zur Macht« und als antisexueller Protest. Als Wille zur Gleichordnung der Geschlechter ist diese Tendenz der Träger aller Strebungen der Frau, welche auf geistige Differenzierung und freiheitliche Entwicklung der gegenseitigen Beziehung gerichtet sind. In ihrer hypertrophischen Form bedeutet sie die stete, von realen Gründen unabhängige Angst vor einer Unterwerfungsmöglichkeit – die Angst vor der eigenen masochistischen Tendenz – und schließt damit letzthin die Möglichkeiten vollkommener unmittelbarer Gefühlsbeziehung aus.

Der Masochismus des Mannes, auf die Frau übertragen, führt einerseits zu einem Kompromiß mit dem Protest der Frau und wird in vielen Fällen zum allerdings überkompensierten Ausdruck für ein Kontaktbedürfnis auf Grund der Gleichordnung. Es ist dies die resignierte Geste des Mannes, der auf die Anerkennung der eigenen Person in der Beziehung verzichtet hat.

Andererseits liegt es im Wesen jedes überkompensierenden, einem Antagonistenkomplex angehörenden Triebes, daß er seinen Antagonisten selbst wieder wach erhält. Mit anderen Worten: Die masochistische Tendenz des Mannes, als ein übertreibendes, über die Gleichordnung der Geschlechter hinaustreibendes Moment, erzeugt einen Gegendruck im eigenen Innern, sie läßt den durch die eigene Hingebungstendenz stets gefährdeten Trieb zur Selbsterhaltung nicht zur Ruhe kommen und bringt ihn als Impuls der übertriebenen Selbstbewahrung, der Abwehr oder Rache, immer wieder an die Oberfläche.

Es ist im Wesen des Korrekturversuches durch Überkompensation, daß er zuletzt doch immer nur den Kampf der Extreme ergeben kann und nicht das seelische Gleichgewicht, weder im Innern des Individuums noch in der Beziehung der Individuen zueinander. Und dennoch ist in ihm das Beste, das wir haben: das Streben nach Beziehung. –

(1920)

II.
Über Einsamkeit

Im folgenden ist ein populäres *Kosmos*-Referat, welches mir eben zur Verfügung steht, im Wortlaut wiedergegeben; es bezieht sich auf Forschungsergebnisse eines Kinderarztes Prof. Ibrahim, die mir gerade für unsere Probleme entscheidend scheinen.

»In einer alten Chronik steht eine seltsame Geschichte. Friedrich II., der romantische Hohenstaufenkaiser, warf die Frage auf, in welcher Weise sich Kinder miteinander verständigen würden, die niemals ein gesprochenes Wort gehört hätten. Er ließ zur Lösung dieser Frage eine Anzahl verwaister Säuglinge von Ammen aufziehen mit dem Befehl, sie zwar mit allem bestens zu versorgen, aber niemals ein Wort oder eine

Liebkosung an sie zu richten. Des Kaisers Frage blieb ungelöst; die Kinder starben. Sie konnten, sagt die Chronik, nicht leben ohne den Beifall und die Gebärden, die freundlichen Mienen und Liebkosungen ihrer Wärterinnen; deshalb nennt man die Lieder, die das Weib dem Kinde an der Wiege singt, den Ammenzauber.

An der Wahrheit dieser Geschichte kann man zweifeln; ihre Wahrhaftigkeit ist durch die moderne Wissenschaft erwiesen. Ohne Liebe kann ein Kind nicht leben.

Mehr als ehedem müssen in diesen Kriegszeiten Tausende von Müttern ihren Berufspflichten nachgehen und ihre Kinder selbst im zartesten Alter fremder Obhut überlassen. Die verwaisten Säuglinge aufzunehmen, haben sich zahlreiche Horte, Heime und Krippen geöffnet. Die Mehrzahl von ihnen wird einwandfrei geleitet. Sie stehen unter ärztlicher Aufsicht, sind mit allen technischen und hygienischen Einrichtungen der Säuglingspflege ausgestattet, mit Nahrungsmitteln versorgt, von einem geschulten Personal bedient. Und dennoch gedeihen, namentlich bei längerem Aufenthalt, die Kinder in diesen großen Anstalten nicht annähernd so sicher und kräftig wie in mütterlicher Obhut, mag diese auch an Reichtum der Mittel weit hinter jenen zurückstehen. Selbst in der Einzelpflege einer fremden Frau, der sogenannten Ziehmutter, ist das Ergebnis der Kinderzucht bei sonst einwandfreier Versorgung besser, als es bis vor wenigen Jahren in den öffentlichen Anstalten gewesen ist. In diesen verfielen die Kinder fast durchweg einem schleichenden Siechtum, das man als Hospitalkrankheit, Hospitalismus, bezeichnete und das sich bei längerer Anstaltspflege im Nachlassen des Appetits und damit des Wachstums und im Auftreten von Verdauungsstörungen und nervösen Erscheinungen wie Unruhe und Schlaflosigkeit, Neigung zu Katarrhen und Drüsenerkrankungen äußert. Der Hospitalismus war bis vor kurzem die Seuche der Säuglingsheime wie einst der Hospitalbrand in den Wundlazaretten und das Wochenbettfieber in den Geburtsanstalten. Alle Verbesserungen der Pflege, aller Reichtum der Ausstattung, alle zeitgemäße Bekämpfung der Ansteckung wurde des unheimlichen Leidens nicht Herr, bis die gründliche Erforschung des Übels als überraschende Ursache fand: Mangel an Liebe! Die Kinder gehen, wie sich einer der führenden Erforscher des Hospitalismus ausdrückt, an seelischem Hungertode zugrunde, der kindliche Instinkt nach Mutterliebe bleibt unbefriedigt und das Seelchen stirbt dahin. Die zahllosen psychischen und körperlichen Anregungen zu Essen und Bewegung, Wachen und Schlaf, die das glücklich Kind in den Armen der liebenden Mutter empfängt, das Lächeln und Lieben, das Singen und Wiegen, das Aufgehobenwerden von der Mutter nach dem ersten Wimmerlaut der Nacht und das süße Wiederversinken in Träume unter der Flüstermelodie der Hüterin, die Befriedigung, die das Kind empfindet, auf den ersten Schrei nach Nahrung zu gewohnter Stunde an die nährende Brust gelegt zu werden und die halb bewußt-unbewußte erste Wollust des Daseins, saugend am warmen Busen der Mutter zu liegen, all diese traumhaften, kaum empfundenen und doch dem Kinde nötigen Wonnen des ersten Lebens, fehlen dem Kinde der Anstalt. Ihm fehlt der Ammenzauber. Kümmerhaft lebt es im Schatten des Schicksals liebeentbehrend dahin ... Der Mensch ist keine Maschine, die man mit Öl und Kohle speist und nach einem Fahrplan laufen läßt. Ein Pflänzlein ist das neugeborene Kind, das mit Liebe gehegt und gepflegt sein will und das den Sonnenschein beglückten Blickes und die Wärme des liebenden Armes verlangt.

Wie eine schöngeistige ethische Forschung hört es sich an; Naturgesetz ist es, bewiesen duch den wissenschaftlichen Versuch. In der Einzelpflege gelingt es fast ohne Schwierigkeit, ein Kind ohne Muttermilch hochzuziehen. In Tausenden von Fällen ist diese Notwendigkeit eingetreten und überwunden worden. Raubt man dagegen einem Anstaltskind neben der Mutter auch noch dieses köstlichste Gut, das sie dem Kinde nächst dem Leben zu spenden hat, die Milch, die aus dem Borne ihres Busens ihm zufließt, so krankt das Kind nicht nur an jenem Hunger an Liebe, sondern geht rettungslos zugrunde. Bis vor wenigen Jahren ist es in keinem einzigen Fall gelungen, einen Säugling in einer Anstalt mit Fremdmilch allein am Leben zu erhalten. Es gelang erst, nachdem man in allerneuester Zeit als Ursache des Hospitalismus den Mangel an Liebe erkannte und in den Säuglingsanstalten die schematische Massenpflege durch individuelle Einzelwartung ersetzte. Damit war der Weg zur Überwindung des Hospitalismus und zugleich zur allgemeinen Reform der Säuglingspflege gewiesen: jedem Kinde eine Mutter! Ammenzauber in die nüchternen Räume der Anstaltsrachten und Soxlethkocher! Je eine Pflegerin erhält eine beschränkte Anzahl von Säuglingen, die sie, wie eine Mutter ihre Kinder, in ihren Eigenheiten kennen lernen und dementsprechend individuell liebevoll behandeln muß. Je mehr wir«, sagt Professor Ibrahim in einer kürzlich gehaltenen akademischen Antrittsrede, der die Unterlagen zu diesem Aufsatz entnommen sind, »uns bewußt bleiben, daß wir im Säuglingsheim den Kindern die Mutter ersetzen sollen und je höher wir den Begriff der Mutter einzuschätzen gelernt haben, je bessere Erfolge werden wir erzielen, je weniger wird schließlich von dem Schreckgespenst des Hospitalismus übrigbleiben. Durch diese Wandlung in der Auffassung über Säuglingspflege, die sich in den letzten 20 Jahren vollzogen hat, sind die Heime, die noch im vorigen Jahrhundert mehr Totenstätten denn Pflegestätten für das Leben waren, zu Quellen der Säuglingsgesundheit und damit der Volkskraft geworden.«

Der Wert, der den Ergebnissen Ibrahims für unsere Probleme zukommt, beruht zu einem großen Teil in der Beweiskraft der vorgeführten Tatsachen für die Richtigkeit psychoanalytischer Lehren.

Vor allem ist durch sie ein Fundamentalsatz S. Freuds bestätigt, der mehr als irgendeiner dem Zweifel und Angriff ausgesetzt gewesen ist: der psychoanalytische Lehrsatz von der Existenz und vitalen Intensität der Sexualität bereits im allerfrühesten Kindesalter.

Sie bestätigen ferner unsere Definition der ersten, ursprünglichsten, autochthonen Sexualität des Kindes als Trieb nach Kontakt in jedem Sinne, im physischen wie im psychischen.

Sie eröffnen uns endlich einen besonders klärenden Einblick in die Entstehungs- und Entwicklungsbedingungen der großen Triebverschränkungen und ihrer wesentlichen Bindungen zu Gegensatzpaaren der souveränen inneren Konflikte in ihren typischen, von einem menschheitfassend gemeinsamen Schicksal geprägten Wesenszügen.

Ich habe mehrfach hervorgehoben, daß mir der Ursprung der neurotischen Angst und der pathogenen Konflikte in der Vereinsamung des Kindes gegeben erscheint. Jetzt, in der Kenntnis des konkreten Tatsachenmaterials durch Ibrahim, schauen wir unmittelbar die furchtbare Bedeutung der infantilen Einsamkeit. Die ganze, wirkliche Vereinsamung ist für das Kind letal. Die Angst vor der Einsamkeit ist echte, begründete Todesangst.

Die Liebe aber oder doch die Geste des Kontaktes erhält das Kind in keinem Fall bedingungslos: Das absolute kindliche Kontaktbedürfnis wird von der Umgebung als Zwangsmittel der Erziehung verwendet und die Erlösung von der Einsamkeit, die Herstellung des Kontaktes wird an die Bedingung des Gehorsams, der Anpassung, des Verzichtes auf eigenen Willen und eigene Art gebunden. Das ist der konsequente und schreckliche Herrschaftsantritt der Autorität über das einzelne Leben.

Die Absolutheit des Kontaktbedürfnisses im Kinde macht die Erfüllung jeder für die Gewährung von Kontakt gestellten Bedingung unvermeidlich; sie ist identisch mit der Unfähigkeit des Kindesalters zum Widerstand gegen Suggestionen, der infantilen Suggestibilität[1] und wirkt als Prädisposition zum pathogenen inneren Konflikt, der aus der Unvereinbarkeit des Wesensfremden mit dem eigenen hervorwächst. An seinem Anfang steht die Unwiderstehlichkeit des äußeren Zwanges durch die vollkommene Unmöglichkeit des Verzichtens auf Liebe.

So wird im Kinde das Bewußtsein der völligen Ohnmacht geschaffen und eine nicht mehr schwindende Erinnerung daran, daß diese Ohnmacht von der Beziehung abhängig war und dem Kontaktbedürfnis der Größe nach proportional.

Der »Lebensplan« im Sinne Alfred Adlers, nach dem sich die Entwicklung des Neurotikers und des neurotischen Persönlichkeitsanteiles in jedem Menschen gestaltet, läßt sich nunmehr in seinen prinzipiellen Wesenszügen auf einen Ablauf typischer Erinnerung und Folgerung im Unbewußten reduzieren. Die Orientierung des Erwachsenen zum Gegenstand der Liebe überhaupt und insbesondere zum anderen Geschlecht konzentriert sich um das Sicherungsmotiv: nicht noch einmal, wie damals in der Kindheit, die eigene Individualität um der Beziehung willen und durch ein Übermaß von eigenem Liebesbedürfnis gefährden zu lassen.

Das Minderwertigkeitsgefühl, das solche Sicherungstendenzen weckt und hochpeitscht, ist das Bewußtsein des Seelenzustandes, der aus der Einsamkeitsangst des Kindes unmittelbar

---

1 S[iehe] meine Arbeit *Über psychopathische Minderwertigkeiten*.

hervorgeht, also der Assoziation von Liebesbedürfnis und Unterwerfungsbereitschaft, als Ohnmacht und Erniedrigung. Mit dieser Selbstwahrnehmung der Entpersönlichung und Selbstanpassung als Minderwertigkeit ist eigentlich bereits die Korrektur und Überkorrektur begonnen; sie ist die erste in der Reihe der »Sicherungen«, wie sie Adler zeichnet, und führt im weiteren Ablauf überkompensierender Entwicklung zur Assoziation von Liebe und Furcht und weiterhin zur Triebverschränkung von Liebe und Haß, von Sexualität und Vergewaltigung.

Seitdem wir die ans Leben rührende Gewalt der Alternative »Einsamkeit oder Persönlichkeitsopfer« zu ermessen instand gesetzt sind, vermögen wir die Triebverschränkung von Liebe und Haß zurückzuführen auf ein psychisches Trauma, entstanden durch den Geist der bestehenden Ordnung, an Quantität und Extensität adäquat ihrer alles Empfinden durchsetzenden und gestaltenden Allherrschaft, die uns das Elend menschlicher Beziehungen, wie wir sie um uns herum sehen, fast schon aus kosmischer Polarität mann-weiblicher Urprinzipien heraus zu erklären verleitet hätte.

Fragen wir uns zuletzt noch nach prophylaktischen Möglichkeiten, so kommen wir zur Forderung eines umgestaltenden neuen Erziehungsprinzipes. Dem Kind muß Liebe absolut bedingungslos gegeben werden, befreit von jedem, auch nur scheinbaren Zusammenhang mit Forderungen welcher Art auch immer, als reines Bejahen der Individualität um ihres Eigenwertes willen und jeder keimenden Eigenart.[2]

Daß dieser Forderung, so unaufgebbar sie auch für die Zukunft sei, einstweilen keine Hoffnung auf Erfüllung zukommt, ist wohl selbstverständlich. Denn sie ist unvereinbar mit dem Prinzip der Autorität, in der Familie sowohl als außerhalb. –

(1920)

---

[2] Das Drachentöterepos der Sudanneger, die herrliche Dan-auda-Dichtung, zeigt einen Knaben, der scheinbar durch ein Erziehungsprinzip des absoluten Gewährenlassens grotesk verdorben, in Wirklichkeit dadurch vor Einsamkeit und Ohnmacht und Minderwertigkeitsgefühl bewahrt, als Retter und Befreier berufen wird. – Dan-auda-Dichtung s[iehe] bei Leo Frobenius, *Und Afrika sprach.*

III.
Beitrag zum Problem des Wahnes

Ich habe in meiner Arbeit *Konflikt und Beziehung* zu zeigen versucht, daß sich der innere Konflikt, von dem die funktionellen Seelenstörungen ihren Ursprung nehmen, auf den Antagonismus zweier großer Triebmotive zurückführen läßt, die unter dem universell gleichsinnig wirkenden Druck der bestehenden Milieuschädlichkeiten ihre unzweckmäßige Ausgestaltung, ihre hypertrophische Intensität und ihr gegenseitiges antagonistisches Verhältnis erlangen: die Unterwerfungstendenz als Verbildungsform des Triebes nach Kontakt und die Vergewaltigungstendenz als Verbildungsform des Triebes zur individuellen Selbsterhaltung. Mit anderen Worten: den masochistisch-sadistischen Antagonistenkomplex.

Ich habe weiter zu zeigen versucht, daß auch die sexuelle Einstellung zum anderen oder zum gleichen Geschlecht, also die Orientierung in heterosexueller oder homosexueller Richtung im letzten Grunde durch die Triebkomponenten des masochistisch-sadistischen Komplexes bestimmt und fixiert wird, auf Grund des Alfred Adlerschen Gesetzes, daß die Typen Mann und Weib im Unbewußten als Symbolik eines Herrschafts- bzw. Unterwerfungsverhältnisses fungieren. Daß also die Unterwerfungstendenz sich immer auf ein männliches, die Vergewaltigungstendenz auf ein weibliches Sexualobjekt einstellen muß, unabhängig vom eigenen Geschlecht, so daß sich die homosexuelle Orientierung beim Mann mit der Unterwerfungstendenz, bei der Frau mit der Vergewaltigungstendenz verbindet, während der männliche Sadismus und der weibliche Masochismus – soweit nicht weitere Umwandlungen zu sekundärer Umgestaltung führen – in der heterosexuellen Richtung eingestellt sind.

Ich habe endlich zu zeigen versucht, daß jede Triebkomponente des antagonistischen Komplexes der anderen gegenüber als Überkompensation verwendet wird, daß jedem solchen Triebmoment die Tendenz zur Flucht in ihr Gegenteil innewohnt, daß sich dadurch die antagonistisch zueinandergestellten Triebe gegenseitig erhalten und verstärken und daß infolgedessen – mehr oder minder tief im Unbewußten verborgen, mit mehr oder minder dominierender Entwickelung der einen oder anderen Komponente – in jedem Menschen der typische Antagonistenkomplex zu finden ist: beim Mann heterosexueller Sadismus und passive Homosexualität, beim Weibe heterosexueller Masochismus und lesbische Aktivität.

An dieser Stelle möchte ich die Bedeutung besprechen, welche die Komponenten des masochistisch-sadistischen Antagonistenkomplexes in einigen Fällen von Wahnbildung zu haben scheinen, die ich zu sehen Gelegenheit hatte. –

Das höchste Resultat auf dem Gebiete des genetischen und inhaltlichen Verstehens der funktionellen Psychose überhaupt, welches bisher erreicht worden ist, sind die Entdeckungen S. Freuds und seines genialen Schülers, S. Ferenczi, über die Perversion als ätiologisches und inhaltliches Wesensmoment des Wahnes.

Wir haben dadurch erfahren, daß sich die Wahnbildung, in völliger Analogie mit der des Traumes, als eine symbolische, der Wirklichkeitskorrektur entrückte Wunscherfüllung eines perversen sexuellen Triebes vollzieht, der einerseits unüberwindbar intensiv geworden ist und andererseits einem so vollkommenen Widerstand von seiten des Bewußtseins und der Gesamtpersönlichkeit begegnet, daß seine Realisierung durch wirkliches Erleben unmöglich ist. –

Der Fall, den ich zuerst besprechen möchte, erscheint mir der Mitteilung vor allem deshalb wert zu sein, weil er mit vielleicht einzigartiger Klarheit die Richtigkeit der Freud-Ferenczischen Lehre vom Wesen des Wahnes als Realisierung eines verdrängten perversen Triebes illustriert. Im übrigen dürfte der Fall insofern eine Erweiterung der Freud-Ferenczischen Entdeckung bedeuten, als es sich nicht, wie in den Mitteilungen dieser Autoren, um Homosexualität gehandelt hat, sondern um eine andere Perversion, nämlich um heterosexuellen Sadismus.

Der Kranke ist ein Ingenieur A.G., leidend an Paranoia mit streng systematischer, auf Sinnestäuschungen und autochthonen Ideen aufgebauter Wahnbildung, mit vollkommener Erhaltung der Intelligenz. Sprachlicher Ausdruck, Gedankenablauf, Motilität, Benehmen sind ohne alle Besonderheiten. Der Zustand ist seit Jahren stationär. Krisen, Schwankungen, Periodizität sind nicht zu beobachten.

G. erkrankte in Amerika, wo er in Stellung war, unter Beziehungswahn und Halluzinationen. Es waren damals in New York, wo er lebte, mehrere Lustmorde vorgekommen und G. glaubte aus dem Benehmen der Leute und aus Gehörshalluzinationen schließen zu müssen, daß man ihn dieser Lustmorde bezichtige.

Er begann sich zu verbergen, wechselte Wohnung und Arbeitsgelegenheit, wagte nicht mehr ins Restaurant zu gehen und wurde von Ort zu Ort gehetzt durch die Wahrnehmungen, die er zu machen glaubte, daß man ihn überall erkenne, beobachte und davon rede, daß er der Lustmörder sei. Er reiste nach Europa zurück, fühlte sich im Schiff begleitet und beobachtet. In Deutschland angekommen, versuchte er beim Weg ins Hotel die Beobachter zu täuschen und ihnen zu entkommen. Endlich, in einem obskuren Hotel, glaubte er dies erreicht zu haben. Im Innern belauscht er durch die in den Nebenraum führende, versperrte Tür seine Zimmernachbarn. Er glaubt dabei die Worte zu verstehen: »Da hast Du einen Stich, da hat der einen Stich«, und glaubt das Fallen von Blutstropfen unterscheiden zu können. G. schießt durch die Türe.

Er verbarrikadiert sich sodann in seinem Zimmer, liefert der herbeigeführten Polizei ein Feuergefecht, wird schwer verwundet ins Spital und von dort nach der Irrenanstalt gebracht.

In der Anstalt ruhig, entwickelt er auf Befragen in übersichtlicher, sehr intelligenter Weise sein Wahnsystem, an dem er nunmehr schon lange ohne Veränderung festhält.

Er glaubt sich in telepathischer Verbindung mit einer Bande von Verfolgern, die er als »Telepathen« bezeichnet und die ihn beseitigen – vor allem: in der Irrenanstalt unschädlich machen wollen, da er ihre Geheimnisse kennt. Der Direktor der Irrenanstalt sei einer der Führer der Telepathen. Er glaubt denselben »in veränderter Gestalt« schon früher, auch in Amerika schon gesehen zu haben.

G. behauptet, die Telepathen haben unter der Irrenanstalt Katakomben angelegt und treiben dort ihr Wesen. Alles, was sie dort tun, sprechen, denken und empfinden, erlebt er mit, durch Telepathie.

Die Telepathen feiern in den Katakomben »schwarze Messen«; sie schleppen Frauen hin, ermorden sie »und dabei kommt es ihnen«.

Und auf die Frage, wie er denn dies wissen könne, erwidert G.: »Das ist durch Telepathie, denn wenn es denen kommt, so kommt es natürlich auch mir.«

Dies aber ist der Schlüssel zu seiner Psychose. G. ist Sadist. Er realisiert in der Psychose die volle Erfüllung seiner unbewußten sadistischen Wünsche. In der Psychose gelingt ihm das Ausleben der sadistischen Perversion – man denke an Stekels Ausdruck »Lust ohne Schuld«. Denn die eigene sexuelle Befriedigung bei der Lustmordphantasie erklärt sich G. als durch »Telepathie« bewirkt.

Der Fall illustriert in souveräner Weise die Wesensgleichheit des Wahnes mit dem Traume, den Charakter des Wahnes als Wunscherfüllung für verdrängte Triebe und die Richtigkeit von Freuds Prinzip vom »Krankheitsgewinn«.

Wenn wir den Fall auf das Bestehen von antagonistischen, einander inhaltlich entgegengesetzten Triebkomponenten untersuchen, so sehen wir zunächst nichts anderes vor uns als reinen heterosexuellen Sadismus, die Angst vor diesem Trieb, die Unmöglichkeit, ihm zu entfliehen und endlich die wahnhafte Wunscherfüllung: Zuerst das Moment der Identifizierung mit dem Lustmörder und dessen Taten, später die sexuelle Befriedigung beim wahnhaften Mitleben halluzinierter Lustmordszenen.

Es scheint zunächst, als fehle hier jeder andere Fluchtversuch als der in die Psychose. Wir sehen anscheinend nur den Konflikt: Sadismus und einfacher Verdrängungsversuch gegenüber dem Sadismus. Es mag dies damit zusammenhängen, daß G. bei aller Intelligenz eine einfache Natur, ohne Veranlagung zur Kompliziertheit ist. Er hat seinen perversen Trieb, solange dies möglich war, verdrängt und sich dann in die Psychose geflüchtet.

Allein beim näheren Zusehen bemerken wir doch ein Symptom, hinter welchem sich die typische Kompensationstendenz gegenüber dem heterosexuellen Sadismus, nämlich der homosexuelle Masochismus, zu verbergen scheint. Es sind dies die Wahnbildungen in seinem Verhältnis zum Anstaltsdirektor.

Auffallend sind hier zunächst die Erinnerungsfälschungen, den Direktor schon früher gesehen zu haben, und der Wahn der veränderten Gestalt. Wir fragen uns, welche Symbolik hier vorliegen kann.

Die Idee, daß ein Mensch seine äußere Erscheinung verändere, setzt das Empfinden voraus, daß der Eindruck, den man von ihm empfängt, ein nicht eindeutig bestimmter, ein in irgendeinem Sinne wechselnder sei. Dieser Wechsel kann begreiflicherweise nicht primär in den Wahnerscheinungen als solchen, sondern muß in der subjektiven Gefühlsreaktion gelegen sein.

Und zwar muß hier ein wichtiges Gefühlsmoment in Frage stehen, wichtig genug, um eine fixierende Fälschung der Wahrnehmung bzw. der Erinnerung erzeugen zu können. Es drängt uns dies zur Annahme, daß eigentlich das sexuelle Gefühl des Pat[ienten] es ist, das in verschiedenen Richtungen auf den Eindruck der in Rede stehenden Persönlichkeit reagiert. Das heißt, daß neben der Indifferenz oder Abwehr von seiten eines heterosexuellen Empfindens ein homosexuelles Moment zum Durchbruch gelangt.

Ferner: Daß G. dem Direktor eine führende Rolle unter seinen Verfolgern zuschreibt, erinnert vielfach an das von Freud beschriebene Verhalten des Kranken Schreber seinem Arzt gegenüber. In jenem Fall hat Freud die homosexuelle »Übertragung« vom Vater des Patienten auf den Arzt eindeutig nachgewiesen. Die homosexuelle Einstellung zum Vater und deren Weiterübertragung ist nun wohl zweifellos die klassische Ausdrucksform des homosexuellen Masochismus. Merkwürdig ist auch in unserem Fall die Einstellung der überkompensierenden Abwehr, also eigentlich der unterdrückten Homosexualität auf die Persönlichkeit, von der er sich am meisten in Abhängigkeit befindet. Es liegt hierin ein hoher Grad von Wahrscheinlichkeit, daß es sich im letzten Ende um eine – von der Abwehrstellung oberflächlich verdeckte – Unterwerfungstendenz handelt, die ja aus den vorhin erwähnten Gründen beim Mann zur homosexuellen Orientierung tendieren muß.

Wir hätten also auch in unserem Falle eine Andeutung des typischen Antagonistenkomplexes: heterosexueller Sadismus und homosexueller Masochismus beim Mann.

Das heißt, auch in G. zeigen sich Spuren des Versuches, aus dem Sadismus in die entgegengesetzte, kompensierende Sexualempfindung zu flüchten, also in die Unterwerfungstendenz, und da diese im Unbewußten als Einstellung zu einem männlichen Objekt dargestellt ist, in die Homosexualität. Jedenfalls aber hat dieser Kompensierungsversuch nur geringe Ausbildung erfahren und spielt in der Psychose eine untergeordnete Rolle.

Das dominierende Motiv der Wahnbildung ist zweifellos der heterosexuelle Sadismus. –

Der zweite Fall, den ich skizzieren möchte, bringt das Motiv des homosexuellen Masochismus beim Mann an die Oberfläche der Psychose. Er scheint mir insofern interessant, als sich an ihm die Ausbildung dieser Perversion im Antagonistenspiel mit der ihr entgegengesetzten ziemlich klar erweisen läßt.

Es handelt sich um einen 33jährigen Matrosen T., im Zivilberuf Werkmeister. Über den Ausbruch der Krankheit habe ich leider nichts Genaues erfahren können.

T. macht bei seiner Einlieferung ins Garnisonsspital den Eindruck eines katatonen Stupors leichteren Grades. Er sitzt mit gespanntem, unbeweglichem Gesicht, verändert auch sonst seine Haltung sehr wenig, gibt auf Fragen kurze, sinngemäße Antworten, sonst sehr wortarm. Stets scheint er von inneren Vorgängen abgelenkt, manchmal scheint er, dem Mienenspiel nach, zu halluzinieren.

Nach einigen Tagen wesentlich freier, läßt sich in ein längeres Gespräch ein. Er ist vollkommen orientiert, spricht sinngemäß, zusammenhängend, aber mit eigenartiger Diktion. Fortwährend kommt er auf religiöse Motive zu sprechen, mischt religiöse Wendungen in jedes Thema ein. Wenn er länger redet, so wird die Ausdrucksweise geheimnisvoll, ziemlich unverständlich, doch läßt sich immer nachweisen, daß er einen Zusammenhang festhält und mit den Worten einen besonderen Sinn verbindet.

Als Beispiel seiner eigentümlichen Ausdrucksweise führe ich an: T. hat Stücke von seinem Brot zwischen den Händen zerrieben und zum Fenster hinausgestreut, befragt, was er da tue, antwortet er: »Da ist das mit der linken Hand – das muß man wissen.« Ich errate: ob er die Bibelstelle meine »Wenn du gibst, so soll die Rechte nicht wissen, was die Linke tut?« T. bejaht: »Wohl will jeder etwas für sich zurückbehalten, aber auch die Vögel des Himmels wollen Nahrung.«

Über sein Leben und seine Gedanken befragt, gibt T. recht bereitwillig Auskunft. Er sei ein armer Sünder gewesen, »ein großes Schwein«, aber die Gnade Gottes habe ihm geholfen. »Nichts steht bei uns, alles kommt vom Herrn.«

Er erzählt, daß er als Knabe sexuelle Akte mit Tieren versucht habe, einmal mit einer Kuh, einmal mit einer Gans. Als großer Junge habe er sexuelle Gewalttakte mit ganz kleinen Mädchen begangen.

Dann später sei die Gnade Gottes auf ihn gekommen, so daß er von seinen Sünden abgelassen habe. Er habe angefangen, »die Schweinereien« zu lassen, Schriften zu lesen, die Bibel, auch über Heilmagnetismus.

Es sei ihm dann einmal geschehen, daß ein Kamerad krank gewesen sei und Gott habe ihm gegeben, daß er ihm helfen könne. Er habe hinter ihm magnetische Striche in der Luft gemacht und der Kamerad sei einige Tage später gesund gewesen. Das sei nicht sein Verdienst, sondern die Gnade Gottes. Man müsse immer an Christus denken.

Etwas später, als er Matrose war, sei ihm das erste Mal Christus erschienen. Nach weiteren Halluzinationen befragt, lenkt T. das Gespräch ab. Vorläufig keine Auskunft darüber zu erlangen.

Am nächsten Tage wieder ist T. wie unorientiert, reagiert erst auf mehrmaliges Ansprechen, dann aber mit großer Freundlichkeit, wenn auch sehr kurz. Sich selbst überlassen, schaut er mit gespanntem, ekstatischem Gesichtsausdruck zum Fenster hinaus ins Leere, sichtlich halluzinierend. Plötzlich wirft er sich wortlos zu Boden, nimmt eine eigentümliche Stellung ein, so, als ob ihm Hände und Füße gefesselt wären, wälzt sich hin und her, küßt dem Personal, das um ihn herumsteht, die Füße.

Er setzt dies mit Unterbrechungen stundenlang fort, vollkommen mutistisch. Endlich gibt er auf vielfaches Befragen, was er da gemacht habe, Antwort: Das sei eine Buße und ihm so von Gott befohlen worden. Weitere Äußerungen sind nicht mehr zu erlangen. Etwas später, im Krankenzimmer, als sich ein Patient entblößt, wendet T. sein Gesicht mit starrer Miene ab und äußert plötzlich: »Das sollte nicht erlaubt sein, das ist eine Erhitzung des Blutes, es können unnatürliche Dinge daraus entstehen, zum Schaden der kommenden Generation.« –

Es handelt sich bei T. wohl zweifellos um einen Fall von Schizophrenie mit religiöser Wahnbildung.

Daß der religiöse Wahn – bei einem Mann – eine homosexuelle Symbolik bedeutet, hat Freud im Fall Schreber wohl endgültig nachgewiesen. Freilich ist die sexuelle Symbolik in der religiösen Exaltation bei T. nicht so kraß wie bei Schreber. Allein die sexuelle Grundnote – besser gesagt: die sexuelle Symbolik – in der religiösen Psychopathie bedarf, sobald einmal darauf aufmerksam gemacht worden ist, kaum eines Beweises mehr. Und daß sie bei einem Mann homosexuell orientiert sein muß, sobald als männlich gedachte göttliche Wesen im Vordergrund stehen, ist selbstverständlich.

Außerdem zeigt die zuletzt erwähnte Äußerung T.s über den Patienten, der sich entblößte, wie stark das homosexuelle Motiv in seinem Empfinden vertreten ist.

Ganz unzweideutig ausgesprochen ist in der Psychose T.s das masochistische Element. Die Szene, wie er auf Gottes Befehl sich zu Boden wirft und Männern die Füße küßt, ist wohl die klassische psychische Realisierung einer homosexuell orientierten masochistischen Wunscheinstellung. Man stelle sich diese Situation als Inhalt eines Traumes vor, und man wird über den Sinn ihrer Symbolik nicht einen Augenblick zweifelhaft sein.

Den homosexuellen Masochismus müssen wir also bei T. als die der Psychose unmittelbar zugrunde liegende, in ihr realisierte Perversion betrachten.

Die Erzählung des Kranken aus seiner Kindheit zeigt uns nun mit besonderer Deutlichkeit das Bestehen auch der entgegengesetzten Tendenz. Die sodomitischen und noch mehr die an kleinen Mädchen begangenen Akte haben wohl ausgesprochen den Charakter der Vergewaltigung, es sind in ihrem Wesen sadistische Akte. Und dieser Sadismus war heterosexuell orientiert.

Aus seinem Sadismus hat sich dann T. voll und ganz in die Unterwerfungstendenz geflüchtet: also in den Masochismus und damit zugleich – als Mann – in die Homosexualität. Er hat diese Tendenz, die in ihm übermächtig wurde, nach Möglichkeit zu verdrängen versucht. Als Kompromißgebilde entstand die pathologische Religiosität. Und endlich ist es innerhalb dieses letzten Gebietes zu einer wahnhaften Realisierung des homosexuellen Unterwerfungsbedürfnisses in einer direkten, wunscherfüllenden Form gekommen: Gott befiehlt ihm, den Männern seiner Umgebung die Füße zu küssen.

Ich möchte es aussprechen, daß ich hier als das eigentliche entscheidende Motiv der ganzen zur Psychose führenden Entwicklung nicht die Homosexualität, sondern die Unterwerfungstendenz an sich betrachte. Die Homosexualität ist ihre beim Mann symbolisch gegebene Ausdrucksform.

Der dritte Fall, von dem ich sprechen möchte, betrifft wieder, soweit das für die Erkrankung entscheidende Moment in Frage kommt, eine heterosexuelle Perversität, den heterosexuellen Masochismus einer Frau.

Es handelt sich um eine Dame von selten hoher, geistiger Veranlagung, Künstlerin, über deren Leben mir folgendes bekannt ist:

In ihren Entwicklungsjahren bestand eine ausgesprochene masochistische Neigung zu ihrem um vieles älteren Bruder, welcher in ihr einen nachhaltigen Eindruck zurückgelassen hat. Charakteristisch ist ein Spiel, das er mit seinen kleinen Schwestern getrieben hat. Er jagte sie mit einer Peitsche zu einem Wettlauf und küßte dann die, welche als erste wieder bei ihm angekommen war.

Siebzehnjährig, verließ [die] Patientin das Elternhaus und ging, um sich als Künstlerin auszubilden, in eine größere Stadt. Da lernte sie eine Freundin kennen, mit der sie durch einundeinhalb Jahre in einem lesbischen Verhältnis stand.

Dann verließ sie die Freundin und ging ein Verhältnis mit einem Manne ein. Dieser, ein pathologischer Charakter und ausgesprochen gewalttätig, brachte den masochistischen Impuls in ihr wieder an die Oberfläche. Doch begann sie an dieser Situation bald zu leiden und wandte sich allmählich von jenem ab.

Sie lernte dann ihren späteren Mann kennen, und dieser, dessen Charakter jede masochistische Beziehung der Frau zu ihm vollständig unmöglich machte, bot ihr zunächst die Rettung vor sich selbst. Nach einigen Jahren aber begann sie zeitweise sich unglücklich zu fühlen, ging dann vorübergehend andere Beziehungen ein, die durchwegs als masochistische Erlebnisse zu betrachten waren, kehrte aber immer bald zu ihrem Mann zurück. In den Zwischenzeiten war sie mit ihm zusammen fast stets sehr glücklich, gedieh in ihrer geistigen Entwicklung immer mehr.

Nach mehrjährigem Zusammenleben wieder ein masochistisches Erlebnis mit einem anderen Mann, das diesmal den Charakter einer wirklichen Vergewaltigung gehabt zu haben scheint und ihrem inneren Leben die entscheidende Wendung gab.

Von da an war sie ihrem Mann gegenüber ungleichmäßig bald expansiv glücklich, bald ohne äußerlich erkennbaren Grund verzweifelt, in ihrem Verhalten zu ihm manchmal unverständlich gereizt. In den letzten Wochen vor dem Ausbruch der Psychose Stimmungsschwankungen, welche damals noch als innerhalb der physiologischen Breite liegend betrachtet wurden, retrospektiv aber als prodromal symptomatische zirkuläre Schwankungen betrachtet werden mußten. (Bekanntlich eine relativ häufige Einleitung schizophrener Erkrankungen.)

Nachdem sie durch einige Tage auffallend heiter und etwas ekstatisch gewesen war, folgte des Nachts ein Anfall von Verzweiflung, indem sie ihren Mann beschwor, mit ihr zusammen zu sterben. Gegen Morgen Beruhigung.

Über den Ausbruch der manifesten Psychose, welcher am anderen Tag erfolgte, habe ich das Folgende erfahren. Sie ist scheinbar ruhig, freundlich und heiter, läßt sich vom Mann aus einer Zeitschrift vorlesen. Er erzählt ihr von der Thronprätendenz eines ausländischen Prinzen, welcher seine Jugend als ziemlich gewalttätiger Abenteurer verbracht hatte, und schließt die Bemerkung an, was der wohl machen würde, wenn er wirklich zur Regierung käme. Darauf antwortet die Frau ganz unvermittelt: »Dann wird er Gott sein.«

Er sieht, daß ihr Gesicht einen gänzlich fremden Ausdruck angenommen hat, sie spricht verwirrt, inhaltlich unverständlich, wird ängstlich, läuft plötzlich davon. Er findet sie erst nach Stunden wieder, wie sie im Selbstgespräch auf der Straße sitzt. Er erfährt später, daß sie in einer Weinwirtschaft Briefe geschrieben hat und dabei so auffällig geworden sei, daß man ihr aus Besorgnis, sie könne sich verletzen, die Feder weggenommen habe. Das Geschriebene findet sich noch bei ihr, es ist vollkommen unverständliches Gekritzel.

In der nächsten Zeit [ist sie] traumhaft abwesend, spricht mehr oder weniger verwirrt, meist still, lenkbar, anscheinend schlecht orientiert und traumhaft halluzinant. Von den Verkennungen der Situation ist meist erst nachträglich, in etwas freieren Zuständen, etwas Näheres zu erfahren, so z. B. daß sie die

Insel, auf der sie wohnten, für eine »Toteninsel«, das Schiff, auf dem sie zurückfuhren, bzw. den Maschinenraum für die Hölle gehalten hat.

Oft deprimiert und geängstigt, einmal Versuch, sich zu ertränken. Fürchtet sich vor den Eindrücken der Natur, vor der Vegetation, dieselbe habe eine heimliche symbolische Bedeutung. Einmal äußert sie, alles in der Natur sei mit Eiter bedeckt, so wie sie selbst. Auf diese Äußerung fixiert, kommt sie darauf zu sprechen, daß sie – bei ihrem ersten Zusammensein mit einem Mann – gonorrhoisch infiziert worden ist. Sie habe diese Erinnerung wie einen Fluch auf sich liegen. (Es ist dies in den ganzen Jahren das erste Mal, daß sie sich in diesem Sinne über jene längst abgeheilte Krankheit geäußert hat.)

Zwischendurch still traumhaft, mit abwesendem, oft deutlich eknoetischem Gesichtsausdruck. Manchmal bizarre Handlungen. So hat sie einmal alle Gegenstände im Hotelzimmer in der seltsamsten Weise umgeräumt, gibt nachher an, sie habe dies so tun müssen. Einmal, in einem unbewachten Augenblick, setzt sie sich nackt auf das Fenstergesims und grüßt mit traumhaftem Lächeln auf die Straße hinunter, dabei still und wie abwesend.

Einige Wochen später wird sie freundlich, in ruhiger Weise mitteilsam, schließt sich nicht mehr von ihrem Manne ab, behält aber das fremdartige, deutlich eknoetische Wesen bei. Es ist nunmehr zu einer geordneten, vorläufig stationären Wahnbildung gekommen.

Sie glaubt, daß sie bereits gestorben sei und sich mit ihrem Mann zusammen im Jenseits befinde. Hier sei »alles gut geworden«. Den Namen des Landes, in dem sie sich aufhalten, hält sie für einen symbolischen Ausdruck für Jenseits. Sie verläßt ihre Zimmer nie, vermeidet den Blick aus den Fenstern, wo sie ins Land hineingehen, sitzt aber stundenlang mit dem Blick auf das Meer. Immer still, liebevoll, verträumt, eknoetisch. So blieb der Zustand durch Monate ohne Veränderung.

Dann plötzlich ablehnend, in der Mimik und Bewegungen, wie erstarrt. Macht den Eindruck einer kataton Stuporösen. Der Gesichtsausdruck ist meist hart, manchmal etwas leer. Depressive Ausbrüche fehlen.

Jetzt trifft sie mit dem Mann zusammen, mit dem sie das letzte masochistische Erlebnis gehabt hatte. Sie beginnt sich zu erholen. Lebt dann durch mehrere Wochen mit jenem Mann zusammen. Die psychomotorische Starre, der Mutakismus, die Wahnbildung sind vollkommen verschwunden. Die Stimmung ist ungleichmäßig, hat manchmal etwas Exaltiertes mit einem Unterton von Angst.

Nach einigen Wochen bricht sie mit ihm und kommt wieder zu ihrem Manne zurück. In den ersten Stunden wieder eine psychotische Exazerbation, diesmal von ganz anderem Charaker als jemals früher. In großer Erregung behauptet sie plötzlich, ihr Mann habe ihr vergiftete Zigaretten gegeben.

Nachher Beruhigung. Gegen Morgen erklärt sie, sie fühle sich im Verkehr mit ihrem Mann sexuell vollkommen anästhetisch geworden. Ausdruck von Verzweiflung, äußert plötzlich, sie sei schuld an der Erbsünde der Welt. Wenige Minuten später benutzt sie einen Moment, als der Mann sich umgewendet hat, und vergiftet sich. –

Fragen wir uns zunächst nach der klinischen Rubrizierung dieser Psychose, so kann der Gedanke an manisch-depressives Irresein auftauchen.

Die Psychose hat sich mit eindeutigen, zirkulären Stimmungsausschlägen eingeleitet. Dies aber sehen wir oft als Prodrom schizophrener Erkrankung und haben darin wohl nur den Ausdruck des letzten, vergeblichen Versuches zum Verdrängen des aus dem Unbewußten Aufsteigenden zu erblicken.[1]

Auch die späteren, während der Psychose selbst auftretenden Stimmungsschwankungen sind wohl kein irgendwie pathognomonisches Moment und bei einer, von den übermächtig werdenden Gestaltungen des Unbewußten hin- und hergerissenen Psyche ziemlich selbstverständlich. In der Zeit, in welcher es zur wahnhaften Realisierung gekommen war, verschwanden sie und machen einer gleichmäßigen, ihre charakteristischen Züge einhaltenden Stimmung Platz.

Schwieriger ist die Frage, ob es sich um eine sogenannte hysterische Psychose oder um Schizophrenie gehandelt hat. Es ist bekannt, daß beginnende Schizophrenie oft so weitgehende Ähnlichkeit mit hysterischer Psychose besitzt, daß eine diagnostische Unterscheidung im Anfangsstadium oft eine Un-

---

[1] Vgl. meine Arbeit über *Das Ideogenitätsmoment Freuds und seine Bedeutung im manisch-depressiven Irresein Kraeppelins*, F. W. Vogel 1907.

möglichkeit ist. Entscheidend ist ja hier nur der weitere Verlauf. In unserem Fall haben alle eigentlich psychogenen Stigmata – also somatische Konversionen im Sinne Freuds – vollkommen gefehlt und andererseits hat die erkrankte Dame in der Periode ihrer motorischen Erstarrung mit weitgehendem Mutakismus und Abwehrstellung ein Bild geboten, das wir wohl nur bei Schizophrenie zu finden gewohnt sind. Was für Hysterie sprechen konnte, ist einzig und allein das Auftreten einer mehr oder minder vollkommenen Remission in eindeutiger Abhängigkeit von einer äußeren Einwirkung, einem realen Erlebnis. Wir werden auf dieses Moment noch später zurückkommen.

Befassen wir uns nun mit dem inhaltlichen Moment der Psychose und mit dem Impulsleben der Erkrankten, so finden wir in der Vorgeschichte die früh angesprochene masochistische Einstellung in heterosexueller Richtung: die Beziehung zum Bruder. Das heterosexuell-masochistische Empfinden ist also sehr frühzeitig das dominierende gewesen.

Später der typische Versuch zur Überkompensation, die Flucht ins Gegenteil: das lesbische Erlebnis. Im Gegensatz zum vorher besprochenen Kranken R., bei welchem das kompensierende, homosexuelle Empfinden das ausschlaggebende geworden ist, kehrt jene Frau nach kurzem wieder zu ihrer früheren Einstellungsart, der heterosexuell-masochistischen, zurück, und diese wird fortan das beherrschende Motiv in ihrer Perversion und endlich in ihrer Erkrankung.

Das nächste Erlebnis also ist wieder ein heterosexuell-masochistisches. Die Frau kämpft mit aller Kraft gegen diesen, ihrem eigentlichen Grundcharakter absolut widerstrebenden Impuls, sie findet vorübergehend Befreiung in einer Beziehung, welche ihr keine Gelegenheit zur masochistischen Selbstentäußerung gewährt. Allein sie muß zeitweise immer wieder in den Masochismus zurückkehren und nach einem letzten entscheidenden solchen Erlebnis war ihr die Rückkehr in die normale Beziehung innerlich nicht mehr gelungen. Sie versucht es mit allen Kräften, allein der masochistische Impuls wird übermächtig, und als sie ihn mit aller Anspannung zu verdrängen strebt, kommt es zum Ausbruch der Erkrankung.

Charakteristisch, ich möchte sagen, für den Sinn der Psychose, scheint mir der erste Ausdruck zu sein, mit dem sie sich kundtat. Die Äußerung, jener gewalttätige Abenteurer, der zur

Macht gelangen soll, würde dann Gott sein, scheint mir kaum einer weiteren Erklärung zu bedürfen. Sie ist der herausgeschriene Ausbruch des Willens zur Unterwerfung unter die Macht und der Hingabe an diese als an etwas Göttliches.

Weiteren Aufschluß gibt uns dann erst wieder die Periode der zeitweilig stationären Wahnbildung: Die Tatsache, daß die bisher absolut unreligiöse Frau ihren Wahn auf religiöse Vorstellungen aufbaut, scheint uns fast nur des Hinweises auf den vorher beschriebenen Fall zu ihrer Erklärung zu bedürfen.

Es handelt sich weiter um die symbolische Bedeutung der Idee, tot zu sein. Der Wunsch nach dem Sterben – ich schlage für diese Erscheinung den Ausdruck vor: »Thanatophilie« – ist für die Erkrankte sehr charakteristisch. Ich erinnere daran, daß sich das eklatante Manifestwerden der Psychose mit dem Wunsche verbunden hatte, mit dem Mann zusammen zu sterben.

Ich glaube, daß es sich bei der Thanatophilie überhaupt um die Idee der Hingabe an den Tod zu handeln scheint, und daß dabei das Motiv des Todes genau dieselbe Rolle spielt, wie in vorher beschriebenen und ähnlichen Fällen religiösen Wahnes die Hingabe an Gott.

Es handelt sich wohl in allererster Linie um das Motiv der Hingabe selbst, der Passivität gegenüber etwas Überstarkem, des Ausschaltens alles eigenen Widerstandes gegenüber einer fremden Gewalt.

Insofern also wäre der Inhalt des Wahnes, gestorben zu sein, die symbolische Realisierung der Hingabetendenz als solcher, symbolisiert durch die Idee des Todes als einer Übermacht, der man sich unterworfen hat und wohl auch mit dem Hintergrund der Idee von einem göttlichen Wesen, dem man nun überantwortet ist.

Die ganze Gefühlssphäre, auf welcher Vorbereitung, Ausbruch, Remission und Rezidiv der Psychose aufgebaut sind, die Erlebnisse, welche sie ausgelöst haben, endlich die Symbolik des Wahnes selbst – all dies gehört ganz und ausschließlich dem heterosexuellen Masochismus zu. Von einem homosexuellen Moment im Inhalt der Psychose und ihrem nachweisbaren Motivenaufbau finden wir hier noch weniger als im zuerst beschriebenen Fall. Der Versuch zur lesbischen Überkompensierung des heterosexuellen Masochismus ist zwar im Leben der Frau einmal vorgekommen, hat sich in der Realität bestätigt, ist aber dann dem übermächtigen heterosexuellen Masochismus gegenüber wieder versunken und läßt sich in den weiteren Schicksalen, im Aufbau und im Inhalt der Psychose nirgends mehr nachweisen.

Wir sehen also in diesem Falle mit voller Klarheit, daß der Ausbruch der Psychose und die Ausbildung des Wahnes ohne Mitbeteiligung eines homosexuellen Motivs auf das Übermächtigwerden einer anderen Perversion, des Masochismus als solchen, zurückzuführen sind.

Wir kommen nun noch einmal auf die Fragen nach dem klinischen Charakter der letztbesprochenen Erkrankung zurück.

Wir haben gesehen, daß die Symptome der Psychose in den schizophrenen Erkrankungstypus passen, anderseits aber auch, daß die Beeinflussung des Krankheitsverlaufes durch ein reales Erleben auf einen hysterischen Charakter der Psychose schließen läßt.

Wenn wir nun versuchen, zwischen Schizophrenie und Hysterie einen prinzipiellen, aus den inneren seelischen Bedingungen erwachsenen Unterschied aufzustellen – ich selber glaube, daß man hier nur Hauptgruppen trennen kann, die fließend ineinander übergeben – so möchte folgendes in Frage kommen.

Überall dort, wo der Krankheitsgewinn im Sinne Freuds ein absoluter ist, d.h. also, wo die Realisierung des bekämpften Wunschmotives nunmehr in der Psychose allein noch möglich erscheint, überall dort kommt es zu einer definitiven Flucht in das Irreale, von welcher aus, der Dynamik der Affektgrößen nach, kein Rückweg mehr möglich ist. In einem solchen Falle ist alle Möglichkeit, das übermächtige Triebmotiv zur Erfüllung zu bringen, außerhalb der Realität gelegen, von realen Erlebnissen kann nichts mehr erhofft und von solchen auch kein Einfluß auf den Verlauf der Krankheit mehr ausgeübt werden.

Zu den definitiven Psychosen – der Schizophrenie und Paranoia – müßte es also in jenen Fällen kommen, in denen nicht nur der bekämpfte Trieb, sondern auch die Widerstände, die sich seinem Ausleben in der Realität entgegenstellen, absolut geworden sind.

In jenen Fällen, in denen noch eine letzte Hoffnung, die bekämpfte Perversion in der Realität gewähren zu lassen, im

Unbewußten festgehalten wird, kann die Flucht ins Irreale noch keine unwiderrufliche, definitive geworden sein.

In solchen Fällen also werden herantretende Realitäten, welche im Sinn des bekämpften Triebes wirken, dem Krankheitsgewinn, der in der Psychose gelegen ist, ein entsprechendes Gegengewicht zu stellen vermögen.

Ob es also zu einem definitiven, unheilbaren, von der Realität nicht mehr beeinflußbaren Zustand kommt, also zu einer Schizophrenie oder Paranoia, oder zu einem der Beeinflussung durch eine von außen her wirkende Realität zugänglichen und eventuell noch heilbaren – also einer Hysterie – das scheint abhängig zu sein von der Frage, wie weit die Unterdrückung des bekämpften Triebes, soweit sein Ausleben in der Realität in Frage kommt, eine vollständige und damit der durch die Flucht in die Psychose der Realität gegenüber erzielte Krankheitsgewinn ein absoluter geworden ist.

Es ist demnach begreiflich, daß – wie im letztbeschriebenen Fall – die psychogenen und schizophrenen Charaktere einer Krankheit ineinander übergehen können. Auch das wird verständlich, daß eine Psychose als Hysteriebeginn und später, wenn die bekämpften Triebe endlich als in der Realität doch nicht verwirklichbar empfunden werden, in eine Schizophrenie sich verwandeln kann. –

Wir haben gesehen, daß in den drei beschriebenen Fällen die geistige Erkrankung, resp. Wahnbildung Ausdruck einer der Unterdrückung ausgesetzten Komponente des masochistisch-sadistischen Antagonistenkomplexes war. In zwei Fällen war diese heterosexuell, in einem homosexuell eingestellt.

Wir haben weiter gesehen, daß sich in den beschriebenen Fällen die Einstellungsrichtung auf das eigene oder fremde Geschlecht streng nach dem Adlerschen Symbolgesetz richtet. Das Verhältnis zwischen einem die Macht repräsentierenden und einem sich unterwerfenden Element ist immer als Verhältnis des männlichen und weiblichen Prinzipes dargestellt. Die Unterwerfungstendenz findet sich in jedem Fall beim männlichen, die Vergewaltigungstendenz beim weiblichen Objektsymbol, unabhängig vom eigenen Geschlecht.

Infolgedessen ist bei unseren Fällen der Sadismus eines Mannes und der Masochismus einer Frau in dem Gebiet der Heterosexualität geblieben, der Masochismus eines Mannes hat sich mit der Homosexualität kombiniert. Wir können annehmen, daß in diesem Fall die Homosexualität eine Konsequenz aus der masochistischen Einstellung ist.

Ich möchte versuchen, diesen Schluß zu verallgemeinern und in der Homosexualität überhaupt im letzten Grunde die Funktion einer dem masochistisch-sadistischen Antagonistenkomplex angehörigen Triebkomponente zu vermuten, so wie ich es in der erwähnten Arbeit *Konflikt und Beziehung* durchzuführen versucht habe.

Versuchen wir nun die Fälle von Wahnbildung, unabhängig von der heterosexuellen oder homosexuellen Orientierung, auf die grundgebende masochistische oder sadistische Einstellung hin zu betrachten, so scheint sich mir ein Prinzip eruieren zu lassen, das eine Wesensunterscheidung zwischen der Paranoia und den zur Schizophrenie gehörigen Gruppen ermöglichen könnte und das ich hier hypothetisch aufstellen möchte.

Von unseren drei Fällen gehört der erste, als dessen ausschlaggebende Perversion wir einen auffallend rein entwickelten Sadismus gefunden haben, eindeutig der Paranoiagruppe an. Die beiden anderen Fälle, deren Psychose auf Masochismus aufgebaut ist, gehören zur Schizophrenie bzw. einem der Schizophrenie verwandten Krankheitstypus.

Ich glaube, daß es sich hier nicht um ein zufälliges Zusammentreffen handelt, sondern daß weitere Untersuchungen einen inneren Zusammenhang erweisen werden.

Dem Willen zur Macht inhärent ist das Bestreben nach Beherrschung der Realität. Wo die Flucht ins Irreale geschehen ist, wo die Wahnbildung und die gefälschten Wahrnehmungen das Wirklichkeitsbild verändern müssen, da wird der Versuch nicht aufgegeben, die Neueindrücke mit der Realität und untereinander in Verbindung zu bringen. Die logische Geistestätigkeit arbeitet fort, sie sucht das scheinbar Geschehene mit der Realität zusammenzufassen, sie strebt eine Realität um sich herum herzustellen, in der man sich orientieren kann. Der Machtwillen sucht auch in der Psychose an der Errungenschaft festzuhalten, welche dem menschlichen Geist die Herrschaft über die Umwelt verleiht: an der Konzeption ihrer Kontinuität.[2]

---

[2] G. hat in der Irrenanstalt ganze Bände über das Wesen der Telepathie geschrieben und sich dieselbe naturwissenschaftlich zurechtzulegen versucht.

Dem Masochistischen eigen ist die Tendenz zur Selbsthingabe an alles; an die Menschen, an die religiösen Gestalten, an den Tod, an die Gebilde aus dem eigenen Unbewußten.

Dort, wo die masochistische Komponente die bewegende Kraft ist, fehlt demnach auch die Beherrschung der Realität. Es wird nichts unternommen, die aus dem Unbewußten auftauchenden Wahnideen, Scheinwahrnehmungen, Stimmungen in einen inneren Zusammenhang zu bringen, die Kausalität geschlossen zu erhalten und eine Wirklichkeit, die sich beherrschen ließe, herzustellen. Es unterbleibt der Versuch der Selbstbehauptung durch das verstandesgemäße Begreifen der Dinge.

Nichts scheint mir charakeristischer als der extatische Gesichtsausdruck solcher Kranken, den man sich in die Worte übersetzen möchte: »credo, quia absurdum est.«

Beherrscht also der Wille zur Macht, der Sadismus die Entstehung der Psychose, so kommt es zur Paranoia mit Erhaltung der orientierenden, die Umwelt beherrschenden Geistesfunktionen. Ist Masochismus das gestaltende Prinzip der Psychosenbildung, so kommt es zur Schizophrenie mit Selbstüberlassung an das, was aus dem Unbewußten überwältigend aufsteigt und andere Gesetze hat als die des Verstandes und des Geschehens in der äußeren Welt.

(1920)

ZUR NEUERLICHEN VORARBEIT: VOM UNTERRICHT

> *Ihr wühltet in der Aschen*
> *die bleichen Finger ein*
> *mit Zittern, Zucken, Haschen:*
> *wird es noch einmal Schein?*
> Stefan George

I.

Die letzten Werte, die wir aus dem Bruch der Revolution gerettet haben, sind einzelne Versuche neuer Vorarbeit für eine neue, tiefer unterbaute und innerlich gesicherte Revolution. Sie ordnen sich um den Gedanken der Erziehung im Sinne revolutionärer Kultur sowohl als eines Unterrichtes in allen für den Revolutionär im Dienste der Bewegung wichtigen Gebieten der Orientierung wie der Ausgestaltung der Persönlichkeit. Das heißt: des Jugendlichen-Unterrichtes und der Agitatorenschulen.

Die aufgeworfenen Probleme dieses Gebietes vereinigen die Fragen der innerlichen Revolutionierung überhaupt mit denen des Unterrichts und der Bildung in einem neuen, größtenteils erst neu zu schaffenden Zusammenhang.

Ich setze die Forderungen nach einer betriebstechnischen Grundlage des neuen Unterrichtes – wie sie in Rußland größtenteils schon realisiert zu sein scheint – als bekannt voraus. Es bleibt die Frage offen, ob sich auf solcher Basis allein schon ein Unterricht aufbauen läßt, der allen unaufgebbaren Ansprüchen der Harmonie, der Inhaltsweite und der inneren Vertiefung genügen kann. –

Zunächst einmal drängt uns die Aufgabe, geeignete Menschen instand zu setzen, ein tieferes Verstehen für Wesen, Sinn und unentrinnbares Gebotensein der Revolution in das Volk zu tragen. Die Sendung dieser allerwichtigsten Organe der Vorarbeit erfordert tiefstes eigenes Begreifen und das Vermögen des Erweckens aller überhaupt in Wirksamkeit zu bringenden Motive, die in den Massen, Gruppen und in den einzelnen das Interesse an der Überwindung des Bestehenden verkörpern.

Der andere Teil der Aufgabe ist es, dieselben Motive der Jugend in ihrer Gesamtheit als ein im eigenen Inneren geborgenes Element der Menschenseele aufzudecken und so in jedem Individuum der neuen Generation auf jedesmaliger Entdeckung dieser revolutionären Urkraft in ihm selbst die Bildung seines eigenen Menschentums und seine eigenen Möglichkeiten frei zu machen.

Zu diesen unerläßlichen Notwendigkeiten aber bedarf es der Heranziehung eines vollkommen neuen, die Basis und die Grundmethoden des Unterrichtes umgestaltenden Erziehungsplanes und Erziehungsstoffes. Um Sinn und Notwendigkeit der Revolution und ihre tausendfachen, in jedem Element des Lebens wurzelnden Motive erfaßbar zu machen, ist eine neue Erkenntnis vonnöten: Die Kenntnis vom Menschen, wie er wirklich ist, die Konfrontierung des Menschen und seiner wirklichen Anlagen, seiner angeborenen Möglichkeiten, Werte und Fähigkeiten und wirklichen Ansprüche an das Leben mit dem, zu was ihn die bestehenden Bedingungen der heutigen Gesellschaftsordnung umgebrochen haben. Allein aus einer Kenntnis seiner eigenen, verbotenen, verleumdeten und von ihm selbst vergessenen Natur und Wesensart kann die Zusammenfassung aller Kräfte des Protestes kommen, emporgetragen und in Glut gehalten vom unbezwingbaren Willen des Menschen, der sich selber erkennt, er selber zu sein.

Deswegen glaube ich, daß jeder revolutionäre und überhaupt in einer kulturellen Zukunft jeder Unterricht auf einer Zweiheit der zugrunde liegenden Prinzipien aufgebaut sein wird. Das eine davon ist als bekannt vorausgesetzt worden: das Moment der betriebstechnisch-praktischen, in der Beherrschung der Dinge und in der Verwendung dieser Gewalt orientierenden Lehrmethode. Das andere weist nach innen, auf das Geistige und die Verwertung seelischer Vertiefung bis zu den höchsten Zwecken der menschlichen Kultur, der Freiheit der Beziehungen – und auf den furchtbaren Verlust, den jeder Mensch, an welcher Stelle stehend, welcher Klasse immer zugehörig er auch sei, durch die bestehende Gesellschaftsordnung der Gewalt erleidet, auf die Vernichtung seines Anspruchs auf die eigene Wesensart und auf die Freiheit des Kontaktes mit den anderen.

Als eine Vorbereitung solcher unausbleiblichen Veränderung auf dem Gebiete des Unterrichts ereignet sich die Umgestaltung aller Geisteswissenschaften überhaupt, die sich zurzeit durch die moderne Psychologie des Unbewußten vollzieht.[1]

Die Rückeroberung des unbewußt gewordenen, durch übermächtigen Druck von außen her in die Verdrängung gezwungenen Anteils des Seelenlebens durch die modernen psychologischen Methoden bedeutet, konsequent und kompromißlos durchgeführt, die Wiederherstellung reinen Menschentums durch die Befreiung vom verändernden, verbildenden und beschränkenden Einfluß von Suggestion, Verführung und Zwang; sie bedeutet in folgerichtiger Weiterführung den Kampf gegen Anpassung überhaupt und damit gegen das Prinzip der Autorität in jeder, zum mindesten in jeder zur Zeit bestehenden Form, im Inneren der Familie und der Beziehungen von Mensch zu Mensch wie im Verhältnis zu Staat, Kapital und Institution.

Die Selbsterkenntnis in diesem neuen Sinn, die Ausdehnung der Persönlichkeitsweite zu ihrer natürlichen, alle verlorenen Kräfte und alle verlorene Freiheit umfassenden Größe zeigt jedem einzelnen an ihm selbst die furchtbare Bedeutung des Konfliktes, der zwischen dem Anspruch des Menschentums an das Leben und dem beschränkenden Zwang der bestehenden Ordnung ist. Sie lehrt den einzelnen an sich selbst den ungeheuren Verlust erleben, den er durch Anpassung an die Autorität erleidet. Das heißt: sie lehrt ihn sein Interesse am Kommen der Revolution. Sie lehrt zugleich die Entstehung des Unverständlichen und Störenden in der menschlichen Seele, des Unzweckmäßigen überhaupt in allem Erleben und Tun aus dem Konflikt im Inneren, welchen die Unvereinbarkeit des eigenen Seins und Wollens mit den fremden, durch autoritativen Druck von außen her empfangenen Motiven aufreizt. Sie lehrt das Freiheitswidrige im eigenen Inneren als Folge der Gebundenheit an eine freiheitswidrige Gesellschaftsordnung zu erkennen und durch Erforschung der Zusammenhänge solcher Art die dunklen Kräfte aus der eigenen Seele auszuschalten, durch deren unbemerkte und unablässige Wirksamkeit die höchsten Errungenschaften jedes revolutionären Sieges, die Freude an der

---

[1] Siehe die grundlegenden Werke von S. Freud, A. Adler und W. Stekel, ferner Paul Federn *Die vaterlose Gesellschaft* und des Verfassers *Drei Aufsätze über den inneren Konflikt*.

Freiheit aller und die Lösung von der Freude an der Macht, verloren gehen.

Allein in der Erwartung, daß die neue Selbsterkenntnis jedem Menschen in seinem eigenen Inneren das Recht auf die Revolution und die Pflichten des Revolutionärs, die Pflichten der eigenen Vorbereitung entdecken und einer neu erstehenden Kultur zur Basis und zum souveränen Inhalt werden möge, vermag der Glauben an Erneuerung und neue Sicherung der Revolution sich zu erhalten. Was noch von Hoffnung an die Menschheit in uns geblieben ist, beruht auf ihr.

Die Psychologie des Unbewußten erscheint deshalb berufen, als Mittelpunkt des neuen Geisteslebens und als Ergänzung und Gegengewicht der technisch-praktischen Ausbildung ein souveräner Faktor der Erziehung und dominierender Stoff des neuen Unterrichts zu sein. Wie aus der technisch-körperlichen Arbeitsschulung die Orientierung über die Natur und die Beherrschung ihrer Energien entwickelt werden sollen, so ist aus der neuen Psychologie des Unbewußten die neue Geistigkeit, der Geist der Revolution und einer kommenden, freien Kultur ins Leben zu rufen.

II.

Die sogenannte psychoanalytische Methode S. Freuds, die Technik der modernen Psychologie des Unbewußten, ist eine systematische Korrektur der bestehenden Schwäche des psychischen Organs in der Verarbeitung, Eingliederung und Wiederbelebung affektstarker Inhaltselemente von solcher Art, daß sie mit andern wichtigen Motiven des affektiven Lebens in einem unauflösbaren bzw. unauflösbar scheinenden inneren Widerspruch bleiben müssen. Die menschliche Psyche setzt einen elementaren Widerstand der Zulassung jedes Konfliktes in ihrem eigenen Innern entgegen, vermag aber unter dem übermächtigen Druck konflikterzeugender Einwirkungen von außen her nur Unzulängliches in dieser Abwehr zu leisten und nur ein verhängnisvoll unzweckmäßiges reales Resultat zu erreichen: die Aussperrung der konflikterregenden Inhalte aus der zusammenhängenden geschlossenen Einheit des innerlich überschaubaren, jederzeit reduzierbaren psychischen Materials, d.h. aus dem Dispositionsgebiet des Bewußtseins und der Erinnerung. Die ausgeschalteten Impulsmotive – das ist das große Neue der Entdeckung – sind damit nicht aus der Psyche selbst, als dem Gesamtkomplex ineinandergreifenden inneren Einwirkens überhaupt, sondern allein nur aus dem Gebiet des Bewußtseins, d.h. aus dem Gebiet des kontrollierten regulierbaren Einwirkens, ausgeschlossen. Die Summe allen Dranges, Wollens, Strebens und Sehnens, soweit den festgelegten dominierenden Motiven im Bewußtsein widersprechend, wird also in ein außerbewußtes Gebiet der psychischen Funktionsgesamtheit verdrängt, bleibt aber hier mit unverändertem Gewicht an treibender affektiver Energie erhalten und dauernd, aber unbemerkt und unkontrolliert und deshalb unzweckmäßig und verhängnisvoll in Wirksamkeit.

Die ausgeschalteten Impulse behalten unverlierbar die Tendenz, sich durchzusetzen; die affektive Energie fließt unbemerkt, den gebahnten Wegen der Assoziationen entlang, auf nächstverwandte Inhaltselemente über, die unterdrückten Elemente verändern ihren Inhalt von der Oberfläche her und schieben sich in neuer, unerkennbar gewordener Gestalt aus dem Verborgenen heraus in die Zusammenhänge des bewußten seelischen Geschehens wieder ein. Sie kommen endlich unter Bildung paradoxer Scheinverbindungen und forcierter Kompromisse mit den Führungslinien des Bewußtseins, stets aber ohne wirklichen Zusammenschluß mit den geordneten Motiven der Persönlichkeit und ohne Beziehung mit der Regulation der Zweckmäßigkeit als wirkende psychische Kräfte real zur Geltung. Es ist verständlich, daß durch das immerwährende latente Eingreifen innerer Antriebe, die ihrem Wesen nach zu denen des Bewußtseins im Widerstreit stehen, nichts anderes zustande kommen kann als Störungen verderblichster Art, Konfliktzerrissenheit der Seele in ihren Tiefen und Lähmung ihrer gesamten treibenden Kraft durch gegenseitige Bindungen der gegeneinander geordneten Grundtendenzen.

Die psychoanalytische Korrektur beruht auf einer Technik des Umgehens der sperrenden Kräfte, d.h. der affektiven Widerstände gegen die Zulassung von konflikterregenden Unvereinbarkeiten, auf dem Umweg über die fernerliegenden, dem sperrenden Affektschock weniger exponierten und langsam vom bewußten zum bisher unbewußten Inhaltsmaterial hinüberführenden Assoziationswege. Dadurch erschließt sich unter allmählicher Lösung der sperrenden Abwehraffekte das bisher ausgeschaltete Material der Aufnahme in das Bewußtsein. Es wird damit der Regulation und Korrektur durch die Gesamtpersönlichkeit zugeführt und ihrem Bewußtsein und Willen zur Lösung der scheinbaren Widersprüche sowohl als zur entscheidenden einheitschaffenden Wahl im Falle wirklicher Unvereinbarkeit freigegeben. Das vollendet gedachte Resultat der psychoanalytisch zu vermittelnden Selbsterkenntnis ist also die Instandsetzung des Individuums selbst zur Übernahme der bewußten eigenen Kontrolle und Regulation von allen überhaupt vorhandenen, in seinem Innern angesammelten und wirksamen treibenden Energien und zur Bildung einer einheitlich geschlossenen Gesamtfunktion.

Das ungeheure, überwältigende Maß von seelischer Zerrissenheit und lahmgelegtem Wollen, das aus der Empirie der Psychoanalyse hervorbricht, wirft eine Frage auf, die ihre Antwort in sich selber trägt: es ist eine volle Unmöglichkeit anzunehmen, daß es die menschliche Naturanlage sei, in der die Grundlagen für die Entwicklung des entsetzlichen Zerfalls der Seelen zu suchen sein könnte. Nur die Verdrängung letzter revolutionärer Konsequenzen kann es sein, die in den Großen der neuen Disziplin, vor allem im genialen Entdecker der erschließenden Methode selbst, das Aufleuchten dieses Axioms verhindert hat.[2] –

In Wirklichkeit ergeben sich als tiefste Quellen des unentrinnbaren pandemischen Konfliktes in der Menschenseele die folgenden Motive, deren zusammengedrängte Aufzählung hier einer Besprechung in der weiteren Folge vorausgeschickt wird:

1. Der Gegensatz zwischen den wirklichen und wahrhaft »unveräußerlichen«, infolge der Verdrängung aus dem Bewußtseinsbereich bisher aber mehr oder minder tief verborgenen, zum wesentlichsten Teil geradezu unbekannt gebliebenen Lebensansprüchen der menschlichen Natur mit sämtlichen bestehenden Normen.

2. Die autoritative Notwendigkeit einer infolgedessen naturwidrigen Anpassung durch Aufnahme wesensfremder Motive ins eigene Innere unter Selbstvergewaltigung und Selbstbelü-

---

[2] Siehe meinen Artikel i. d. Berliner *Aktion* v. 14. Mai 1913.

gung, bis das von anderen suggerierte Fremde sich vom wesenseigenen Impuls und Glauben in nichts mehr subjektiv unterscheiden läßt.

3. Die ungeheure Empfänglichkeit des Kindesalters gegen das Aufzwingen fremder Normen und Werte infolge der ungeheuren Liebes- bzw. Kontaktbedürftigkeit des Kindes, welche die welteinpferchende Alternative »sei einsam oder angepaßt gleich den andern« zum absoluten Zwang, zur unablehnbaren Drohung mit unentrinnbarem Verderben macht, damit aber auch das Ausgeliefertsein gerade der Genialen, in denen das unendliche Kontaktbedürfnis mit unüberwindbarem Festhalten an der eigenen angeborenen Art zur unterscheidenden Einheit verbunden ist, in die Gewalt und völlige Willkür der bourgeoisen, z.Z. in allen Klassen völlig dominierenden Charaktere, und zwar gerade in der einzigen Lebensperiode der völligen Wehrlosigkeit: im Kindesalter. Zusammenfassend also:

4. Der Aufbau der Gesellschaft auf dem Vaterrecht: die Unfähigkeit der Menschheit in ihrer heutigen Machtordnung zum endlichen mutterrechtlichen Kommunismus.

(1920)

»SELBSTANALYSE« VON OTTO GROSS[1]

Auf dem Schiff

Dass ich so unsicher bin über mein Unbewußtes und so unlautere Möglichkeiten im Unbewußten sind – das kommt wie <u>Alles, Alles böse</u> aus der Schwäche – aus der tiefen, umfassenden Feigheit, die ein Leben beherrschen <u>muß</u>, <u>dem jede Aussicht auf reinen Sieg</u> <u>versagt ist</u>, jede Zuversicht, jede Expansivität, jede Sicherheit andern gegenüber – <u>jedes Selbst-vertrauen</u> – – jedes Selbstvertrauen im andern Sinn als in der Perspektive von Bücher schreiben.

bestenfalls <u>analytisch helfen</u> und <u>analytisch</u> brechen – – – das ist die einzige Zuversicht in der Verteidigung – und das macht tückisch – – – – –

---

[1] Die Unterstreichungen entsprechen den von Gross selbst vorgenommenen, der Zeilenfall des Textes folgt nicht der Transskription des Originals, [?] steht für unsichere Lesart. [Anm. des Hg.]

Zu dieser Waffe gehört das Gegengewicht – gehört die Sicherheit auch im offenen Kampf sonst wird in einem die Art der Schlange.

Alles, alles wird erst böse, wenn die Schwäche dazu kommt – – – die Angst und der Neid ... Ich habe zu beneiden, das habe ich nicht gewußt ...

Ich muss beneiden, wo eine Zuversicht da ist und ein echter Glauben an Sieg und eine Liebe zum Leben – die so und nur so existiert ...

Mann kann lernen und darf an sich kein Wohlgefallen haben – wenn man besser sagen würde was die Pepperl nicht lernen will ...

Die Bücher sind die richtige Selbstironie – Ironie auf den Vater und vor allem auf mich.

Eckehard

Die wissenschaftliche Selbstachtung ist ein Hohn auf die wirkliche gerade ich bin doch so aufrichtig überzeugt davon, das »Ehre«, »Achtung«, »Selbstvertrauen« »Zufriedenheit« mit sich selbst Selbstachtung überhaupt – – –
und allein und immer nur das Dreinschlagenkönnen bedeutet ...

Nicht dreinschlagen können heißt mit der Nase in den Dreck gesteckt werden – – – heißt »Schmutzig sein« – – – heißt vor allem das Entehrtsein – – –

Nicht dreinschlagen können heißt nicht neidlos sein können nicht ehrlich und restlos – vergönnen – vertrauen – lieben – freund sein können – heißt eben auch innerlich nicht rein sein können.

Die Katze im Retz [?] das bedeutet für mich kein gutes Gewissen mehr haben können – das heißt keines mehr erwerben können – – –
Nicht die »Leute« sondern ich glaube nicht das Irgendetwas ehrlich und sachlich gemeint ist von mir.

Ich selbst glaube das alles, alles was ich tue und nicht tue, masquierte Schwäche ist – – – Feigheit ist – – – »saure Trauben« und die Schweinerei die dazu – gehört.

Die <u>Unbekümmertheit</u> der <u>Selbstsicheren</u> – wer <u>die</u> nicht hat, der <u>muss</u> dann immer und immer <u>sich kontrollieren</u> – <u>und alle anderen ob sie nicht schon bemerken</u> – und nicht schon bemerken das ich doch nichts dagegen tun könnte – wenn ich auch wollte – <u>also nicht mehr wollen kann</u> – nicht mehr wollen <u>darf</u>. Jetzt sitzt das Weib neben mir – verflucht – wie paßt es doch so unbegreiflich <u>schlecht</u> <u>zu mir</u> das wir nicht Kampf und Sieg von selbst verstehen

Da ich nicht meine Selbstschätzung habe und meinen automatischen Glauben an mich – <u>und endlich gut</u> <u>und treu sein könnte</u> – – –

Verehrter Herr Doctor,

vor Allem danke ich Ihnen für das Reisegeld, ich behalte es vorläufig in der Erwartung, daß Sie es mir noch ermöglichen werden die Reise wirklich anzutreten. Ich muss Sie aber bitten, mir den Vertrag vorher einzuschicken, ich brauche ihn schon deshalb unbedingt, weil ich nur durch Vorweisen meiner Schriftstücke und <u>nur dadurch</u> hier <u>den Paß verschaffen</u> kann. Und dann: ich habe keine Möglichkeit mir anderswoher die Mittel zur Existenz zu verschaffen als was ich mir – sobald ich nicht hier bleibe, wo ich bei meiner Mutter Unterkunft finde – am Ort meines Aufenthalts verdienen kann. Ich stünde also, falls die Mündlichen Unterhandlungen <u>nicht</u> zu Ergebnissen führen sollten, vollkommen subsistenzlos in Berlin. Ich habe auf Grund Ihrer seinerzeitigen Aufforderung, Ihnen einen Verlagsentwurf einzusenden, mich durch das Einschicken des von mir unterschriebenen Entwurfes gebunden und anderweitige Unterhandlungen eingestellt. Ich habe mich in der ganzen Zeit in der von Ihnen gewiesenen Richtung gehalten und bitte das als Entschuldigungsgrund dafür gelten zu lassen, wenn ich Sie jetzt durch Wiederholung meines Anliegens in Anspruch nehme.

Ich bitte Sie, verehrter Herr Doctor, um Ihre Entscheidung, ob Sie mir den Vertrag übersenden wollen oder ob ich das Reisegeld zurückerstatten soll.

In collegialer Verehrung
Ihnen Herr Doctor, tief ergeben, Dr. Otto Groß

(Firume)
(Fiume)

Traum:

Ich soll hingerichtet werden – ich glaube, – geköpft – . Ich frage den Richtter immer von Neuem, und will mir einreden lassen, dass mit dem Tod das Geistesleben nicht zu Ende sei. –

Man muß dem Ernst sagen, wie anständig der Richter gewesen sei. – genauer = ein so bedeutendes Geistesleben, wie meines ... Der Richter gibt mir immer wieder die Versicherung, zuletzt aber einmal so, daß ich merke, daß ich merke, er glaubt es selber nicht. Ich denke,

Von Suggestionen hat mein Vater erzählt, – zweimal! – von Suggestionen bei Krankheiten – es ist auch ganz in seinem Sinn – ich glaube er würde so fühlen ...
 Eine Geschichte noch, daß er von einem Hund gebissen war und Angst hatte wüthend zu werden! (Ist mir jetzt sehr unheimlich!)
Das ist auch ganz unmöglich, so etwas zu glauben – es sei mir aber doch ganz recht, dass er mir's doch versichert habe. –

Die andere Geschichte war von Zahnweh, oder Kopfweh – das hatte ich vorgestern auch

Der ganze Traum – sehr klar, stark affektiv, wie gelebt, aber irgendwie ausser Zusammenhang mit der Realität – ich wollte eben schreiben »sonstigen Realität«! – Am Morgen innerlich angeregt, angstvoll, dann Erinnerung an den Traum – – –
Assoc. 7. Traum

Staatsanwalt – Der Staatsanwalt in Czernowitz und sein Duell – er schien mir als ein Beispiel für gewisse Vereinigung der Extreme – –
 Das Todliegen – phantasie als Kind – Liegen im Wald – im Bach – in der Schlucht hinrichten –
 Köpfen
 Capo Capos' Istria capitano – – – –
 changé de change
 fester – – –

Geschwister und Enkel Das Aspirieren von den Händen – das Todesgefühl
 Das war beim Peppelemachen – die Peppele
 Einen Spalt in ein Stück Fleisch zu hauen – »Fleischhauen« – und mein Hass als Kind gegen Fleischhauen
 Am Schloßberg – und hinein gegriffen – und daß es »von Menschen« war – warum gar so viel Entsetzen?
 Die Venus die den Amor bei den Flügeln hält – und die Sentimentalität von Alten – und ob sich ein Sadismus gegen Kinder nicht gegen ihn richtet??

Schriftzeichen – als Kind erst wollen, nicht können Clavierspielen der Mutter – – –
 französisch
 vornan. Sprache
 Phallus paternus!

(Fiume)

Traum=

Bock – dass er in die Gegend stosst – mit der Mutter gesehen – Corridor – Wunschmotive – – Exhibition – und Schwindel und Angst – Vater Krankheit Erwartung – Dass es mich jetzt so beschäftigt ob man sich über mich aufhält? etc – ist das Besserung oder auch Komplex –
 N. 7 ???
 Was ich mir denke was die Leute haben? Dreckige Photen etc habe ich – ist es das?

Was heißt das: ich will hingerichtet werden?
 heißt das er soll zu mir kommen
 was im Nebenzimmer ist??

GEFÄHRTEN:
OTTO GROSS UND FRANZ JUNG
Nachwort von Raimund Dehmlow

Im September 1911 waren sie nach München gekommen und wohnten in der Pension Führmann, von der bekannt war, daß man dort auch mal in der Kreide stehen konnte: die schwangere Margot und ihr 23jähriger Ehemann Franz Jung. Lange ging das nicht gut – schon am 1. Mai 1912 sperrten die Führmanns sie aus. Sie bezogen eine Wohnung am Pündterplatz 8 und konnten sich freuen, daß Erich Mühsam ein Auge auf Margot geworfen hatte und hin und wieder mit kleinen Beträgen aushalf, freilich ohne die gewünschte Gegenleistung zu erhalten. Jung hat sich an der Ludwig-Maximilians-Universität immatrikuliert und studiert Nationalökonomie, will die Arbeit an einer Dissertation über *Die Auswirkungen der Produktionssteuer in der Zündholzindustrie* wieder aufnehmen, und begibt sich – zu Mühsams Schreck – in dessen Revier: am 1. Juni nimmt er mit Margot an der Sitzung der »Tat«-Gruppe teil. Mühsam notiert: »Nun kommen Leute wie Klein und Jung in die Gruppe, innerlich verwahrloste Menschen, zu solchen, für die innerliche Festigkeit gerade das Lebensbedürfnis ist, das sie zu uns führt.«[1]

Für den Platzhirsch soll es noch schlimmer kommen: am 31. August vermerkt er: »Das letzte Mal war ich nicht dort – (...). Da hat, wie mir berichtet wurde, Jung, Mariechens [so nennt Mühsam in vorläufiger Unkenntnis ihres wirklichen Vornamens Margot Jung] Ehemann, die Gelegenheit ergriffen, über mich herzuziehen. Feige und Gemein. Sobald ich ihn treffe, soll er meine Meinung hören.«[2] Dazu bietet sich ihm zunächst keine Gelegenheit, er wird »von Otto Gross so stark okkupiert«[3], der ihn zur Behandlung seiner Komplexe zu einer Analyse drängt.

Gross, damals 34 Jahre alt, hat selbst eine schwere Zeit hinter sich: im März 1911 beging seine Patientin und Geliebte Sophie Benz in Ascona in seiner Anwesenheit Selbstmord. Als Arzt der Fahrlässigkeit angeklagt, wird er steckbrieflich gesucht. Ihn, der die Auffassung vertritt, daß der Arzt das »ganze Leiden dieser ganzen Menschheit an sich selber«[4] trage, hat dieser Selbstmord in eine tiefe Krise gestürzt. Nicht nur die Geliebte und Patientin hat er versucht zu behandeln, für ihn war das Zusammenleben mit Sophie Benz, die Opfer einer Vergewaltigung war, damit verbunden, sich selbst zu erforschen und zu analy-

---

1 Erich Mühsam: *Tagebücher 1910–1924*. Hrsg. von Chris Hirte. München 1994, S. 84
2 Ebenda, S. 94
3 Ebenda
4 Otto Gross: »Die Psychoanalyse oder wir Kliniker«, in: *Die Aktion*, Bd. 3. 1913, Sp. 631

sieren. Es sind Erinnerungen hochgekommen: »Da ist der Vater, dieser Hund. Der spukt in mir, der läßt mich die Zähne knirschen, hinaushorchen zum Fenster. Er wäscht sich im Nebenzimmer die Hände, ja – ich habe mit ihm Ball spielen müssen, ich bin dann weggelaufen und mußte mich übergeben – warum hatte ich nicht die Kraft, ihn niederzuschlagen ...«.[5] Ein halbes Jahr hat er nach dem Selbstmord in psychiatrischer Behandlung verbracht, nach wie vor ist er drogenabhängig. Sophies Selbstmord war für ihn zudem ein Déjà-vu-Erlebnis: schon 1906 hatte sich seine Patientin Lotte Chattemer (angeblich mit seiner Hilfe) suizidiert. Franz Jung wird später schreiben: »Als ich Otto Groß in München kennengelernt habe, war er für das tragische Ende eines Einzelschicksals bereits gezeichnet.«[6]

Bevor Gross auf sein eigenes Schicksal zurückgeworfen wurde, wurde ihm ein anderes zur Nagelprobe: 1908 wollte er – auch gegen den Widerstand von Gustav Landauer und seinen Anhängern um den *Sozialist* – verhindern, daß seine Patientin Elisabeth Lang seiner Behandlung entzogen und den Eltern ausgeliefert wird: »Ich mache den Versuch, durch eine Intervention beim Vormundschaftsgericht, die Elisabeth Lang zu befreien, die jetzt von ihren Eltern in einer schandbaren Freiheitsberaubung zuhause gehalten wird. Die Aussichten scheinen gute zu sein – ich habe derzeit für den Advocaten das Gutachten herzustellen und darin nachzuweisen, dass das erzwungene Verbleiben im Elternhaus für sie gesundheitsgefährlich ist. – Wenn der Process gelingen sollte, so wäre das von einer grossen Tragweite. Es wäre die Erste gerichtliche Anerkennung eines Anspruchs auf Schutz der Individualität – oder wie Einer von den Juristen gesagt hat: der Nachweis, dass die Philister gesundheitsschädlich sind – – Dass der überhaupt erst erbracht werden muss – – –«[7] – Der Versuch scheiterte.

Für Gross ist klar, daß »in der Familie der Herd aller Autorität liegt, daß die Verbindung von Sexualität und Autorität, wie sie sich in der Familie mit dem noch geltenden Vaterrecht zeigt, jede Individualität in Ketten schlägt«.[8] Diese Familie, deren Strukturen krankmachen und die auf Vergewaltigung basiert, galt es zu zerschlagen. Gross, den der Vater lange Zeit bedrängt hat, in seinen Fußstapfen eine Universitätskarriere anzustreben und den dieser nun in München beobachten läßt, findet in Franz Jung einen Gefährten, eine autonome Persönlichkeit,

---

5 Franz Jung: »Sophie – Der Kreuzweg der Demut«, in: Ders.: *Expressionistische Prosa*, Werke 8. Hamburg 1986, S. 119
6 Franz Jung: *Der Weg nach unten*. Hamburg 1988, S. 68
7 »Brief an Frieda Weekley«, in: Raimund Dehmlow (Hrsg.): *Du Kreuz des Südens über meiner Fahrt. Briefe von Otto Gross an Frieda Weekley*. Erscheint Herbst 2000
8 Otto Gross: »Zur Überwindung der kulturellen Krise«, in: *Die Aktion*, Bd. 3. 1913, Sp. 386

die ihn – im Gegensatz zu vielen anderen – gegen eigene Widerstände aushalten will und kann. 1913 zieht zunächst Jung mit seiner Frau Margot nach Berlin, im Februar folgt ihnen Gross.

Jung liefert sich täglich heftige Auseinandersetzungen mit Margot, nicht selten auch gewalttätige, und bemüht sich darum, daß Gross – wenn auch in niedrigeren Dosen – mit Drogen versorgt, mit dem Lebensnotwendigen versehen wird. Auch Jung werden Gross' Theorien zum Arbeitsansatz: »Der Revolutionär von heute, der mit Hilfe der Psychologie des Unbewußten die Beziehungen der Geschlechter in einer freien und glückverheißenden Zukunft sieht, kämpft gegen die Vergewaltigung in ursprünglichster Form, gegen den Vater und gegen das Vaterrecht.«[9] Schon am 16. März 1913 erscheint in der *Aktion* die Ankündigung ihres gemeinsamen Projekts: *Sigyn*, eine Zeitschrift, mit der sie »von der Basis einer individuellen Psychologie aus Kultur- und Wirtschaftsprobleme darstellen [wollen] als Vorarbeit einer Sozialumwertung«[10]. Gross publiziert eine Reihe von Arbeiten (*Zur Überwindung der kulturellen Krise, Ludwig Rubiners »Psychoanalyse«, Die Psychoanalyse oder wir Kliniker, Die Einwirkung der Allgemeinheit auf das Individuum, Anmerkungen zu einer neuen Ethik, Notiz über Beziehungen*) und debattiert mit Ludwig Rubiner öffentlich in der *Aktion*. Das »Einzelschicksal«, die Katharsis des Otto Gross, wird zum Befreiungsbemühen einer ganzen Generation: die Dresdner Expressionistin Beß Brenck-Kalischer dokumentiert deren Hoffnungen in dem 1913 entstandenen Gedicht *Prometheus*. *Otto Gross*:

»Urgestein, Blut durchsickert, / Zackige Fahne – Prometheus / Stürmt das Feuer der wachen Pforte, / Streut es jauchzend den Völkern der Erde, / Aber die Vielen betrüben die Glut, / Biss und Hass spaltet den Brand, / Verqualmtes Geschlinge. / Da rang sich Prometheus wieder dem Felsen, / Zwang von Neuem in jede Spalte / Heiligen Samen. / Nun quillt es leise / Um keusche Knospen, / Demütig zu lösen / Die Wehe der Welt«[11] –

Doch einstweilen holt das Vaterrecht Otto Gross ein: »Sonntag, den 9. November mittags wurde der bedeutende Wissenschaftler Doktor Otto Groß in seiner Wilmersdorfer Wohnung (Berlin, Holsteinische Str. 19) von drei kräftigen Männern, die sich angeblich als Kriminalbeamte legitimiert haben sollen, besucht und bis zum Abend dort zwangsweise festgehalten.«[12] Der Vater selbst, Hans Gross, sieht eine willkommene Gelegenheit, des Abtrünnigen erneut habhaft zu werden: »... bekam ich plötzlich die amtliche Mitteilung des Polizeipräsidiums

---

9 Ebenda, Sp. 387
10 in: *Die Aktion*, Bd. 3. 913, Sp. 639
11 Beß Brenck-Kalischer: »Prometheus. Otto Gross«, in: Dies.: *Dichtung*. Dresden 1917 (Dichtung der Jüngsten. Bd I.), S. 40; den Hinweis verdanke ich Peter Ludewig, Berlin
12 in: *Aktion*, Bd. 3. 1913, Sp. 1091

Berlin-Schöneberg vom 1. November 1913, Nr. J.b.G. 37/13, daß mein Sohn aus dem preußischen Staatsgebiet verwiesen wurde und nach Görlitz zwecks Ueberstellung über die Landesgrenze zugeführt wird. Da ich schon seit vielen Jahren wußte, daß mein Sohn geisteskrank ist, so konnte ich doch nicht zulassen, daß er einfach über die Grenze gejagt [...] wird. [...] Ich reise nach vorheriger telephonischer Verständigung mit der Polizei in Berlin dorthin, verhandelte mit der Polizei, mit dem Berliner Psychiater, [...] und so wurde vereinbart, daß mein Sohn in Begleitung eines der ersten Psychiater von Berlin, Dr. Karl Birnbaum, bis Wien gebracht wurde, von wo ihn der Direktor der Landesirrenanstalt Klosterneuburg Dozent Dr. Berze übernahm und nach Tulln begleitete.«[13]

Franz Jung mobilisiert eine Gegenöffentlichkeit: schon am 20. Dezember erscheinen die Münchener *Revolution* und die Berliner *Aktion* mit Sondernummern, er selbst versendet mehr als 1.000 Exemplare an Universitäten, Bibliotheken, Buchhandlungen und Caféhäuser, im Januar 1914 nimmt sich auch die bürgerliche Presse des Falles an. Eine sichere Stütze für Jung ist Franz Pfemfert, der am 6. Januar nach Wien schreibt: »Lieber Herr Arthur Roessler: eine Tat ist zu tun. Die Wiener Arbeiter-Zeitung muss sofort (sofort!) in Sachen Otto Gross das Wort übernehmen.«[14]

Otto Gross bleibt zunächst in der Privat-Heilanstalt Tulln interniert. Am 9. Januar 1914 wird er wegen Wahnsinns unter Kuratel gestellt. Doch der öffentliche Protest zeigt erste Wirkung: am 25. Januar wird Gross in die Landesirrenanstalt Troppau in Schlesien verlegt und Jung schreibt am 9. Februar an Heinrich F. S. Bachmair, daß es nun wohl zu einer Reihe von Prozessen kommen wird, »die auf dem Vorleben basieren«.[15] Aus Troppau schreibt Otto Gross am 17. Februar an das k.k. Bezirksgericht Graz und »bittet um Erhebung eines Gutachtens der medizinischen Facultät zu Wien über seinen Geisteszustand«[16] – dem Vater als Kurator wird der Brief natürlich zur Kenntnis gebracht. Am 26. Februar bittet Franz Jung den Wiener Hof- und Gerichtsadvokaten Dr. Armin Fischl, sich der Angelegenheit anzunehmen, es gelingt Gross, ein Schreiben an Maximilian Harden aus der Anstalt zu schmuggeln, das dieser in der *Zukunft* veröffentlicht. Am 8. Juli hat die Kampagne Erfolg: Franz Jung kommt in Troppau an (»Ich bin

---

13 Hans Gross: »Der Fall des Dr. Otto Groß«, in: *Neues Wiener Tageblatt*, 2.3.1914
14 »Franz Pfemfert an Arthur Roessler« (*Wiener Arbeiterzeitung*), 6.1.1914, in: Lisbeth Exner u. Herbert Kapfer (Hrsg.): *Pfemfert. Erinnerungen und Abrechnungen. Texte und Briefe*. München 1999, S. 218
15 zit. nach: Franz Jung: Werke. Bd. 9/1, S. 8
16 zit. nach: K.k. Bezirksgericht Graz an Herrn Prof. Dr. Hans Groß als Curator seines Sohnes, von dem Direktor der Schlesischen Landesirrenanstalt vorgelegt, Brief vom 17.2.1914

empfangen worden wie ein inspizierender Minister aus der Wiener Regierung.«[17]) und kann Gross, der zuletzt – trotz der Kuratel – in der Klinik als Assistenzarzt gearbeitet hat, in die Freiheit abholen.

Dieser Erfolg wird allerdings von einem Ereignis überschattet, das wenig Zeit läßt ihn zu feiern: am 28. Juni sind der österreichische Thronfolger und seine Frau in Sarajevo einem Attentat zum Opfer gefallen. Am 28. Juli folgt die Kriegserklärung Österreich-Ungarns an Serbien, am 1.8. die deutsche Kriegserklärung an Rußland – der erste Weltkrieg ist ausgebrochen. Gross begibt sich nach seiner Entlassung nach Ischl und wird dort im einem Sanatorium von Wilhelm Stekel behandelt, reist später nach Wien und wohnt bei Grete, Mitzi, Nina und Anton Kuh. Im August meldet sich Jung, im Oktober Gross als Kriegsfreiwilliger.

Über die Motive der Kriegsbeteiligung beider ist viel gerätselt worden. Sie sind Ergebnisse eines politischen Konzepts: für Gross wie für Jung stellte sich der Krieg als »der gewaltigste psychische Befreiungsakt der Menschheit« dar, »die heilsamste Massenentfesselung aller Komplexe.«[18] Auf den Trümmern der Vaterrechtsgesellschaft, die am Ende dieses Krieges liegen sollten, würde die neue, freie Gesellschaft aufgebaut werden.

Doch der Krieg nimmt schnell Formen an, die mit bisherigen Erfahrungen nicht in Einklang zu bringen sind und als deren Folge Jung bald wegen allgemeiner Erschöpfung und mit Beingeschwüren in ein Lazarett nach Züllichau gebracht wird. Dort stellen sich Kopfschmerzen, Angstzustände, Symptome eines Nervenleidens ein, für das Jung eine Säbelverletzung aus Studententagen verantwortlich macht. Er wird zur weiteren Behandlung nach Berlin gebracht. Im Dezember 1914 schließlich entfernt er sich unerlaubt von der Truppe, fährt nach Niederschlesien, später nach München und an den Tegernsee, nach Stuttgart und schließlich nach Wien – zu Otto Gross.

Diesen erreicht in dieser Zeit die Nachricht, daß sein Vater die Aufhebung der Wahnsinnskuratel und deren Umwandlung in eine beschränkte Kuratel wegen geistiger Anomalie beantragt hat. Offenbar hat der Vater ein Einsehen mit dem Sohn, der sich vermeintlich den Interessen des Vater(lande)s untergeordnet hat. Anfang 1915 wird Gross nach Wien evakuiert, tut Dienst im Blatternspital in der Triestergasse, verliert seinen Posten allerdings, als bekannt wird, daß er unter Kuratel steht. Am 8. Februar wird Jung in Wien verhaftet und nach Berlin gebracht, vom 10.–15. März wird ihm dort der Prozeß gemacht, die Zeit vom 1. April bis 4. Mai verbringt er in der Psychiatrie in Berlin-Wittenau. Auf die Hilfe von Gross wird er – wie aus seiner Krankenakte hervorgeht – verschiedentlich zurückgreifen: er

---
17 Franz Jung: *Der Weg nach unten.* Hamburg 1988, S. 84
18 Johannes R. Becher: *Abschied.* Berlin 1975, S. 376

erwähnt, daß ihn Gross wegen Myopie (Kurzsichtigkeit) in Wien psychoanalytisch behandeln wollte und dieser Jungs »Nervosität zurückgeführt [habe] auf psycho-erotische Beziehungen zu der verstorbenen Schwester. Diese Beziehungen hätten Sexualscheu hervorgerufen und letztere wieder die allgemeine Neurasthenie u. Zerfahrenheit.«[19] Den Mai und die ersten Wochen des Juni muß Jung noch im Spandauer Festungsgefängnis bzw. einer Kaserne verbringen, dann wird er – am 16. Juni – entlassen.

Zeit für ein neues Projekt: *Die freie Straße*, als deren Mitarbeiter Otto Gross, Max Herrmann-Neiße, Franz Jung, Richard und Fritz Oehring, Georg Schrimpf, Oskar Maria Graf und Elsa Schiemann verantwortlich zeichnen, erscheint in der ersten Folge, derweil Gross in Ungvar als Freiwilliger Dienst tut, ab Juli als landsturmpflichtiger Zivilarzt. Er setzt seine Bemühungen um Aufhebung der Kuratel fort und »wendet sich nunmehr [am 22. November] zum zweitenmale an das löbl. [k.k. Bezirks-]Gericht [Tulln] mit der vertrauensvollen Bitte, seine hiermit unterbreiteten Einwände gegen das psychiatrische Gutachten vom 23. December 1913 einer entsprechenden Überprüfung zuführen zu wollen«[20] – Gross ist inzwischen Assistenzarzt am k.u.k. Epidemiespital Vinkovci in Slavonien. Am 9. Dezember stirbt sein Vater in Graz, seine Lebensbedingungen wird dies nicht erleichtern: das zuständige Gericht denkt nicht an eine Aufhebung der Kuratel, vielmehr wird ein neuer Kurator bestellt, der Verstorbene hat für diesen Fall bereits vorsorglich Vorschläge beim Gericht eingereicht. Gross' Gesundheitszustand verschlechtert sich. Zunächst wird er zwar als Landsturmassistenzarzt im Garnisonsspital Th. 221 in Temesvar Verwendung finden, dort aber bald als Patient in die Psychiatrische Abteilung eingewiesen und muß sich einer sechsmonatigen Entziehungskur unterziehen.

Jung hat sich derweil von Margot getrennt, lebt nun mit Cläre Oehring zusammen und publiziert Anfang 1917, kurz vor der russischen Februar-Revolution, seine *Technik des Glücks*, als sechste Folge der Vorarbeit in der *Freien Straße* – es soll deren letzte Ausgabe sein: »Glück ist [...], im Bewußtsein des Einzelnen die rhythmische Gemeinsamkeit im Erleben der Gemeinschaft, ein fortgesetzt pulsierendes Erleben, das, vom Bewußtsein in den Zustand und in das Sein verankert, Ruhe und Sicherheit ausdrücken würde.«[21] »Ruhe und Sicherheit« – darum ist auch Gross bemüht, seine Lebensbedingungen scheinen sich zu verbessern: im Mai wird er von Temesvar in den

---

19 Krankenakte Franz Jung. 1.4. bis 4.5.1915, in: *Sklaven*, 1995, Nr. 16, S. 17
20 Dr. Otto Gross, derzeit Assistenzarzt am k.u.k. Epidemiespital Vinkovci, Slavonien, an das löbl. k.k. Bezirksgericht Tulln, Brief vom 22.11.1915
21 Franz Jung, *Die Technik des Glücks. Teil 1. Psychologische Anleitungen in 4 Übungsfolgen*. Berlin 1921, S. 70

Steinhof nach Wien verlegt, im September wird endlich die Wahnsinnskuratel in beschränkte Kuratel umgewandelt.

Während Jung sich im Folgejahr dem Spartakusbund anschließt, reist Gross, zumeist mit Mitzi Kuh und dem gemeinsamen Kind, zunächst nach Graz, dann nach Prag und Budapest. Im November ist er wieder in Wien, fordert – im Anschluß an Demonstrationen revolutionärer Arbeiter und Soldaten bei einer Zusammenkunft »ziemlich weit draußen im siebenten Bezirk« für sich ein »Ministerium zur Liquidierung der bürgerlichen Familie und Sexualität«[22], bevor am 12. November die Rote Garde zum Angriff auf das Parlament antritt. In kurzer Folge erscheinen eine Reihe seiner Arbeiten (*Die kommunistische Grundidee in der Paradiessymbolik*; *Orientierung der Geistigen*; *Zum Problem: Parlamentarismus*; *Protest und Moral im Unbewußten*; *Zur funktionellen Geistesbildung des Revolutionärs*).

Am 15. Januar 1919 werden in Berlin Karl Liebknecht und Rosa Luxemburg ermordet, Jung am 18. Januar verhaftet, allerdings noch am gleichen Tag wieder freigelassen. Er tritt der KPD bei. Gross, der inzwischen sporadisch für *Das Forum* und *Die Erde* arbeitet, hält sich in München auf, versucht Kontakt zu den Räte-Revolutionären aufzunehmen – und zieht schließlich erneut nach Berlin, begibt sich erneut in die Obhut Jungs und wohnt bei Cläre und Franz Jung in Friedenau.

Aus dieser Zeit rühren die fragmentarischen Bemühungen der Selbstanalyse, die diesen Band beschließen. Sie greifen die zur Erzählung verdichteten Assoziationen auf, die Franz Jung als die von Gross in *Sophie* überliefert hat. Er sitzt über sich selbst zu Gericht, stimmt Jung zu, der Gross in seinen theoretischen Schriften nicht wiederzuerkennen vermag: »Die Bücher sind die richtige Selbstironie – Ironie auf den Vater und vor allem auf mich.«[23] Es klingt wie eine Hommage an Jung, wenn er schreibt, »Ich muss beneiden, wo eine Zuversicht da ist und ein echter Glauben an Sieg und eine Liebe zum Leben – die so und nur so existiert ...«[24], denn Jung hat »die Sicherheit auch im offenen Kampf.«[25] Gross fehlt diese Sicherheit, er fühlt sich schmutzig und »mit der Nase in den Dreck gesteckt«[26], aber ihm fehlt letztlich die Kraft, sich »immer und immer [zu] kontrollieren – und alle anderen ob sie nicht schon bemerken – – –«[27] Kindheitserinnerungen, derentwegen er zeitlebens von Schlaflosig-

---

[22] zit. nach Josef Dvorak: »Kokain und Mutterrecht. Die Wiederentdeckung des Otto Groß (1877–1920)«, in: *Neues Forum*, 1978, H. 295/286, S. 59
[23] Otto Gross, »Selbstanalyse«, siehe S. 177 in diesem Band.
[24] Ebenda
[25] Ebenda
[26] Ebenda
[27] Ebenda

keit geplagt wird, nur bei Licht und (zur Sicherheit) in einen Teppich eingerollt schlafen kann, holen ihn ein, die Zeit, in der er als Sechsjähriger »allnächtlich große Angst bekam und aus dem Fenster – III. Stock – herunterspringen wollte«[28], nur in der Zeit, als der Vater Staatsanwalt-Stellvertreter in Leoben war, blieb er davon verschont. Das »Peppelemachen«[29] fällt ihm ein, daß er als »einen Spalt in ein Stück Fleisch zu hauen«[30] erfährt und sich künftig, wie der Vater angibt, erbrechen muß, »wenn ihm Fleisch, Hirn etc. versteckt in eine Speise gerührt wurde.«[31] »... ob sich ein Sadismus gegen Kinder nicht gegen ihn (den Vater) richtet«[32], »Phallus paternus!«[33]

Gross' Hoffnung, seinem Trauma durch einen revolutionären Akt zu entgehen, nämlich »bis zum 45. Lebensjahr [zu] leben, dann möchte ich zugrunde gehen, u. zw. am liebsten bei einem anarchistischen Attentate«[34], erfüllt sich nicht. Er wird keinen »Staatsanwalt oder einen Obmann von Geschwornen der meine Freunde im Prozesse verurteilte, [...] töten, dabei auch selbst sterben.«[35] Die Drogenabhängigkeit nimmt ihm die Kraft zum Attentat und auch dazu, aus eigener Kraft und mit Hilfe von Ärzten und Freunden freizukommen. Am 13. Februar 1920 gibt der Krankenpfleger Hugo Mätschke beim Standesbeamten in Berlin-Pankow an, daß der »praktische Arzt, Doktor der Medizin Otto Groß, 42 Jahre alt, mosaischer Religion«[36] am gleichen Tag »vormittags um fünf Uhr verstorben sei«[37]. – »Er hatte sich eines Nachts in einen sonst unbenutzten Durchgang zu einem Lagerhaus geschleppt und ist dort liegengeblieben. Eine Lungenentzündung, verschärft durch völlige Unterernährung, konnte nicht mehr behandelt werden.«[38]

Vergeblich wird man in regionalen und überregionalen Blättern nach Nachrufen auf Gross suchen. Franz Jung – so scheint es – verwandelt Trauer, oder wie er selbst sagt »Bitternis«[39], in Energie, denn die gemeinsamen Hoffnungen scheinen sich zu erfüllen – in Sowjet-

---

28 Josef Berze u. Dominik Klemens Stelzer: Befund und Gutachten über den Geisteszustand des am 15. Dezember 1913 über Auftrag des k.k. Bezirksgerichtes Tulln untersuchten Dr. Otto Gross (geboren 1877, zuständig nach Czernowitz, katholisch, verh.), derzeit im Sanatorium Dr. Bonvicini, in: *Gegner*, 2000, H. 3, S. 25
29 Otto Gross, »Selbstanalyse«, a.a.O.
30 Ebenda
31 Ebenda
32 Ebenda
33 Ebenda
34 Josef Berze u. Dominik Klemens Stelzer: a.a.O., S. 31
35 Josef Berze u. Dominik Klemens Stelzer: a.a.O., S. 31
36 Standesamt Berlin-Pankow, 1920, Nr. 130
37 Ebenda
38 Franz Jung: *Der Weg nach unten*. Hamburg 1988, S. 85
39 Ebenda

rußland. Wie Gross sieht er dort »etwas vollkommen Erstmaliges«[40] entstehen. »Endlich: die Vorbedingung jeder sittlichen und geistigen Erneuerung der Menschheit ist die Notwendigkeit einer totalen Befreiung der werdenden Generation aus der Gewalt der bürgerlichen Familie – und auch die vaterrechtliche Familie des Proletariers ist bürgerlich! – durch das kommunistische Mutterrecht und aus der Anpassungsschule des Staates durch das System des revolutionären Unterrichts.«[41]

Im April ist er maßgeblich an der Gründung der KAPD beteiligt. Um deren Thesen der Partei Lenins und der Kommunistischen Internationale darzulegen, entführt er zusammen mit Jan Appel den Fischdampfer »Senator Schröder«, mit dem er im Mai im Hafen von Murmansk ankommt. Die Mission mißlingt, die Positionen der KAPD finden wenig Anklang. Bei seiner Rückkehr nach Deutschland im September wird Jung verhaftet und sitzt in verschiedenen Gefängnissen ein. Im Gefängnis in Breda findet er Zeit – es entstehen der Roman *Die Eroberung der Maschinen*, der Essay *Die Technik des Glücks II. Teil* – und die Einleitung zur Otto Gross-Auswahl *Von geschlechtlicher Not zur sozialen Katastrophe*. Am 3. Februar 1921 wird er – gegen Kaution und Auflagen – freigelassen, das Manuskript allerdings nicht – wie erhofft – im gleichen Jahr im Erich Reiss Verlag publiziert.[42] Es verbleibt, wie die Grosssche Selbstanalyse, in der Obhut von Cläre Jung.

Immer wieder kreist die Korrespondenz zwischen Cläre und Franz Jung, auch nachdem sie längst getrennt sind, um Gross. 1932 schreibt Cläre an Franz Jung: »Vor zehn Jahren habe ich zu Gross gesagt: ›Ich bin noch nicht auf meinem Höhepunkt angelangt. Einmal werde ich da sein‹ – und daran die Hoffnung geknüpft, die eben jeder Mensch

---

40 Otto Gross: »Zur funktionellen Geistesbildung des Revolutionärs«, in: *Räte-Zeitung*, Bd. 1. 1919, Beilage Nr. 52
41 Ebenda
42 Nach Jungs Vorstellungen sollte der Band folgende Arbeiten von Otto Gross enthalten: *Orientierung der Geistigen / Über Klassenkampf / Paradies-Symbolik / Zur neuerlichen Vorarbeit / Zur funktionellen Geistesbildung des Revolutionärs / Anmerkung zu einer neuen Ethik / Die Einwirkung der Allgemeinheit auf das Indidviduum / Konflikt des eigenen und des Fremden / Notiz über Beziehung / Konflikt und Beziehung.*
Mit *Über Klassenkampf* wird vermutlich *Zum Problem: Parlamentarismus* [sic!] gemeint sein, *Konflikt und Beziehung* dürfte *Über Konflikt und Beziehung*, einem der *Drei Aufsätze über den inneren Konflikt* entsprechen. Die getroffene Auswahl dürfte mit verschiedenen Problemen, denen sich Jung im Gefängnis ausgesetzt sah, zusammenhängen: zum einen wird er sich auf die Arbeiten konzentriert haben, die ihm selbst bekannt waren und ihm wichtig erschienen, zum anderen wird es nicht einfach gewesen sein – auch mit Hilfe anderer – bibliographische Recherchen anzustellen. Das nur einer der »Drei Aufsätze über den inneren Konflikt« von ihm benannt wird, stützt die Vermutung, daß sowohl diese Sammlung als auch der Aufsatz *Zur neuerlichen Vorarbeit: vom Unterricht* erst nach Gross' Tod veröffentlicht wurden und/oder ihr Erscheinen Jung noch nicht bekannt war.

für ein Leben hat, das er mit allen Kräften lebt. Was willst Du von mir? Ich bin der Ausdruck der Verwirklichung der von Gross angeregten, von Dir ausgesprochenen und vertretenen Theorien. Von allen Menschen, die je um uns waren, habe ich im Glauben an Deine Lehre gelebt und als einzige Religion der Beziehung lebendig gemacht. So habe ich Eure Forderung verstanden und sehe ich die Revolutionierung der Welt, die Schaffung des neuen Menschen: aus der analytischen Bewußtmachung und Erkenntnis der Zwang zur Entwicklung. Freimachen und unbedingtes Einsetzen aller Kräfte zur Verantwortlichkeit. Die unaufhörliche Steigerung der Persönlichkeit aus der dynamischen Kraft der Beziehung zur Gemeinsamkeit hin.«[43]

In den Schriften Wilhelm Reichs meinte Jung später einen zweiten Otto Gross zu erkennen und beschäftigte sich noch an seinem Lebensabend mit Plänen, Gross' Leben und Werk mit einer Radiosendung publik zu machen, auch wenn er von sich selbst meinte, für Gross »vielleicht nicht viel mehr als eine Figur auf dem Schachbrett seiner Gedankenkombinationen, die hin- und hergeschoben werden konnte«[44], gewesen zu sein. Er war viel mehr – Gefährte.

Das Phänomen Otto Gross, wie es Franz Jung zeitlebens beschäftigte, ist vielschichtig – und doch eindeutig: es symbolisiert die Suche nach der besseren Gesellschaft, nach der Auflösung von Geschlechterbeziehungen, die sich als unterdrückerisch erweisen, nach Utopien in Zeiten, denen tragfähige Konzepte und Sinnhaftigkeit fehlen.

---

43 Cläre Jung an Franz Jung, Brief vom Januar 1931, zit. nach: Fritz Mierau: *Das Verschwinden von Franz Jung*. Hamburg 1998, S. 280
44 Franz Jung: *Der Weg nach unten*. Hamburg 1988, S. 85

QUELLENVERZEICHNIS

Franz Jung:
»Einleitung zu Werk und Leben von Otto Gross«, leicht gekürzt zuerst veröffentlicht in: Otto Gross, *Von geschlechtlicher Not zur sozialen Katastrophe*, hg. und kommentiert von Kurt Kreiler, Frankfurt: Robinson Verlag 1980; vollständig abgedruckt in: Franz Jung Werke in Einzelausgaben, hg. von Lutz Schulenburg, Bd.9/2 *Abschied von der Zeit*, Hamburg: Edition Nautilus 1997.

Otto Gross:
»Zur Überwindung der kulturellen Krise«, in: *Die Aktion*, Jg. 3 (April 1913), Sp. 384-387.

»Ludwig Rubiners ›Psychoanalyse‹«, in: *Die Aktion*, Jg. 3 (1913), Sp. 506-507.

»Die Psychoanalyse oder wir Kliniker«, in: *Die Aktion*, Jg. 3 (1913), Sp. 632-634.

»Die Einwirkung der Allgemeinheit auf das Individuum«, in: *Die Aktion*, Jg. 3 (November 1913), Sp. 1091-1095.

»Anmerkungen zu einer neuen Ethik«, in: *Die Aktion*, Jg. 3 (Dezember 1913), Sp. 1141-1143.

»Notiz über Beziehungen«, in: *Die Aktion*, Jg. 3 (Dezember 1913), Sp. 1180-1181.

»Der Fall Otto Gross. Brief an Maximilian Harden«, in: *Die Zukunft*, Bd. 86 (1914), S. 304-305.

»Über Destruktionssymbolik«, in: *Zentralblatt für Pychoanalyse und Psychotherapie*, Bd. 4 (1914), S. 525-534. Unwesentlich modifizierter Teilabdruck auch als »Vom Konflikt des Eigenen und Fremden« in: *Die freie Straße* (1916), Nr. 4, S. 3-5.

»Die kommunistische Grundidee in der Paradiessymbolik«, in: *Sowjet*, Bd. 1 (1919), Nr. 2, S. 12-17.

»Protest und Moral im Unbewußten«, in: *Die Erde*, Bd. 1 (1919), Nr. 24, S. 681-685.

»Zum Problem: Parlamentarismus«, in: *Die Erde*, Bd. 1 (1919), Nr. 22/23, S. 639-642.

»Zur funktionellen Geistesbildung des Revolutionärs«, in: *Räte-Zeitung. Erste Zeitung der Hand- und Kopfarbeiterräte Deutschlands*, Bd. 1 (1919), Nr. 52, Beilage.

»Orientierung der Geistigen«, in: *Sowjet*, Bd. 1 (1919), Nr. 5, S. 1-5.

»Drei Aufsätze über den inneren Konflikt«, Bonn: Marcus & Webers 1920 (= *Abhandlungen aus dem Gebiete der Sexualforschung*, Bd. II).

»Zur neuerlichen Vorarbeit: vom Unterricht«, in: *Das Forum*, Bd. 4 (1920), Nr. 4, S. 315-320.

Selbstanalyse und Brief: handschriftliches Manuskript aus dem Nachlaß Cläre Jungs.

Die Aufsätze »Zur Überwindung der kulturellen Krise«, »Die Einwirkung der Allgemeinheit auf das Individuum«, »Notiz über Beziehung«, »Anmerkungen zu einer neuen Ethik«, »Offener Brief an Maximilian Harden«, »Vom Konflikt des Eigenen und Fremden«, »Zur neuerlichen Vorarbeit: vom Unterricht«, »Protest und Moral im Unbewußten«, »Zum Problem: Parlamentarismus«, »Zur funktionellen Geistesbildung des Revolutionärs«, »Über Konflikt und Beziehung« sowie Auszüge aus *Drei Aufsätze über den inneren Konflikt* wurden (z.T. geringfügig verändert) wiederabgedruckt in: Otto Gross, *Von geschlechtlicher Not zur sozialen Katastrophe*, hg. und kommentiert von Kurt Kreiler, Frankfurt: Robinson Verlag 1980.

INHALT

Franz Jung: Einleitung zu Werk
und Leben von Otto Gross

Über die Form der Darstellung 5
Die Problemstellung der Psychoanalyse 8
Analyse der Gesellschaft, Beunruhigung und Krise 12
Einiges über die Stellung des Herausgebers 16
Biographisches und Bibliographisches 21
Eine Anekdote 26
Leben und Meinungen des Dr. Gross 30
Das Ende des Doktor Gross 54

Otto Gross: Schriften 1913–1920

Zur Überwindung der kulturellen Krise 59
Ludwig Rubiners »Psychoanalyse« 62
Die Psychoanalyse oder wir Kliniker 63
Die Einwirkung der Allgemeinheit auf das Individuum 65
Anmerkungen zu einer neuen Ethik 70
Notiz über Beziehungen 72
Der Fall Otto Gross. Brief an Maximilian Harden 73
Über Destruktionssymbolik 77
Die kommunistische Grundidee in der Paradiessymbolik 90
Protest und Moral im Unbewußten 105
Zum Problem: Parlamentarismus 110
Zur funktionellen Geistesbildung des Revolutionärs 114
Orientierung der Geistigen 122
Drei Aufsätze über den inneren Konflikt
   I. Über Konflikt und Beziehung 125
   II. Über Einsamkeit 146
   III. Beitrag zum Problem des Wahnes 152
Zur neuerlichen Vorarbeit: vom Unterricht 170
»Selbstanalyse« von Otto Gross 176

Gefährten: Otto Gross und Franz Jung
Nachwort von Raimund Dehmlow 181

Quellenverzeichnis 191